U0548072

国家社科基金一般项目
区块链时代版权技术措施禁止规避例外制度研究（17BFX118）

区块链时代版权技术措施禁止规避例外制度研究

邹　琳◎著

知识产权出版社
全国百佳图书出版单位
—北京—

图书在版编目（CIP）数据

区块链时代版权技术措施禁止规避例外制度研究／邹琳著．—北京：知识产权出版社，2024.8

ISBN 978－7－5130－9227－2

Ⅰ.①区…　Ⅱ.①邹…　Ⅲ.①区块链技术—科学技术管理法规—研究—中国　Ⅳ.①D922.174

中国国家版本馆 CIP 数据核字（2024）第 030854 号

责任编辑： 薛迎春　　**责任校对：** 王　岩

执行编辑： 凌艳怡　　**责任印制：** 孙婷婷

封面设计： 瀚品设计

区块链时代版权技术措施禁止规避例外制度研究

邹　琳　著

出版发行： 知识产权出版社有限责任公司　　**网　　址：** http://www.ipph.cn

社　　址： 北京市海淀区气象路 50 号院　　**邮　　编：** 100081

责编电话： 010－82000860 转 8714　　**责编邮箱：** 443537971@qq.com

发行电话： 010－82000860 转 8101/8102　　**发行传真：** 010－82000893/82005070/82000270

印　　刷： 北京建宏印刷有限公司　　**经　　销：** 新华书店、各大网上书店及相关专业书店

开　　本： 720mm×1000mm　1/16　　**印　　张：** 19.5

版　　次： 2024 年 8 月第 1 版　　**印　　次：** 2024 年 8 月第 1 次印刷

字　　数： 319 千字　　**定　　价：** 98.00 元

ISBN 978－7－5130－9227－2

序

在区块链技术日新月异、互联网著作权保护问题争议不断的时代背景下，版权保护技术措施禁止规避例外制度的研究随着科技进步和技术革新，近年来热度有所提升，但仍未引起学界的高度重视。本书立足于前沿的区块链技术和新修正的《著作权法》对这一制度进行探讨，具有较高的创新性。

如何构建切实可行的版权技术措施禁止规避例外制度，促进版权产业可持续发展，构建符合我国现实情况的版权技术措施禁止规避例外制度，是实践中亟待解决的问题。本书详细阐释了将区块链技术运用于版权保护的理论发展和研究轨迹，并结合新技术条件对版权保护技术措施禁止规避例外制度进行了拓展研究。本书还基于新技术的挑战和嬗变提出了相应的立法、司法建议，具备较高的学术价值和实践价值。

巧合的是，我的学术之路，也是从对“技术措施”的研究开始的。早在大学本科时就写了一篇有关技术措施的论文并有幸得以发表，后来也持续研究该问题。但学界对这一前沿领域的关注度并不算高。2020 年《著作权法》修改时对技术措施的定义基本照搬《信息网络传播权保护条例》，导致在保护范围上出现重大疏漏，可能也与此有关。

与作者相识也是在 2017 年中国法学会知识产权法学研究会年会的分论坛上，我们被安排在一个分论坛作为主讲嘉宾，我们借此机会针对版权保护技术措施及禁止规避例外制度相关主题进行了一定的交流。作者能在区块链技术应用的新时代特色背景下深入研究著作权领域中的前沿问题，深切关注高新技术发展和应用带来的法律问题并进行针对性的制度设计，这种不畏技术领域的知识局限，勇于挑战的精神是值得称赞的。

本书主体研究思路的形成、研究资料的收集与处理难度很大，但该成果研究资料收集较完整、研究视野较为开阔。该成果的突出特色和主要建树在于从法学、管理学、经济学、计算机科学等跨学科的角度展开研究，拓展了新技术时代知识产权法基本理论的研究视角，体现了作者长期关注新技术背景下的著作权保护及其法律问题，研究视角独特、观点清晰、结论得当。具体而言，本书具有如下优点：第一，逻辑严谨，突出问题意识。作者坚持“提出问题—横向比较—对策建议”的论证思路，在区块链技术日新月异、互联网著作权保护问题争议不断的时代背景下，通过社会调研和理论分析综合考察了区块链技术的特征和新时代技术措施著作权保护面临的新问题，并参考相关国际公约和典型国家的立法经验，分析了中国在区块链时代制定相关规则的理论和现实依据，为技术措施实施和规避规则的设计和制度模型的构建提供了具体建议。第二，结构合理，内容全面丰富。本书首先通过翔实的社会调研成果数据分析了近年来中国著作权技术措施及其规避规则的实施情况；其次重点分析了两个典型国际条约的相关条款及美国的具体规则设计及其立法主体的情况；最后在利益平衡理论和国际义务落实需求的指引下提出了具体的法律和制度设计方案。第三，资料翔实，理论结合实践。作者亲赴美国研习，并通过调研收集了大量一手资料，考察了美国典型制度的历史成因和具体落实情况，翻译了大量的外文资料并撰写了一批有价值的研究报告，充实了知识产权法学科研究的基础资料。通过细致解读美国 DMCA 制定的过程文件，分析参与技术措施禁止规避临时例外规则制定的主体，为完善我国相关制度制定程序提供了有益借鉴。能够将中国特色社会主义法治建设理论和“人民主体论”“人民中心论”等价值理念有效融入合理使用、法定许可等著作权权利限制制度。

本书成书三十多万字，远超国家社科基金资助项目结项的要求，体现了作者及其团队精耕细作，扎实肯干的工作态度。本书也具有重要的理论价值和应用价值：将有助于完善中国著作权法体系的科学性，激发新技术环境下利益平衡理论的新探索；对利用区块链技术开展版权投资和经营活动提供依法合规指引；关于域外相关法律、法规的介绍可为涉域外的版权经营活动提供一定的法律风险预警；有关技术措施的实施和规避的管理制度之设计则可为新技术时代的作品创作、运用、保护提供全流程的权益保障，为繁荣互联网文化提供制度模型。就其学术价值而言：第一，拓展了著作权实体法规范的研究内容，完善了新技术时代有关版权技术措施禁止规避例外制度的理论基础；第二，提出了著作权“创作—运用—保护”全流程法律规范利益平衡理论，引入了新视角和新方法；第三，引入马克思主义中国化的基本原理和习近平法治思想的理论体系研究中国的著作权制度设计问题。就其应用价值而言：第一，对新技术环境下禁止规避例外的研究，有助于完善国内技术保护措施的立法，与国际条约接轨；第二，对禁止规避的例外和限制的研究有利于指引司法实践，促进司法裁判规则的统一，促进司法适用的统一；第三，技术措施实施规则和例外适用申请规则的设置，为新技术时代中国数字版权的创作、运营和保护提出了适应国际政治、经济和技术发展新形势的管理模式。

当然，本书成书之时由于没有足够数量的区块链系统落实作者提出的版权内容全链条管理模式，因此本书所提出的建议可能暂时无法验证其是否能够实现预期的社会效益等问题；在整体的行文结构上，还有待进一步完善，如可以深度考察一下以欧盟为代表的其他地域的相关立法和司法经验等。建议在以后的研究中继续对课题进行深化、细化，以期成果更具有针对性和适用性。不过，本书结合区块链新技术发展动态，基于区块链时代版权技术措施规避例外的新变化、新挑战，提出相应的立法、司法和实践应对建议，未雨绸缪，具较高实践指导价值。本书提出的著作权法中技术措施禁止规避例外相关法律规则的设计，对技术措施实施及规避行为区块链管理模式的构建期待引起争鸣。

以此为序。

王　迁

2024 年 3 月 10 日于上海

目录
CONTENTS

绪　论

在现有的政治经济环境下，适当的著作权[①]保护制度体系不仅能够激励文化和艺术领域的创新和产业发展，而且是全人类科技进步和生产力提升的重要保障。著作权法产生于纸媒发展的时代，缘于出版商群体对其经济利益的维护。随着社会的发展，这个制度逐渐成为统治阶级控制言论的工具，为出版商带来不合理的巨额收益的同时使得大量创作者穷困潦倒，在一系列的社会变革过程中，革新后的著作权法逐渐成为保护创作者经济和精神利益的有力工具，也成为了各个国家为了促进科学文化繁荣而实施的重要制度。从纸媒时代至今，各种打击盗版书籍的活动一直没有停止，而在电气时代，版权产业逐渐意识到电子翻拍、翻录技术可能使得未经许可的复制活动越来越便利，因此，在早期除了制定补偿金制度之外，当事人使用防止复制和控制读取的技术措施来自我救济的技术方案逐渐出现。二十世纪末进入电子信息时代之后，互联网逐渐走入民众的生活，在开源运动的推动下数字技术得到空前发展，但这种全球信息和资源共享的机制为在互联网上传播的作品的版权保护带来巨大困扰。继纸张、广播电视信号、磁带、光碟、U 盘等载体之后，数字互联网的发展使得流媒体技术逐步成为重要传播模式，云存储的发展拓宽了用户获取资源的途径，同时极大地便利了使用者，开创了用户生成内容（user generated content，简称 UGC）的时代。因此，权利人更加倾向于利用技术措施（technological protection measure，简称 TPM，如加密技术、防拷贝技术等）保护自己作品的版权。然而，电脑黑客往往能够突破这种技术屏障并常常以此为乐，甚至还开展了大量“军备竞赛”。为了防止这种耗费

① 本书中涉及的“著作权”概念在未做特殊阐释的情况下等同于“版权”。

社会资源的现象扰乱秩序井然的版权市场，1996 年世界知识产权组织通过了《世界知识产权组织版权条约》（简称 WCT）和《世界知识产权组织表演和录音制品条约》（简称 WPPT）两个国际公约，建议所有成员方通过法律手段禁止实施作品著作权保护技术措施规避行为。

技术是一把双刃剑，由于技术措施的普遍采用，互联网上承载作品的信息自由流动受到了广泛限制，且似乎到了过分限制的地步，如现在普通云储存用户的视频文件已经不能上传到云端等。中国的知识产权制度体系大部分都借鉴了西方的规则，整体来看，基于社会契约论的阐述，制度设计偏向更有立法游说能力的版权运营群体及其产业集团，比如美国的版权制度往往在传统内容产业和新兴互联网产业之间进行博弈，但几乎很少关注更广泛的用户需求，中国的现行制度也没有太多例外。同时，普通使用者和社会公众对于新技术的反应速度和能力较弱，往往无力参与“军备竞赛”，在网络服务者和权利人采取技术措施对互联网上作品的保护愈加严密的情况下，基于禁止规避立法的加持，若不能设计出一套科学合理的例外规则，现有制度设计中的著作权限制制度将形同虚设。本书尝试在区块链技术环境下对“技术措施禁止规避例外制度”进行合理设计，以期为新时代的版权保护构建一个更加科学的制度体系。

2001 年中国《著作权法》宽泛地规定了上述与公约要求大致相同的技术保护措施条款，在 2010 年的修法活动中并未基于本国版权市场的变化而革新。迅速发展的网络传播技术使技术保护措施的方式、效果等不断发生改变，在大量专家学者的长期研究和司法工作者的努力之下，2020 年新的《著作权法》终于将技术措施和权利管理信息相关规则进行了较为精细的专章设计。但是现有相对固化的技术措施法律规制对网络传播技术不断迭代发展的现状或许无法适当应对，不能因时制宜。比如，现有规则不仅禁止规避用于保护版权的技术措施，也禁止规避接触控制技术措施，更禁止提供规避的技术和服务，这样严格的控制结合区块链这种不可篡改的分布式账本技术，使得一般使用者完全没有能力突破技术屏障，“合理使用”和“法定许可”制度或将无法执行，甚至出现公众对于某些信息的获取都存在一定障碍的情况，这可能导致著作权法的保护水平过高，带来权利人、运营者与使用者、社会公众之间利益不平衡，长期来看，也会对创作产生阻碍。这就需要充分发挥区块链等新兴技术的优势，将技术治理纳入法治的框架之内，在适当规制技术发展方向的前提下，设计并实施更加科学、合理、动态的技术保护措施制度和禁止规避的例外规则。

一、区块链技术应用带来制度革新需求

区块链（blockchain）是基于云计算、大数据、物联网等新一代信息技术发展而来的，包含分布式数据存储、点对点传输、共识机制、加密算法等计算机信息技术的新型应用模式。该技术最早以“比特币”形式应用于数字金融领域，2016 年 1 月中国人民银行宣布探索发行数字货币，12 月数字货币联盟正式筹建，区块链技术的价值真正被世界所认可，2016 年常被称为中国“区块链元年”，此后正式进入“区块链时代”。区块链具有去中心化、不可篡改、不可逆等特性，在身份认证、司法仲裁、权利登记、支付转让、防伪等任何缺乏信任的领域，区块链技术都有用武之地，它将构建出一个传递信任和价值的新一代互联网，建立新的商业模式，颠覆人类的生活。同年 12 月，工业和信息化部《软件和信息技术服务业发展规划（2016—2020 年）》“重点任务和重大工程”项下要求：“加快无人驾驶、虚拟现实、3D 打印、区块链、人机物融合计算等领域技术研究和创新。”同时要求“加强产业政策执行、评估和监管；推动完善产业相关法规体系”。区块链技术可应用于互联网环境下之版权保护，应属本书所指之技术措施的一种，但其或许还具有其他功能和法律属性，有待进一步研究。

前区块链时代，新技术的出现使作品的传播突破了传统有形体的限制，数字作品的流传和使用日益呈现出快捷性、简便性和开放性等特征，数字内容的交易和传播出现爆炸式增长的趋势。国家版权局网络版权产业研究基地发布的《中国网络版权产业发展报告（2018）》显示，2017 年我国网络版权产业的市场规模达到 6365 亿元，较 2016 年同比增长 27. 2% 。[①] 在数字版权产业快速发展的环境下，版权法律制度正在面临一系列难题：数字版权的诞

---

① 腾讯研究院：中国网络版权产业发展报告（2018）[EB/OL]. [2022 - 01 - 01]. http：//www. sohu. com/a/229426734_100144887.

生导致版权领域的侵权更为隐蔽、复杂，数据爬取、数字截屏、智能编辑等技术使得数字作品确权和维权困难，侵权行为泛滥。一系列网络版权侵权案件引发热议，如爱奇艺诉花椒直播侵权、盛大文学诉百度侵权等，数字版权侵权案件数量激增。基于传统数字时代网络侵权的隐蔽性，WCT 和 WPPT 两条约明确禁止规避技术措施，各国随即建立起不同程度的版权技术措施禁止规避制度。同时，为了解决技术措施导致的利益失衡，各国和地区对版权技术措施禁止规避制度设置了一些例外条款：美国《数字千年版权法》（Digital Millennium Copyright Act，简称 DMCA）将技术措施纳入版权保护范围的同时明确禁止规避技术措施的例外及其更新机制；欧盟及欧洲各国也规定了专门的禁止规避技术措施例外条款，并采取了定期审核制度；日本、澳大利亚等国家也建立了类似的例外规则和定期调整方案。但中国现行相关法律法规在给予版权人在互联网环境下采取技术措施的权利后，仅设置四项例外情况，尚缺必要、可行之限制，更未针对技术变化可能带来的新问题对该规则内容提供更新和调整机制。

进入区块链时代，区块链技术的出现作为一次重要的信息技术变革，近年已经成为全球关注的热点之一，由于其具有去中心化、可信度高、带有时间戳等特点，业已运用于金融、物联网等领域。区块链技术的重要价值也开始在知识产权领域凸显，互联网环境下的知识产权保护和运用在智能合同、技术资产数字化、客户识别、供应链管理、支付与转账、网络安全等区块链技术之优势领域呈现新的状况：权利人与使用者的联系和沟通更加便捷，信任度大幅提升，授权使用成本降低，授权后使用情况得以实时监控，能给权利人带来极大的权益保障。工业和信息化部《中国区块链技术和应用发展白皮书（2016）》等重要文件曾预测，区块链技术即将运用于互联网文化产业，包括数字音乐、数字图书、数字视频、数字游戏等版权产品的生产、复制、流通和传播各环节，或能彻底解决传统互联网生态下知识产权侵权现象严重、纠纷频发、侵蚀原创精神、行政保护力度较弱、举证困难、维权成本过高等问题。根据国家互联网信息办公室公布的共 15 批境内区块链信息服务备案清单，在登记备案的一千多家企业中，有十分之一的企业已经在提供版权登记、存证、授权许可等服务。区块链技术在知识产权领域的运用或将在一定程度上对互联网时代的知识产权相关法律制度产生影响。但从另一角度看，基于区块链技术高度的安全性和不可篡改性，此类技术措施的应用将导致公众开发和使用规避技术的可能性极大降低，现有部分国家（如美国）著作权体系中的例外条款可能形同虚设，这将进一步导致版权扩张。过强的版权保护将加剧其与合理使用、言论自由权、受教育权之间的冲突，侵蚀公共利益，最终可能阻碍文化和技术发展。

当然，区块链技术涉及的法律问题还包括网络安全、隐私保护等，但其引发的互联网版权问题尤为引人关注。技术措施是互联网时代版权保护的"自力救济"形式，当其严重损害公共利益时，应适时立法对其进行合理限制，立法时若犹疑将导致司法和执法部门无法可依，版权产业可能无法顺利发展，若不能尽快设置合理的新规则，平衡"法律治理"与"技术治理"两者关系，将带来一系列的社会问题。但著作权法涉及的利益关系异常复杂，各方面利益博弈使得理论界、实践界对该项制度观点不一，著作权法第三次修改中很多条款（包括技术措施条款）设计存在困难。基于国情和产业发展状况的差异，各方对是否借鉴、如何借鉴域外现有制度模式亦存在较大争议。2020 年我国新著作权法已正式颁布并于 2021 年 6 月开始生效实施，但是如何落实新的法治理念，细化相关规则，《著作权法实施细则》等官方文件暂未颁布，站在重要的时间节点，有必要对区块链时代版权技术措施的例外问题进行前瞻性立法完善和制度精细化设计的探讨。

二、理想与现实之间——研究初衷与产业发展契合度阐释

人们总是习惯对于一些新的事物带来的问题进行预测，然后赶在传统法律滞后性发生之前进行预备立法，以此来引领技术和产业往人们期待和可以接受的方向发展。然而，科学合理的预备立法必须结合具体的司法经验，在能够完全掌握产业发展现状和趋势的前提下，提出符合产业基本发展需求，有利于稳定市场和社会秩序的立法或司法建议，进而制定相应的社会规范。立法和司法在迅速变革的社会，永远处在探索的过程中，指数级发展的历史进程使得大部分民众都有些跟不上节奏，通过科学立法掌控发展格局业已较难实现。在这样的困境中，人们只能摸索着前行，就像邓小平同志在改革开放时期提出"摸着石头过河"的伟大设想，使我们中华民族实现了建设中国

特色社会主义国家的伟大理想，希望在对于先进技术相关问题的立法和司法探索方面我们也能够成为世界的典范。

（一）研究区块链时代技术措施禁止规避例外制度的初衷

笔者对区块链时代技术措施禁止规避例外制度的研究，希望能通过完善技术保护措施制度相关规则，协调我国著作权法理论体系，实现我国著作权各相关主体和使用者的利益平衡，推动著作权法立法目的和宗旨的落实，促进我国著作权及相关产业的发展和作品价值的实现，助力我国版权产业引进来、走出去，进而为版权的发展和交流传播提供良好的制度保障环境。主要表现在以下两方面：

1. 协调新技术环境下著作权法的理论体系

完善新技术时代有关版权技术措施禁止规避例外制度的理论基础，减少对区块链技术运用于版权保护相关问题的理解偏差；规范“区块链+版权”的概念认知和研究轨迹；实现新技术条件下对版权技术措施禁止规避例外制度的拓展研究。第一，研究技术措施例外制度有助于现有的技术措施对作品进行符合著作权基础理论的保护，将其保护与物权同等保护的模式进行分离，清晰界定著作权保护和物权保护的界限，建立更适合著作权法发展和价值发挥的技术措施保障制度，平衡著作权相关权利人和使用者、社会公众之间的利益。第二，对禁止规避技术措施例外制度的研究可以使合理使用制度与时俱进，更加科学，维护社会公众和使用者的合理使用利益。在传统的纸媒传播模式下，使用者和社会公众的合理使用权益被明确列入著作权范围进行保护，合理使用权益的行使和保护也具有实际操作性。对禁止规避技术措施例外和限制的研究有助于增强著作权法体系的合理性和协调性，使使用者和社会公众在传统纸媒传播环境下的合理使用利益在数字传播时代依然能够享有，同时也能保障社会公众的信息获取权。第三，研究禁止规避例外制度，有利于协调个人信息保护与著作权作品传播相关理论的深入探讨。研究利用技术、装置等规避技术措施对个人信息带来的威胁十分有必要，只有允许为个人信息安全而规避技术保护措施的行为时，个人信息和技术保护措施才会处于一个相对安全的博弈环境中，既不会导致技术措施被无限扩大化地破坏，保护权利人的利益，又可以使用户的个人信息安全得以保障。第四，有助于深化基于区块链技术的与数字版权保护相关的理论知识。在已有相关研究的基础上，围绕区块链技术在数字版权领域的应用，结合我国网络侵权诉讼中占比较大的数字版权侵权案件的实证分析，以及国内外区块链技术应用现状，综合法学、管理学、经济学等知识，使基于区块链技术的与数字版权保护相关的理论知识更为具体和系统。

2. 为产业技术发展提供法律指引和制度保障

结合区块链新技术发展动态，基于区块链时代对版权技术措施禁止规避制度及其例外规则的新变化、新挑战，提出相应的立法、司法和实践应对建议，未雨绸缪，提高成果的实践性。第一，对新技术环境下禁止规避的例外的研究，有助于完善国内技术保护措施的立法，与国际条约接轨。我国现行的技术措施相关规定，尤其是《著作权法》对技术措施的规定依然相对笼统，规定的完整性尚不如《区域全面经济伙伴关系协定》（简称 RCEP）、《全面与进步跨太平洋伙伴关系协定》（简称 CPTPP）等新近签署的国际条约。通过对国际条约的简要分析和对国外先进立法制度的梳理分析，能够为我国制定出更为合理、更适合国情、更适应国际需求和发展的禁止规避例外相关规则提供一定参考。第二，对禁止规避例外的研究有利于指引司法实践，促进司法裁判规则的统一与司法适用的统一。由于立法层面对技术措施的规定不完整，使使用者和社会公众对作品的合理需求受到限制，甚至有些技术措施在保护权利人权益的同时会造成保护权利之外的结果发生，还会对使用者的权利造成侵害。研究禁止规避的例外规则，完善技术保护措施制度，为司法提供确切的指引，使相关权利人和使用人可以预测自己的行为后果，从而做出更为合法、合理的行为。第三，研究技术措施禁止规避的例外规则，使技术保护措施制度更加合理，有助于我国版权引进和版权输出，对我国版权的国际交流和合作提供更为充分的保护。在国际融合越来越紧密的时代，我国对国外版权的引进也不在少数，引入国外优秀版权产品有助于促进我国文化产业发展与国际交流，更有助于我国创作者吸收借鉴国外优秀版权创作、运营经验，激发我国版权产业的创作动力。因此，应当结合我国版权市场发展状况和引进国外版权的实际情况进行综合考量，制定适合我国版权产业发展的合理的技术保护措施制度，这也有利于推动区块链技术在数字版权领域的应用。理论来源于实践的同时又为实践提供进一步的指导。实践中出现的具体问题是复杂的，区块链技术在数字版权领域的应用不仅需要制度上的明确规范，也需要一定程度上的理论指导。区块链技术于数字版权的应用在理论上的深化，有利于及时有效地指引相应制度的构建和完善，以保证其在产业和司法方面的实践。

（二）研究区块链时代技术措施禁止规避例外制度的时代价值

技术的发展有着太大的不可预计性，从现有的研究来看，大量学者对于区块链技术运用于版权保护和运营等全产业链领域起到的积极作用都有着较大的信心，但较少考虑其运用的技术障碍和经济成本；同时，也未见数据丰富的全样本分析结果，以展示在 2016 年“区块链元年”之后，区块链技术在数字版权保护和运营等领域运用的具体产业状况。由于并不能确切地掌握大量企业的经营业绩和真实状况，我们只能通过现有的网络资源和进行个别访谈初步采集相关信息从而了解一二。笔者经初步调研发现，区块链技术在传统版权领域的应用实质上是存在不足的。比如大量传统文字和音像制品出版社或集团并未积极运用该技术对自己和与自己签约的作者进行全方位的版权保护，有些传统传媒行业的相关负责人甚至不愿意回答笔者针对区块链技术运用提出的相应问题。这可能存在两方面的原因，第一就是该行业对区块链技术运用的需求并不强烈，第二种可能性就是该行业基本未使用甚至未了解过该项技术。因此，在三四年前预估的区块链技术运用于互联网数字版权市场，可能会对版权制度的发展产生巨大影响的推断存在着一定程度的不足。但是这并不影响我们通过对现有技术的少量运用来推导出可能在将来某一天出现的法律问题。随着区块链技术的进一步成熟与发展，金融领域对区块链技术的积极认可和落实，将来版权领域也一定会对其进一步重视起来。2021 年被认为是“元宇宙”元年，而该新名词的诞生就是由区块链在数字资产领域的创新应用“非同质化代币”引发，该技术重点关注数字艺术作品领域，与版权保护密切相关，同时激发了数字资产物权化的法律观念变革，将支持元宇宙的存续和发展，进而引导了区块链技术运用于版权领域的新思考。

在人类社会技术和文明进入指数级发展后，新生事物层出不穷，各个国家也积极倡导开拓创新，不论是社会关系还是经济关系，都出现了大的变化。尤其在技术领域，数字技术的兴起和繁盛使得互联网技术深入影响人们的生产和生活模式。在依附于互联网的数字时代，信息成为了重要的生产资料，人们对于始料不及的突破创新，总是会心存诸多不安，对于未按照我们当初预想的模式发展的事物，也心存太多的迷茫，因此，为了防止技术的发展背离人们的意识，社会各界都站在自己的立场，希望对现有的技术发展或者现有的新的社会关系进行必要的立法，以维系正常的市场和社会秩序。尤其是人类基因克隆技术等违背基本伦理的技术，成功地被全人类限制在实验室，某些大胆希望在此领域有所成就的个体也受到了严厉的刑事制裁。因此，人们花很大力气研究大数据时代、云计算、人工智能等依托于互联网的新生事物涉及的法律问题，2021 年，在 Facebook 等几大重要企业的影响下，全球宣布进入“元宇宙”元年，回想 2016 年被称为中国的“区块链元年”，总是令人感慨万千。

曾有人预测区块链技术背景之下，版权保护的技术措施将出现一些新的变化，但是从笔者四年多的密切关注和调查研究来看，受制于区块链技术本身算力和耗能问题，区块链技术暂时并未实现当时很多技术专家预想的或将成为与万维网平行但却更具安全性、保密性和共识性的新互联网生态系统，大量版权保护的技术措施也并未完全链接上各类私有或联盟区块链。即便是上链了一些版权作品，这些版权作品也并未全部附加必要的版权保护技术措施，或者说，其实区块链也能够承担版权保护技术措施的职能。因此，在区块链技术进入第二个五年发展时期的时候，我国的区块链技术在数字作品的版权保护领域发挥的最大作用就是作为作品的权属证明和电子证据，在司法过程中为版权人提供帮助。而关于全产业链的运营、保护、维权一体化，即便是不使用区块链技术，也能够通过普通的互联网技术完成，只是相对更容易被篡改和攻击，使用一个私有链或者联盟链成本过于高昂，上链与不上链，结果可能并不存在太多的区别。综合上链带来的安全性优势与其需要的经济成本之后，对于企业来说，上键并未能体现出明显优势，企业完全可以通过普通互联网技术，加强监管和为后期维权做好一定的准备，从而基本实现区块链的相关功效。

但是，这并不表示区块链时代的版权技术措施对于著作权制度的影响就一定是一个伪命题，只是囿于技术发展的进程，我们过多地做了预备立法的思考而已。区块链技术在数字时代的使用，其暂未解决的算力和耗能问题在可期的将来必然会解决，除了区块链技术，当今大数据、人工智能等各类尖端科技发展都非常吃算力，算力逐步提高是人类科学需求发展的必然结果。这个问题可以从两个示例中窥见一斑：第一个示例是电灯的普及问题，在电灯刚刚发明的时候，由于全世界都没有铺设电网，发电机也非常昂贵和罕见，人们不可能大量生产和使用电灯，而这样的新发明若想得到全社会的普遍应用，则需要整个社会不断地适应、消化，将原发明进行改良、完善，最后才能成为千家万户的必备生活用具。第二个示例就是我们现在使用的计算机，甚至是手机、平板电脑、电话手表等任何终端设备。它们的祖先“第一台电脑”在二十世纪下半叶被初创的时候，不仅超级耗电，而且体积也超级庞大，甚至有四层楼房那么高，这样一个庞然大物，人们无论如何也不能想象它能成为现在生产生活的必需品，具有相同算力甚至更高算力的设备能够做到和人们的手表大小差不多。因此，虽然区块链技术在版权领域的运用暂时未能像本项目立项时预想的那样普及并产生巨大影响力，但也对世界数字版权市场带来了巨大影响，比如基于区块链底层技术创设的由以太坊开发的“非同质化代币”（NFT）：2021 年 3 月，艺术家 Beeple 将 5000 幅画作组成一件 NFT 作品“Every days：The First 5000 Days”，在佳士得拍出惊人的 6937 万美元的高价，他也因此成为全球身价第三的艺术家；公众人物 NBA 球星库里以约 18 万美元购入 Bored Ape Yacht Club 的 NFT 作品，并将其作为推特头像；Axie Infinity 等现象级 NFT 游戏的诞生，带动 NFT 出圈，市场关注度大幅提升。根据 Coin-Gecko 发布的数据，2021 年上半年，NFT 行业整体市值达 127 亿美元，相较 2018 年增长近 310 倍。根据 Non-Fungible 发布的数据，2021 年第二季度 NFT 交易规模达 7.54 亿美元。[①] NFT 能够有效克服“无体

---

① 中信证券：NFT 将是元宇宙的数字资产确权解决方案［EB/OL］. 搜狐网，［2022－02－27］. https：//www.sohu.com/a/528749876_121238562.

物作为物权保护”的公示难题，具有不可篡改、可验证、去信任等特征的区块链系统是对数字资产及其相关交易进行公示的绝佳方式。[①] 可见，区块链技术对版权领域的影响不仅涉及版权存证、质证、维权、运营等各个阶段，而且还可能带来新的版权问题，如未经版权人许可的“铸造”（即 NFT 化现象），很有可能会掀起一场数字权利革命。

我们总是希望能够尽最大努力做到防患于未然，然而现实总是不会沿着我们预想的路径发展。不论是之前的互联网技术还是我们现在探讨的区块链技术，抑或将来的“NFT”“元宇宙”概念，都会基于不同的技术依赖和路径，最终部分地实现我们的预期。人类的文明总是沿着它自己的道路发展，基于实现技术预期的进程难以预料，因此对于相关新事物和新型社会关系与形态的立法规制应当缓行。就像大量学者出于对人工智能发展和数据挖掘技术带来的隐私和数据泄露的担忧建言献策一样，我们只能在已经突显的社会问题上进行利益调和，而不能自己预测矛盾然后通过立法和司法做出指引。毕竟技术的发展掌握在技术专家而不是立法、司法专家的手里，我们能够做到的，仅仅是进行一个大框架的基本伦理指引和在已经出现社会问题或规则设计有漏洞的地方，积极查漏补缺，站在一名法学学者的立场为社会的发展做出自己力所能及的贡献。

① 司晓．区块链非同质化通证（NFT）的财产法律问题探析［J］．版权理论与实务，2021（07）．

第一章　区块链时代与版权技术措施禁止规避及其例外制度

在数字信息时代的互联网领域，中国数字化版权作品的法律保护更多涉及国家立法视角下的信息网络传播权，这一问题在某种程度上可以通过权利人设置技术措施初步解决，而区块链技术的运用将使得这样的权利保护更加完整和不易被突破。但新技术从来都是一把双刃剑，现有的技术和制度的结合在充分保护版权人利益的同时也对社会公众的整体利益造成了一定消极影响，区块链技术在版权保护中的运用凸显各个国家现有的禁止规避制度存在缺陷，需要完善例外的规定才能重塑知识产权保护领域的利益平衡。现有研究的重点在于探究充分利用区块链技术对互联网领域数字资源进行登记、运营和保护等全流程管控模式下，现有版权法律制度显现的社会适应性和其中可能出现的问题。

一、版权技术措施禁止规避及其例外制度概述

自从第一部具有现代意义的版权法《安娜法案》颁布以来，版权产业得到了一定的发展，当时与英国交往较多的欧洲国家纷纷效仿开展了相似的立法工作。但由于每个国家的政治、经济、文化等各方面环境和需求存在较大差异，基于尊重各国（司法）主权这一国际法基本原则，一般情况下各个国家调整相同法律关系的立法都存在一定的地域性，知识产权保护领域也不会例外，所以早期各国的著作权或者版权制度体系都存在一定差异。直到十九世纪末《保护文学和艺术作品伯尔尼公约》（简称《伯尔尼公约》）签署的时候还有大量国家并未颁布相关法律法规。但是《伯尔尼公约》和《巴黎公约》的签署成为了一个全球性的里程碑，即引导各国开始逐步建立相对统一

的知识产权保护体系，并为成员方规定了相应的权利和义务，要求各成员方通过采取立法、司法、行政等各个方面的措施，对知识产权进行保护。随着大量国家纷纷积极主动地加入，这两个公约逐步开启了知识产权制度全球化发展的新格局，为后来技术措施相关条款的制定先通过国际公约确定再进入各国国内法落实提供了可以遵照执行的国际法传统。

自从 1995 年世界贸易组织（WTO）《与贸易有关的知识产权协议》（简称 TRIPS 协议）生效之后，各国普遍认同知识产权的私权地位，所有的 WTO 成员方和几乎全世界的所有国家都开始知识产权法律制度的创立或完善。中国改革开放取得一定成果之后，在申请恢复《关税与贸易总协定》初始缔约国席位的背景下也制定了保护知识产权的法律法规，以期获得市场经济国家身份的认可，进而能够以平等的身份和公平的待遇参与国际贸易，发展本国经济。借助 TRIPS 协议的争端解决机制、强制措施和执法措施，知识产权最低保护标准通过国际协定的模式建构并被各个 WTO 成员方一步步落实，进一步提升了国际协定对各国的影响力，为技术保护措施的版权保护等各项新兴规则在各个国家的制度创设提供了国际法规则指引。

对于保护版权技术措施的立法规定始见于英国 1988 年的《版权、外观设计与专利法》之中，后来，欧共体 1991 年《计算机程序保护指令》和美国 1992 年《家庭录音法》中也曾有相关规则设计，不过各个法域的立法保护的对象和保护的侧重点均存在一定差异，直到二十世纪末世界知识产权组织（WIPO）倡导各方签署了两个国际规范，即《世界知识产权组织版权条约》和《世界知识产权组织表演和录音制品条约》，相关规定才逐步形成了保护电子信息（数字）状态下作品的最低国际标准。① 由于中国的数字互联网技术发展相对较晚，在 1991 年的著作权法制定之时，几乎没有关注过所谓版权保护技术措施的问题，而在 1996 年两个国际条约（WCT 和 WPPT）的推动

① WCT 第 11 条规定了“关于技术措施的义务”：缔约各方应规定适当的法律保护和有效的法律补救办法，制止规避由作者为行使本条约或《伯尔尼公约》所规定的权利而使用的，对就其作品进行未经该有关作者许可或未由法律准许的行为加以约束的有效技术措施。WPPT 第 18 条也同样规定了“关于技术措施的义务”：缔约各方应规定适当的法律保护和有效的法律补救办法，制止规避由表演者或录音制品制作者为行使本条约所规定的权利而使用的、对就其表演或录音制品进行未经该有关表演者或录音制品制作者许可、或未由法律准许的行为加以约束的有效技术措施。

下，中国在2001年的《著作权法》中简单地加入了关于技术措施的条款，但是基于当时并不发达的信息和数字技术，这一条款并未获得太大关注，直到中国正式加入上述两个国际条约，国内相关产业得到迅猛发展之后，才在2006年的《信息网络传播权保护条例》（简称《信网条例》）中对技术措施进行了稍微详细的规范。[①] 本章希望深度剖析中国版权技术措施禁止规避制度及其例外制度的概况，分析中国版权技术措施禁止规避制度的构建，探析版权技术措施禁止规避例外制度之缘起，结合具体的法律法规条款和司法适用等进行研究。

（一）版权技术措施禁止规避制度的构建

大部分西方国家由于计算机技术和电子信息科技的发展比较早，一般都在二十世纪末和二十一世纪最初的一两年构建了本国版权保护技术措施的法律规则。中国在2020年《著作权法》第三次修正之前，著作权保护领域关于技术保护措施的法律规范大致来源于2001年《著作权法》[②]、2006年《信网条例》及2001年《计算机软件保护条例》[③]（简称《软件条例》）中的规定。版权技术措施禁止规避制度主要由立法确认保护版权的技术措施、认可实施用于版权保护的技术措施的类型以及制定禁止实施针对此类技术措施规避行为的法律规范构成。

1. 用于版权保护的技术措施及其实施

在信息时代，大量的作品都体现为电子数字状态，数字信息处理、移动互联等各类相关技术的指数级迭代更新为海量终端用户利用受版权保护的作品提供了许多新的方式。与此同时，全球互联网范围内大量用户低门槛甚至无门槛地使用作品，使得版权人担心可能会失去自己对作品应有的控制：大量对作品未经权利人许可的上传、下载、编辑、演绎和传播等侵权行为充斥互联网领域。与其事后诉诸法院，版权人不如设计一个事前的预防方案，即

---

① 《信息网络传播权保护条例》后于2013年1月修订，共27条，自2013年3月1日起施行。参见其第4条、第10条、第12条、第18条、第19条、第26条等的规定。

② 见2001年《著作权法》第47条第6项的规定："未经著作权人或者与著作权有关的权利人许可，故意避开或者破坏权利人为其作品、录音录像制品等采取的保护著作权或者与著作权有关的权利的技术措施的，法律、行政法规另有规定的除外。"

③ 《计算机软件保护条例》于2001年12月20日由国务院公布，经2011年和2013年两次修正。参见其第24条第3项的规定。

利用各类电子数字形式的技术保护措施，如版权保护软件或密码系统，保护自己的版权作品不被无限制地通过上述各种方式利用。这种通过技术手段对数字形式的作品之版权进行保护的措施被称为版权领域的技术保护措施，简称技术措施，其涵盖了软件运行序列号技术、反拷贝系统及防止盗拷措施等内容，除了二十世纪末设置在硬件上的防止非法读取和复制的技术外，互联网领域也出现了大量基于在线作品的技术保护措施。在前区块链时代的著作权法律体系中，《信网条例》第26条对其做了明确的界定，通过规则梳理认为技术措施可被综合理解为著作权人、邻接权人以及其授权的专有权使用人，为控制其作品、邻接权对象在其未授权的情况下被他人查看、访问或者通过网络传播给公众，而针对其权利对象采取的控制装置或技术手段。① 其概念还可更加精练地表述为“权利人依法采取的，对未获其允许或授权而对其作品进行访问、运用、传播等行为进行控制的一种技术方式和装置”② 等。传统技术措施包括了防止未经权利人许可的浏览、复制及下载行为的访问加密技术（如UniNAC网络准入控制系统、exe文件加密程序）、防止拷贝的唯一数字指纹技术，适用于数字作品版权登记、费用结算、利益整合与分享机制的数字版权唯一标识符（Digital Copyright Identifier，简称DCI）③，以及用于确认版权归属的版权印，界定相关权利期限的时间戳等。上述技术的运用，无疑都加强了对版权权利人在互联网领域权利的保护。然而，这些技术保护措施受到了有一定技能的用户甚至黑客的挑战。据此，世界知识产权组织和各国法律专家认为应当保护版权人为创作作品付出的努力，从而签订了《世界知识产权组织版权条约》，并规定缔约方应制止未经过作者授权或者未由法律准许的对受版权保护的作品使用有效技术措施的规避行为。

因此，从二十一世纪开始，大量互联网领域的内容资源都被设置了技术措施，如道客巴巴、百度文库等网站虽然允许普通用户免费阅读部分文字内容，但若需要下载文档或者复制部分文档内容则需要登录相关个人信息，通

---

① 程智慧．禁止规避版权技术保护措施例外制度［D］．湘潭：湘潭大学，2019：12.

② 冯晓青．技术措施与著作权保护探讨［J］．法学杂志，2007（04）.

③ DCI指数字作品版权登记、费用结算、利益整合与分享机制。通过DCI标识技术，可进行网络版权监测取证，建立高效的维权机制。

过支付宝等渠道支付适当费用，成为平台会员或 VIP 用户，或者通过上传有价值的版权资源来换取平台“代币”进行购买。而如中国知网等内容服务提供商则在为用户提供学术资源时设置了只允许免费阅读摘要的技术措施，一旦需要阅读正文和下载全文，就必须支付一定费用。各种技术措施在音乐、视频、图像作品和其他各类平台广泛存在，互联网领域已经从二十一世纪初时可以在网上匿名无限冲浪、享受海量免费版权资源的时代转变为获取任何可靠和有价值的内容都需要通过用户名密码登录，甚至是实名登录的时代，从免费获取任意版权资源的时代过渡到了一般都需要支付一定对价才能获得资源的时代。中国几个网红大咖推动的“付费阅读”的活动在网上越来越红火，“为知识付费”“为喜欢的音乐付费”“为喜欢的游戏付费”……已经成为近年大家生活中习以为常的事情。大量搜集整合学术资源并为广大研究者提供检索和下载服务的中国知网，其“中国期刊全文数据库”的定价曾经是下载硕士论文 15 元一本，下载博士论文 25 元一本，① 而各个高校图书馆的年度使用费则从 20 万元一年到 30 万元一年不等，这所有的盈利收入都需要借助技术措施来实现，知网采取的保护版权的技术措施就包括了控制阅读全文的技术措施。

我国《著作权法》自 2001 年将技术措施笼统地纳入法律保护，十多年以来在 2010 年经历了一次修正，但是该次修法并未对技术措施的相关规定进行修改或者细化，技术措施的规定是在关于著作权侵权行为及其责任承担规则中的第 47 条第 6 项，并且规定十分笼统，既未对技术措施进行明确的定义，也未对技术措施进行分类。与《著作权法》相比，《信网条例》中对技术措施的规定则相对详细，主要表现为对技术措施的概念进行了规定，对禁止规避技术措施的例外和限制进行了规定等。《信网条例》中对技术措施的保护也更加具体，第 11 条第 4 项规定作品权利人可以对自己的作品实施技术

① 长江日报．刚刚确认：知网降价！[EB/OL]．环球网，[2021 - 12 - 22]．https：//mp. weixin. qq. com/s? __biz = MTQzMTE0MjcyMQ = = &mid = 2667059315&idx = 2&sn = e2bc0e0889dc940b83c05129904557d6&chksm = 667ece5d5109474bbc924c31cef15df40c1fdf9d1d724fe41ceccaf8e58e87921fcd92aa248b&mpshare = 1&scene = 23&srcid = 1223gXIgRWO4dfvAEeUlWIld&sharer_sharetime = 16432540070 50&sharer_shareid = f22fabc8c46581da279908198cba15e5#rd.

措施，以下三类用途除外：其一，图书馆、档案馆、纪念馆、博物馆、美术馆之馆藏；其二，实施九年制义务教育或者国家教育规划；其三，为扶贫免费向农村地区提供相应的作品。《信网条例》自2006年实施以来，在2013年经历过一次修改，但是关于技术措施的规定亦未做出调整和细化。加之该条例是基于保护作品、录音录像制品的信息网络传播权而制定的，该条例中明确规定的技术措施仅仅是为了保护著作权这个权利“束”中的一种：信息网络传播权，因此该条例中的技术措施的主要价值和作用仅限于对信息网络传播权的保护。又由于该条例仅仅是行政规章，法律层级偏低，对于互联网领域之外数字版权的保护力度不够，尤其是对其他权利，如防止电子形式的复制、擅自改编等的规范并不充分。另外，2001年《软件条例》并未对技术措施进行规范化界定，给人感觉为只要是涉及软件的技术措施，都能够通过该条例进行保护。

随着中国互联网的发展，数字版权产业在国民经济中所占的比重越来越高，发达的互联网数字技术对版权侵权带来的便捷正困扰创作者和版权运营商。于是，通过采取技术措施进行自力救济并要求获得法律上的保护和认可逐渐成为中国版权市场主体维护正常市场秩序的重要规则需求。借鉴外国经验，在2012年《著作权法》第三次修正提上议事日程之后，三个版本的著作权法修改草案一致认可将“技术措施与版权管理信息”这类数字时代的版权保护模式之相关规则单列成章。涉及技术措施概念界定和实施等方面规则，三个版本的草案的规定大致相同，下面以2014年6月《著作权法（修订草案送审稿）》中对技术措施规定的调整和细化为主要分析对象。相关修法建议主要是：第一，对技术措施的用词进行了改动，将“技术措施”改为“技术保护措施”；第二，技术保护措施与权利管理措施独立成章；第三，对技术保护措施的概念进行了法律上的规定；第四，将对作品、表演、录音录像制品信息网络传播权的技术保护措施延伸至非网络环境下。虽然改动看上去比较大，但是从送审稿的条款设计来看，相关规则的调整只是对之前的《信网条例》和《软件条例》中关于技术保护措施的规定进行了简单的吸收，属于“动作大、变动小”的一种微调，规则体系与其他国家相比，还是存在一定的差距。

2020年新《著作权法》获得通过后，在新的法律规定中，技术措施的定义和实施得到了法律层面的正式确认。虽然现行《著作权法》并未直接采纳三个草案和送审稿的建议，将技术措施和权利管理信息单列一章进行规定，但是在第五章“著作权和与著作权有关的权利的保护”中对技术措施的相关规则进行了较为详细的规定。首先，规定了能够获得著作权法保护的技术措施的概念。[①] 根据法律的规定，受到版权法保护的技术措施必须是用来“防止、限制未经权利人许可浏览、欣赏作品、表演、录音录像制品或者通过信息网络向公众提供作品、表演、录音录像制品的”。从法律层面剖析可知，著作权法认可的“技术措施”其限制和控制的行为包括“浏览、欣赏”和“通过信息网络……提供”，控制和限制的客体主要包括了著作权法规定的“作品”和“表演、录音录像制品”。技术措施可以包括“有效技术、装置或者部件”，即这里受到保护的是与控制和限制浏览、欣赏等行为有关的技术、装置或者部件，并且这样的控制和限制的功能是有效的。其次，规定了著作权法保护的技术措施的实施规范。[②] 采取技术措施的目的是保护著作权和与著作权有关的权利，可推测，不是用于保护版权和相关权的技术措施，比如限制竞争、未经许可收集用户信息、防止未成年人沉溺等的技术措施，将不受著作权法保护。同时也规定了采取技术措施的主体是“权利人”。要注意，这里的主体界定与 WCT 和 WPPT 规则中可采取技术措施的主体——“作者”“表演者和制作者”的表达并不完全一致。[③] 著作权法在其他地方赋予各种权利的

---

① 2020 年《著作权法》第 49 条第 3 款：“本法所称的技术措施，是指用于防止、限制未经权利人许可浏览、欣赏作品、表演、录音录像制品或者通过信息网络向公众提供作品、表演、录音录像制品的有效技术、装置或者部件。”

② 《著作权法》第 49 条第 1 款：“为保护著作权和与著作权有关的权利，权利人可以采取技术措施。”

③ Article 11 of WCT, “Obligations concerning Technological Measures”: “Contracting Parties shall provide adequate legal protection and effective legal remedies against the circumvention of effective technological measures that are used by authors in connection with the exercise of their rights under this Treaty or the Berne Convention and that restrict acts, in respect of their works, which are not authorized by the authors concerned or permitted by law.” 这里明确提到的是“effective technological measures that are used by authors”，即作者实施的有效技术措施。Article 18 of WPPT, “Obligations concerning Technological Measures”: “Contracting Parties shall provide adequate legal protection and effective legal remedies against the circumvention of effective technological measures that are used by performers or producers of phonograms in connection with the exercise of their rights under this Treaty and that restrict acts, in respect of their performances or phonograms, which are not authorized by the performers or the producers of phonograms concerned or permitted by law.” 这里明确提到的是“effective technological measures that are used by performers or producers”，即表演者和制作者实施的有效技术措施。

时候，常使用的概念是“著作权人”，综合考量现有市场状况进行推测，这里的“权利人”可以拓展理解为“著作权人”“相关权人”及获得他们授权行使相关权利的人。而这样的规定拓展了国际公约中的规定，使得能够获得版权保护的技术措施的范围得到了极大的拓展，也体现了我国在数字领域的著作权保护标准较公约的要求要高出很多。

还需要指出的是，我国现行《著作权法》以及相关的行政法规对版权技术保护措施的词语规定是“技术措施”，2014 年 6 月《著作权法（修订草案送审稿)》曾将措辞改为“技术保护措施”，两字之差，可以看出我国立法者对版权技术保护措施的认识变得更加全面。因为技术措施更多的是针对技术本身而言，其包含的范围过于宽泛，既可以是保护版权的技术措施，也可以是保护技术的技术措施或者实现其他效果的技术措施。而技术保护措施，加了“保护”二字作为限定，意味着立法者希望版权技术措施的概念相比之前更为明确，可以看出其目的是侧重保护著作权及相关权利，而不是所有的即便不涉及著作权及著作权相关权利的技术措施也会受到著作权法的保护。这一语义上的立法考量主要在于中国在很长一段时间都没有在法律层面为涉及版权保护的技术措施做出明确定义。不过，由于新法在对技术措施进行概念界定的时候明确了“为了保护著作权及其相关权”的目的而设计的技术措施是权利人能够采取的，再在概念中加上保护二字就显得比较多余，因此，新法依然没有对这个术语进行调整。但是，我国《信网条例》早已对该概念做出官方意义上的规定,① 也有学者从学理上给技术保护措施下定义②。法律通过文义解释和列举内容限定了中国现有法律法规体系下技术措施的概念，即著作权人、邻接权人以及其授权的专有权使用人，为控制其作品、邻接权对象在其未授权的情况下被他人查看、访问或者通过网络传播给公众，而针对

---

① 《信网条例》第 26 条第 2 款：“技术措施，是指用于防止、限制未经权利人许可浏览、欣赏作品、表演、录音录像制品的或者通过信息网络向公众提供作品、表演、录音录像制品的有效技术、装置或者部件。”。

② “著作权人或邻接权人，为了实现其自身作品、表演免受非法的访问或传播，而主动运用的一种宗旨在控制或避免非法访问或传播的装置和方法。”参见李扬．试论数据库的法律保护［J］．法商研究（中南政法学院学报)，2002（01）．参见冯晓青．技术措施与著作权保护探讨［J］．法学杂志，2007（04）．

其权利对象采取的控制装置或技术手段。

结合上文的分析结论，可以看出我国规定的受著作权法保护的技术措施范围甚广：可采取技术措施的主体囊括了著作权人、邻接权人以及其授权专有使用的专有权人。对权利对象的控制范围包括禁止未经许可的浏览与欣赏、向公众传播，也就是既控制接触访问又控制获取利用以及传播。技术措施的表现方式包括技术方法或手段，也包括可以产生控制效果的设备等单独的或者组合的装置，甚至还包括一些拥有其他功能的装置中间的某一或某些部件。

2. 获得法律保护的技术措施的分类

加密技术在数字作品上的应用是数字时代的版权保护主要表现之一，数字电影版权保护的加密技术主要有传播媒介加密、播放器加密、压缩格式加密、可信授权验证机制等。有些加密手段是依据计算机的硬件特征进行的，比如：CPU、网卡的唯一标识符号或设备加密狗。因为不同的技术措施实现版权保护的目的不同，有的是为了防止进一步剽窃，有的是为了从根源上切断对作品的接触，有的则是为了更多地实现经济上的利益。除了保护版权，技术措施的使用还可能带来一些不利影响。有的会影响消费者的知情权，有的会影响合理使用，还有的甚至会损害公众利益。但针对版权技术措施，我国还没有官方权威的、统一的分类标准。如果不将版权技术措施分类，不针对不同类型的技术措施分别研究，只是宽泛地统一规制所有技术措施的实施行为，那么在具体的操作中可能就会存在困难。所以相应的，针对不同的技术措施应该设计不同的保护和规制办法，将版权技术措施类型化就是充分保护和合理规制技术措施实施行为的基础，这将会对技术措施实施行为的管理和监控更有针对性，起到更好地保护数字市场版权人权益，促进数字时代文学和艺术领域人类整体文明发展的效果。

由于广大学者都意识到将版权技术措施类型化有利于对其规制方案的设计，虽然法律没有明确规定，但是国际国内理论界早已存在几种不同的分类标准，比如：根据侵权行为阶段的不同，技术措施可以被分为三种典型的类型，主要表现为“识别性”技术措施、“制裁性”技术措施和“预防性”技术措施；[①] 按照作用流程分，则可以被区分为四种类型，即“控制接触作品”的技术措施、“控制使用作品”的技术措施、“控制传播作品”的技术措施、“识别非授权作品”的技术措施；[②] 按照最终实现的功能可分为两种类型，即版权保护措施与接触控制措施。国际社会对技术措施的分类，通常是建立在功能层面的基础上，分为“接触控制措施”和“版权保护措施”。而这样的分类方法也基本契合我国现行法律的规范性文件规定的防止、限制“未经权利人许可浏览和欣赏”的“接触控制技术措施”和防止、限制“未经权利人许可通过信息网络向公众提供”的“版权保护技术措施”。学者提出的为了保护作品完整性、便于识别作品权利归属和其他属性而使用的“识别性技术措施”和“版权信息管理措施”，虽然也属于电子信息技术的一种措施，像电子签名、电子手印等本来就是能起到管理版权信息作用的技术措施，如将数字水印技术嵌入数字产品中，可以将其提取出来作为版权证明或者内容证明，是重要的起诉侵权的依据，最终也起到了保护版权的作用，但是由于其不能产生“防止和限制”的直接效果，可以考虑将其归入“权利管理信息”中，由《著作权法》第 51 条规范。[③]

“接触控制措施”是指防止、限制未经权利人许可浏览、欣赏作品、表演、录音录像制品的有效技术、装置或部件[④]，也被称为“控制访问的技术保护措施”，就是版权人利用技术手段、技术方法、技术装置等禁止未经其授权的其他人浏览、接触其版权产品，通过各种技术手段防止他人未经许可以阅读、收听或收看等方式接触作品，以此来保护自己的版权产品，保障由版权产品给自己带来的经济利益。《著作权法》不禁止接触作品或者访问作品的行为，但是权利人在作品上设置的“接触控制措施”却会受到《著作权法》的保护。比如打开一本书并阅读其内容是可以的，但如果要规避在作品

---

① 郭禾．规避技术措施行为的法律属性辩析［J］．电子知识产权，2004（10）．

② 冯晓青．技术措施与著作权保护探讨［J］．法学杂志，2007（04）．

③ 《著作权法》第 51 条：“未经权利人许可，不得进行下列行为：（一）故意删除或者改变作品、版式设计、表演、录音录像制品或者广播、电视上的权利管理信息，但由于技术上的原因无法避免的除外；（二）知道或者应当知道作品、版式设计、表演、录音录像制品或者广播、电视上的权利管理信息未经许可被删除或者改变，仍然向公众提供。”

④ 王迁．版权法技术措施保护的正当性［J］．法学研究，2011（04）．

上设置的“接触控制措施”则是违法的。按照“接触控制措施”作用的标准进行分类，可以将其分为防止获取网站中存储的内容、防止获取信息流中的内容、防止复制件所有者接触其中的内容、防止对内容的后续接触的接触控制措施。由于控制措施是保护版权的前置手段，而著作权人并未获得著作权权利意义上的“接触权”，因此该类技术措施并不能直接规定为用来保护版权的技术措施，因此被单独划分为一个类型。

“版权保护措施”就是针对不同类型的著作权权利进行保护而设计的不同技术方案，通常是指控制没有经过同意进行的传播、复制等行为，防止他人侵犯版权人各类专有权的行为的技术措施，也叫“控制使用的技术措施”，这里的“使用”是版权法意义上的使用行为。[①] 控制使用即指版权人利用技术手段、技术方法、技术装置和部件等禁止未经其授权的其他人实施本应属于著作权人专有权利的行为，包括使用、利用其版权产品，以此来保护自己的版权，保障由版权产品的使用和利用给自己带来的经济利益。《信网条例》中提到的版权保护措施是防止他人通过信息网络，向公众传播作品的技术措施。现在很多音乐作品都只能在线收听而不能下载，不能离线欣赏，也不能通过硬件拷贝或者信息网络自由传播给其他设备或主体，这就是采取了“控制使用的版权保护措施”的效果。

“防止侵权的技术保护措施”与前面两种技术措施存在着一些差异，通常情况下，人们理解的“版权保护措施”还包括了DCI、版权印以及时间戳等技术保护措施，这一类技术的主要功能是给版权人提供拥有版权的证明，有时候也被纳入“防止侵权的技术保护措施”中的一类，即指版权人采取技术方法、手段、设备装置等仅仅是为了防止他人对其版权的侵权行为，即防止未经许可或授权的版权侵权行为，这类技术措施并不禁止他人对版权对象的合理使用以及其他不属于侵权的行为。因为有了版权证明和宣誓，很多使用者会自觉遵守版权法而不实施侵权行为，若要使用也非常容易找到权利人获取许可，这样也能够达到防止侵权的效果。但是DCI、版权印以及时间戳等技术并不是完整意义上的“防止侵权的技术保护措施”，而更多地属于权利证明和权

① 蔡桂平．技术措施保护与合理使用的协调研究［D］．广州：华南理工大学，2019.

利经营性技术措施，而除了权利证明之外其他的防止侵权的技术措施，应体现为经过某种信息挖掘和计算后确认对数字作品的接触和使用会侵权就阻止，不侵权就放行。在很多情况下这类技术措施的设置成本和运行成本较高，比前面两种技术措施的实施难度大，因此很少被互联网上的各类权利主体采用。

上述三类版权技术保护措施中，控制访问的技术保护措施是版权人实施的最为严格的版权保护技术手段，体现了对版权人权利的最大化保护；控制使用的技术保护措施次之，在一定程度上平衡了版权人和社会公众、合理使用者之间的利益；防止侵权的技术保护措施则最大限度地考虑社会公众的合理权利，给社会公众提供较大的使用空间。但正如我国现行立法禁止规避所有类型的技术措施一样，很多技术措施在功能和效果上是会出现交叉和重合的，权利人自己有时也无法控制。若上述某些技术措施的主要功能不仅仅在于防止版权侵权或不付费使用作品，而且还能够通过阻止对作品的使用，实现与版权法保护利益无关的商业效果，那会给著作权法对技术措施的保护带来复杂问题。一方面，如果不保护此类技术措施，表面上就会与我国著作权法关于保护技术措施的相关规定不符；另一方面，如果对此类技术措施提供过度保护，又可能影响消费者的利益，扰乱技术发展和市场竞争秩序。[①] 甚至还有某些技术措施的主要功能并不在于防止版权侵权或免费使用作品，而是为了实现捆绑销售、划分市场等与保护版权无关的商业盈利模式。总之，在新技术环境下，明晰技术措施的概念、范围和类型，在某些条件下针对不同情况进行适当限制，依然是著作权法理论体系中重要的学术问题。

3. 禁止规避版权技术保护措施及责任承担

在现实的作品传播活动中，网络技术发展迅速而且技术复杂，用于保护版权的各类技术措施往往都能够被破译和破解，大量网络黑客的存在使得用户往往能够自行或者在他人的协助之下绕开版权人采取的技术措施甚至直接

---

① 王迁．莫让版权法成为滥用技术措施的保护伞［J］．现代法学，2018（04）．

破坏版权人设置的技术措施，从而未经许可接触和获取作品，进而通过对作品的各种利用获得不当的利益，损害版权人的权益。这类行为被统称为“规避”（circumvention）行为。权利人采取的自力救济若不能得到法律的认可，黑客行为将大行其道，由此引发数字化作品保护技术和破解技术争相升级的“军备竞赛”，于是禁止规避技术措施的规则应运而生。禁止规避版权技术保护措施缘于《著作权法》规定了版权人可以采取技术措施来保护其版权对象。同时给予版权技术保护措施著作权法上的保障，即禁止他人规避版权人为保护版权而对其版权对象设置的版权技术保护措施。其前提条件是：版权人采取了保护版权的技术措施，现实条件是有主体未经版权人或相关权利人许可采取了规避版权技术保护的措施，法律、行政法规等对该技术保护措施进行明确的保护，禁止该类规避行为。

规避版权技术保护措施，就是利用技术方法、技术手段、技术装备、技术手段，绕开或破坏版权人为保护版权对象设置的技术保护手段，以突破权利人对技术措施保护的版权对象采取的接触控制、访问控制、使用控制。狭义的规避版权技术保护措施是指行为人未经权利人许可擅自实施绕开或破坏版权技术保护措施的行为。广义的规避版权技术保护措施则包括了狭义的规避版权技术保护措施和提供规避版权技术保护措施的服务、装置或部件，主要表现为：第一，未经版权人或者版权有关权利人许可；第二，故意避开或破坏权利人为其版权对象采取的技术保护措施，故意制造、进口主要用于避开或破坏保护措施的装置或部件，且向公众提供前述装置或部件。规避版权技术保护措施的类别有：绕开版权人技术保护措施和破坏版权人技术保护措施。绕开版权人技术保护措施包括绕开版权技术保护手段，改变获取版权产品的技术路径，从而避开版权人设置的获取版权对象所必需的条件，获取、控制、使用版权产品。破坏技术保护措施就是指破坏版权人为保护版权对象而设置的获取、使用版权对象的技术装置、技术装置的部件，从而获取版权保护对象。关于规避技术保护措施的行为性质，狭义的规避技术保护措施是行为人直接实施的绕开或破坏权利人设置的技术保护措施的行为，属于直接侵权。而提供规避技术保护措施的技术、设备和服务的行为，有学者认为属于间接侵权[①]，因为实施绕开或破坏技术保护措施的行为属于直接侵权，提供规避手段、装置或部件的行为就是为上述绕开或破坏技术措施行为实施提供的帮助行为，比照民事侵权理论可论证其属于间接侵权。但也有学者认为提供规避技术保护措施的设备或服务的行为属于一种特殊的违法行为[②]，因为权利人实施技术保护措施仅为权利人为保护权利不受侵害采取的一种自力救济手段，并非《著作权法》相关法律规定的专有权，因此，规避技术保护措施并非是一种侵权行为。规避技术保护措施之所以被禁止，是由于《著作权法》等相关法律对该种自力救济手段赋予了一种法律保障，未经权利人许可实施规避版权技术保护措施的行为属于违法行为，是缘于法律的直接规定，因此提供规避技术保护措施的行为属于一种特殊的违法行为。

美国几个传统内容产业的版权集团，在数字市场盗版猖獗的二十世纪末一直希望推动本国禁止规避版权保护技术措施的立法，但是由于这项立法可能会限制互联网领域的言论自由等美国宪法中民众的根本权利，因此，法案无法顺利通过，在游说国际组织和外国相关产业集团后，他们终于成功将相关条款设置在了 WCT 和 WPPT 之中。不久，上述几个集团就以需要落实成员方义务为由，成功推动了国内立法：禁止规避对于承载在物质载体之上和广泛存在于互联网领域中的作品进行保护的技术措施的规则，在以美国《数字千年版权法》为代表的国内立法中逐渐被落实。前文曾提到，我国 1991 年《著作权法》中并未规定该项规则，在 2001 年第一次修改《著作权法》时，在第 47 条第 6 项规定“未经著作权人或者与著作权有关的权利人许可，故意避开或者破坏权利人为其作品、录音录像制品等采取的保护著作权或者与著作权有关的权利的技术措施的……”是侵权行为，“应当根据情况，承担停止侵害、消除影响、赔礼道歉、赔偿损失等民事责任；同时损害公共利益的，可以由著作权行政管理部门责令停止侵权行为，没收违法所得，没收、销毁侵权复制品，并可处以罚款；情节严重的，著作权行政管理部门还可以没收主要用于制作侵权复制品的材料、工具、设备等；构成犯

① SAMUELSON P. Intellectual Property and the Digital Economy: Why the Anti – Circumvention Regulations Need To Be Revised [J]. Berkeley Technology Law Journal, 1999, 14: 523 – 533.

② 王迁．论提供规避技术措施手段的法律性质 [J]．法学，2014 (10).

罪的，依法追究刑事责任”，但明确“法律、行政法规另有规定的除外”。以上便是之前很长一段时间中国禁止规避版权技术措施的大致规则，只有《信网条例》中有一个稍为具体的定义和禁止规避的制度设计。由于2010年《著作权法》修改未对该条款做出调整，因此直到2020年修法之前中国法律规范对于技术措施的调整都是一个宽泛的规则，针对技术措施的概念界定、主体、客体、可以规避的情况等的说明都未出现在法律层面的文本之中，而是散见于《软件条例》和《信网条例》中，二者基于各自特殊的调整对象及其权利或作品类型而对于技术措施的规定存在一些差异。

在2001年和2010年的《著作权法》相关条款中，未区分何种技术措施属于禁止规避的类型。因此，就该条而言，可以推测我国禁止规避的技术措施是全部的作品、录音录像制品的技术措施，禁止的规避技术措施行为既包含直接规避行为，也包含提供帮助的规避行为。该条款仅概括性地规定了只要未经许可实施了规避作品或录音录像制品上采取的技术措施的行为，就应当承担责任。虽然最后对禁止规避做出了例外规定——“法律、行政法规另有规定的除外”，但属于一般性的兜底性规定，既没有具体的内容规定，也没有明确指出援引某一部具体的法律规定。根据《信网条例》第26条对技术措施的界定可以得知，条例中禁止规避的技术措施既包含控制获取的技术措施，也包括控制使用的技术措施。《软件条例》中第24条规定了禁止规避软件著作权人为保护其软件著作权采取的技术措施，并无类型和范围的限制。

详细分析现有立法可知，禁止规避技术保护措施有两种：一是禁止直接规避行为；二是禁止间接规避或者帮助规避的行为，在法律规定中的表现是：禁止商业性、公开性地提供规避设备或技术服务的行为。《信网条例》第4条对禁止规避技术措施进行了规定，明确禁止直接地避开或破坏性规避行为，同时也禁止基于故意目的制造、进口或向公众提供规避装置或部件、技术服务的行为，但与著作权法一样，对禁止规避的例外规定也是一般的兜底性规定。《软件条例》的规定则简单而明确，是针对软件作品而规定的，禁止任何种类的规避行为（包括直接规避行为和提供规避技术、装置或部件的行为），禁止规避任何程度上的技术措施（包括控制获取的技术措施和控制使用的技术措施），并且没有规定任何例外情形，也没有一般兜底性条款的例外规定。2014 年《著作权法（修订草案送审稿）》规定了禁止规避行为的种类，规定了禁止规避的例外和限制。2020 年《著作权法》明确规定了禁止规避技术措施的情形：未经权利人许可，任何组织或者个人不得故意避开或者破坏技术措施，不得以避开或者破坏技术措施为目的制造、进口或者向公众提供有关装置或者部件，不得故意为他人避开或者破坏技术措施提供技术服务。[①] 除法律、行政法规规定可以避开的情形外，其他行为都可能承担民事侵权责任；若同时损害公共利益则可能需要承担行政责任，如被没收违法所得、销毁相关设备和罚款等；构成犯罪也会被追究刑事责任。

（二）版权技术措施禁止规避例外制度及其创设依据

《著作权法》规定的技术措施是著作权及录音录像制品权利人保护作品或录音录像制品的一种合法方式，同时著作权法还列明条款对之辅以法律保障，规定了相应的义务和责任承担机制。但版权技术措施在保护版权人合法权益的同时也带来了一系列新的问题。很多学者也对立法设置禁止规避例外制度的理由进行了深入研究，部分学者认为技术措施在提高版权保护水平的同时也会破坏公众利益，他们强调不能一味地偏袒版权人，要力求版权人和社会公众利益的平衡。于是在设置技术措施禁止规避规则的同时，很多国家也规定了一些例外情形，著作权领域的国际公约也明确认可各个国家有权根据本国需求制定针对著作权保护的例外情形，因此对于技术措施制定例外和限制规定也应当是符合相关国际公约规则的。[②] 禁止规避版权技术保护措施的例外，也称规避技术保护措施的豁免，顾名思义就是指在未获得相关权利人许可的情况下，实施规避版权技术保护措施不属于违法行为范畴的情况、

---

① 参见该法第 53 条。

② WCT 第 10 条“限制与例外”：(1) 缔约各方在某些不与作品的正常利用相抵触、也不无理地损害作者合法利益的特殊情况下，可在其国内立法中对依本条约授予文学和艺术作品作者的权利规定限制或例外。(2) 缔约各方在适用《伯尔尼公约》时，应将对该公约所规定权利的任何限制或例外限于某些不与作品的正常利用相抵触、也不无理地损害作者合法利益的特殊情况。WPPT 第 16 条规则相似，同时有个关于第 16 条的议定声明：允许缔约各方将其国内法中依《伯尔尼公约》被认为可接受的限制与例外继续适用并适当地延伸到数字环境中。同样，这些规定应被理解为允许缔约方制定对数字网络环境适宜的新的例外与限制。《伯尔尼公约》第 10 条以最早的国际条约的形式规定了著作权保护的限制和例外情形，包括引文摘抄的例外、解说评论的例外等。

范围、条件等，这些例外情况由法律规定。在符合禁止规避技术措施例外的条件下，行为人可以不经权利人许可就实施规避技术保护措施的行为，且不会因为该种规避技术措施的行为受到惩罚。

1. 基本制度规则

在科学技术、文化艺术经历近二十年的突飞猛进的发展和对外交流，作品、录音录像等产生和传播、交易方式有了很大改变之后，著作权法中技术措施相关法律规定却还在原地踏步，未跟随保护对象的变化而变化，表现出了一定的滞后性。《信网条例》第 12 条规定了可以规避权利人为保护作品、表演、录音录像制品的信息网络传播权设置的技术措施的例外情况，主要包括学校课堂为教学或科研而合理使用作品、为盲人阅读便利向盲人提供已发表作品、国家机关执行公务、安全性能测试等。该条关于禁止规避的例外和限制的规定属于封闭式的规定，仅该条列举的四种情形才可以规避技术措施，并且仅限于直接规避行为，提供规避技术服务、装置或部件的行为不属于该条规定的合法规避行为。

修法前的《著作权法》规定了关于侵害版权行为的民事责任、行政责任和刑事责任，其中具体列出了十项侵权行为和一项其他侵权行为。[①] 根据该条款之规定，《著作权法》保护的实施技术措施的主体是著作权相关人和录音录像制品相关权利人，禁止的行为是未经相关权利主体许可实施的故意避开或破坏技术措施的行为，虽然该条款最后部分通过“法律、行政法规另有规定的除外”的表述规定了规避技术措施违法行为的例外，但是属于概括性的规定，并没有指出哪些行为属于规避技术措施违法的例外情况，更没有明确合理使用的具体情形和法定许可的具体情形是否属于规避技术措施违法行为的例外，只是进行了一般性兜底规定，之后也只有《信网条例》针对信息网络传播权规定了四个例外的情形，因此基本上没有实现必要的法律效果。这个规则不够细致的主要原因在于我国 2001 年《著作权法》将技术措施纳入法律保护范围时，尚未加入 WCT 和 WPPT 两个国际条约，并没有考虑到与国际市场的接轨和版权贸易问题。

① 参见：2001 年《著作权法》第 47 条、2010 年《著作权法》第 48 条。

2020 年《著作权法》明确规定了禁止规避技术措施的五种例外情形：教学科研例外、阅读障碍例外、国家公务例外、安全测试例外、加密研究和反向工程例外。① 然而，这些例外规则依然非常宽泛，在具体的司法实践中存在很多需要阐释的地方。例如，教学和科研例外中的受益主体“教学和科研人员”群体是否包括学生；《关于为盲人、视力障碍者或其他印刷品阅读障碍者获得已出版作品提供便利的马拉喀什条约》（简称《马拉喀什条约》）中规定的受益人群体不仅包括“阅读障碍者”，而且还包括其他视觉不足者和肢体残缺者，少数发展中国家甚至规定包括所有残疾人在内，而我国残联至今暂无对“视觉障碍者”的明确界定；对于适用前面两项例外还有一个补充要求，即要求规避技术措施的作品必须是“无法通过正常途径获取”，那么“正常途径”又应该作何解释呢？这一系列的问题，都有待《著作权法实施细则》及相关的司法解释等进行充分解答，我们也将在后面的章节尝试进行详细探讨。

2. 设置禁止规避例外制度的依据

从二十世纪末开始，就有大量学者对设置禁止规避技术措施的例外规则涉及的依据及其理论问题进行研究和探讨，中国学者薛红（1998）、张昱（2000）、王迁（2000）等的研究就非常具有开创性和理论价值，其中王迁主要是通过研究美国的司法实践和立法得出结论。王迁（2003）在早期研究成果中明确认为根据我国当时的国情，对与技术措施有关的著作权宜采取相对低标准的保护。② 后来，很多学者又提出版权技术措施与合理使用制度之间存在冲突，如李扬（2001）、罗莉（2006）、王迁（2018）等。除此之外，部分学者还对技术措施的滥用问题进行了研究，如叶甲生（2008），卢静、刘珉曳（2010）认为缺乏规制技术措施滥用的统一内在体系及原则性规定，王迁（2018）则具体分析了滥用技术措施进行捆绑销售、销售区域划分和对使用者进行惩罚三种滥用情形。针对以上问题，李扬（2002）提出可以对技术

① 参见：2020 年《著作权法》第 52 条。

② 王迁．对技术措施立法保护的比较研究［J］．知识产权．2003（02）．

措施进行限制并设置合理的例外情况[①]，而罗莉（2006）则提到要区分合法与非法的规避行为，以确定技术措施与合理使用之间的关系，[②] 王迁（2018）分别对禁止直接规避行为和禁止提供规避手段这两种制度与合理使用产生的冲突提出了解决方案，[③] 姚鹤徽、王太平（2009）则提出恰当运用版权技术措施，警惕其对终端用户的控制，[④] 马利（2012）还提出要建立专门的版权技术措施管理机构等。[⑤] 本书认为设计技术措施禁止规避例外制度的重点在于在保护著作权的同时应积极平衡和实现对公共利益的维护和对公共领域的保留。

（1）著作权保护与对公共利益的维护。自著作权法产生以来，著作权人的权利与社会公众欣赏、合理使用作品的利益冲突就是一个不可回避的话题，平衡著作权人与社会公众的利益，促进科学文化艺术的交流与发展，是著作权保护的目标之一。[⑥] 推动教育事业的发展，促进模仿式创新和思想文化多元发展，保障弱势群体的利益一直是著作权法律规范应该适当让渡的公共利益价值。在互联网领域，美国《数字千年版权法》确立了网络服务提供者的"避风港"制度、侵权判断的"红旗标准"等适应网络著作权保护利益格局的制度框架，并为世界范围内的网络著作权保护制度提供了范本。然而，这些制度架构不是法律推理和逻辑建构的产物，而是著作权人、互联网产业及社会公众利益博弈、妥协的结果。[⑦] 在一般情况下，终端设备的操作软件开发商和传统内容产业开发者、经营者们，如微软集团、迪士尼公司等都会倾向更加严格地保护数字化作品的版权，而相对应的互联网平台和一些需要凭借大量数据挖掘才能够正常发展的人工智能公司等则更加偏向对于受著作权法保护的数字版权设置适当的法律保护限制，如谷歌公司、Facebook、特斯

① 李扬．试论技术措施权［J］．河南省政法管理干部学院学报．2002（03）．

② 罗莉．作为社会规范的技术与法律的协调：中国反技术规避规则检讨［J］．中国社会科学，2006（01）．

③ 王迁．版权法对技术措施的保护与规制研究［M］．北京：中国人民大学出版社，2018．

④ 姚鹤徽，王太平．著作权技术保护措施之批判、反思与正确定位［J］．知识产权，2009（06）．

⑤ 马利．版权技术措施的反思与完善：以"使用者权"为研究视角［J］．郑州大学学报（哲学社会科学版），2012（02）．

⑥ 见中国各个版本的《著作权法》第1条。

⑦ 孔祥俊．著作权立法与司法的产业利益之维［J］．社会科学辑刊，2021（06）．

拉公司等，否则它们的产业经营自由度将受到极大的限制，技术的开发将严重停滞。在每三年一度由美国国会图书馆组织的对 DMCA 临时例外进行调整的讨论中，上述两派势力常常进行激烈博弈，最终往往都在当时的社会经济、政治、文化和技术背景下实现基本的妥协，是立法者对整个社会发展涉及的公共利益相关因素进行综合考量的结果。

针对受著作权法保护的作品，我国《著作权法》也专门规定了能够被合理使用的情形和法定许可的范围，在符合合理使用和法定许可制度的前提下，未经权利人许可对作品进行研究、使用甚至少量复制和传播的行为都是不违法的，不是侵害著作权的侵权行为。著作权人使用技术措施对作品进行保护时，会在很大程度上影响合理使用人或法定许可人群的利益。当著作权人实施了禁止接触的技术措施时，没有技术背景的社会公众通常无法接触和了解作品中包含的知识和信息；权利人设置版权保护的技术措施时，一般公众则无法自由复制作品，无法享受合理使用利益，这明显与合理使用制度的目的相悖，并且会导致大部分普通公众的合理使用利益受损。而对于法定许可人，当权利人采取了技术措施之后，不论是哪种技术措施，都将使得利用者必须在接触作品或利用作品之前获得许可并支付报酬，而不再遵循“先自由使用后支付报酬”的制度。整体而言，不论是合理使用制度还是法定许可制度，在技术措施获得充分法律保护的现有规则之下，似乎都已经名存实亡。另外，利用区块链智能合约，已经支付一定费用获得著作权人同意的使用者由于并不清楚自己已经合法获取的著作权作品上附加了哪些技术措施，在使用的过程中也将或多或少受到包括不可自行备份或复制次数有限、不可编辑、不可向他人传播等各种限制，违背了民事合同规则中基于信息透明才能遵循的“平等自愿、协商一致原则”。由于《著作权法》并没有直接规定技术措施的限制与例外情况，只是规定了“法律、行政法规规定的除外”，而这样的规定几乎从未真正落实过，这说明版权人的技术措施利益在法律层面上得到了保护，而潜在的合理使用者、潜在的法定许可使用者、其他付费使用者的合法利益未得到法律层面上的保护，这将严重制约文学和艺术领域优秀作品的传播和利用，进而侵蚀“全人类科学文化素养提升”的公共利益，因此，对于技术措施禁止规避的规则设置科学合理的例外规则显得格外重要。

（2）著作权保护与公共领域的保留。早期罗马法中提到的“公有物”“共有物”“公用物”在实质上就是有形财产的公共领域。正是罗马法中的公共物理论为知识产权“公共领域”（public domain）的建立提供了思想基础。知识产权法中的公共领域是与知识产权始终处于对立关系的概念，是“在一定程度上限制专有权利的一种制度设计和理论内涵”①。两者相互限定、相互阐释，共同构成了人类的知识领域。就其含义而言，知识产权法公共领域可归结为如下两种：不受知识产权保护的材料②或者对每个人都是自由的东西③。基于现有的著作权规则，我们认为著作权法涉及的公共领域主要包括：一是著作权保护期限届满的作品；二是著作权人有意让渡权利主动投入公共领域的作品；三是不具备实质要件的知识产品，如缺乏独创性的智力成果；四是人类共有的知识，它包括一些不受法律保护的“思想”，也包括科学、数学以及其他的理论知识；还可以包括基于合理使用而产生的公共领域等。④

在《安娜法案》颁布之后，作者基于创作而获得版权的制度得到广泛认同，在英国早期的“书商之战”，即 Millar 诉 Taylor 案、Donaldson 诉 Beckett 案后，版权人对自己作品的普通法规定的永久性专有权被法定的、有期限的权利所取代，即便著作权保护的期限从早期的 14 年逐步扩展到 50 年、70 年、90 年甚至更长时间，但是作品的保护总有一天会期限届满，那么在期限届满之后，则被各国法律制度认可进入公共领域，也称为共有领域，成为全人类可以免费利用的文化资源。例如，中国大量古典名著诸如《西游记》《三国演义》，西方的大量经典著作《罗密欧与朱丽叶》《阿拉丁神灯》等作品由于过了著作权保护期限，因此被大量后人反复地免费进行改编和使用，其中最典型的有对《西游记》进行的系列影视改编，如《大话西游》《西游伏妖篇》《西游降魔篇》等，还有基于《三国演义》创作网络游戏以及美国

---

① LITMAN J. The Public Domain [J]. Emory Law Journal, 1990, 39: 965 – 1024.

② BOYLE J. The Public Domain: Enclosing the Commons of the Mind [M]. New Haven: Yale University Press, 2008: 3 – 5.

③ PATTERSON R, STANLEY L. The Nature of Copyright: A Law of Users' Rights [M]. Arthens: University of Georgia Press, 1992.

④ 张艳梅. 国际知识产权条约体系下的国际公共领域探究 [J]. 当代法学, 2011, 25 (04). 黄汇. 版权“隐喻”与公共领域的式微 [J]. 电子知识产权, 2009 (07).

迪士尼利用我国广为流传的民间文学作品而拍摄电影《花木兰》等。

对于公共领域问题，著作权法设置了“不被著作权法保护的客体”和“思想表达二分法”等规则进行保留，然而，由于互联网领域技术措施的实施，很多富含“思想”的作品被限制访问，已过版权保护期作品的内容被限制使用，甚至有些互联网平台经营的数据库直接将已经进入公共领域的作品电子版置于互联网，设置技术措施之后销售。这样的行为都会对现有人类文明的公共领域进行或多或少的限制，加之很多情况下，“思想”和“表达”无法准确细分，大量信息被技术控制后，民众的信息获取权被侵蚀，基于信息获取前提才能实现的言论自由也将被无形损害。因此，基于公共领域保留的基本原则，设置技术措施禁止规避例外规则，也是保障基本人权、促进文化进步与发展的一个重要举措。

在实施创新驱动发展的国家战略背景下，自主创新能力的提升起到了举足轻重的作用，而大量有助于全面综合素养提高和综合治理现代化的知识和信息接触权如果被技术措施所限制，则技术创新和制度创新将成为无源之水、无本之木，无法推动生产力的发展和社会的根本进步。在研究著作权法的立法目的之时，可以明确，对于著作权规则的设计，其基本路径是保护作者的权利不受侵犯进而获得基于其创作的智力文化成果获得一定的报酬。通过这样的保护，促进文化和艺术领域的创新，丰富人类精神文明的成果，而根本的目的依然是促进创新，而非为了实现著作权人无止境的经济利益，或者维护版权产业大量商业化经营者“滚雪球”式的产业目标。整个著作权法的发展史就是权利扩张的历史：随着技术的发展，著作权保护对象范围逐步扩大、权利内容大为丰富、权利限制趋于严格，著作权作为知识传播与流动阻力的特性逐渐明显。于是公共领域问题在学术研究中得到重视，并成为反思知识产权制度的重要理论工具。美国的杜克大学自 2000 年以来开始关注此问题并成立了公共领域研究中心，一大批著名的知识产权学者诸如杰西·黎特曼（Jessica Littman）、理查德·A. 波斯纳（Richard A. Posner）、马克·罗斯（Mark Rose）、大卫·兰吉（David Lange）、詹姆士·博义尔（James Boyle）等都对此问题表示关切。

人类的每一次进步，都是站在巨人的肩膀之上，著作权领域的作品的创作也不例外，对于一个新的作品，作者从现有文化产品和公共领域中借鉴了多少，创作行为到底增加了哪些内容，可以获得多大范围、何种程度的保护，这些问题通常都非常不好回答。而洛克的财产权理论也是众多学者认可的著作权自然正当性的理论基础，由于创作行为是源于既有资源、信息和知识的进一步智力劳动，作者能够获得该项合法著作权专有权的先决性条件则就像“上帝为人类留下无主地供人类自主开发和利用”的资源一样，需要“为他人留下足够多同样好的东西”之后，自己才能获得适量的产权，同时还不能“浪费”。若版权人的经济利益过于庞大，可期待性非常稳固，则可能会引导社会资源聚集到版权产业而影响其他产业的发展，而版权产业抢占的本应属于其他产业的资源，将在本产业内形成内卷式竞争，引发浪费。因此，站在工具主义立场来看，为了维系创作所必须依托的资源领地，领地对著作权公共领域的保留和维护将成为重要的制度体制。

二、区块链技术与区块链时代的版权保护技术措施

利用数字技术对在互联网上传播的信息和内容进行某种类型的“锁定”，是版权人在信息爆炸时代针对利用数据爬取、数字截屏、智能编辑等技术侵犯他人权利的行为，进行自力救济的一种选择。二十一世纪初，这种采取技术措施对享有版权的作品的展示和传播进行控制的行为得到了法律的认可。同时，区块链技术真正用于互联网领域之后，传统互联网产业的生态产生了重大的变化，在版权保护领域，区块链又扮演了一个怎样的角色，会对数字版权及其相关产品的创作、开发、保护和全社会文化艺术领域的发展产生哪些影响呢？这是本部分尝试探讨的问题。

（一）区块链技术与区块链时代

区块链作为一项突破性的新技术，如同当年的互联网一样，给了人们无限的想象空间，让行业内外都对其寄予厚望。随着“互联网＋”的深入发展，大数据、云计算、互联网以及新一代的移动通信、人工智能等技术发挥的作用日益突出，互联网所创造和承载的价值快速增长，如何保证价值在互联网上进行可靠的传递与交换成为接下来要解决的问题。去中心、防篡改的

区块链为这一问题提供了很好的解决方案。正因为区块链解决了有价值的信息传播和去中心化问题，被认为是互联网发明以来最具颠覆性的技术创新，更被誉为是“下一代互联网”。2016 年左右，各个国家开始对区块链技术在各领域应用进行认可和实施，诸如在金融、慈善、农业等领域区块链技术均得到了很好的应用。由于该项技术特点显著，应用前景广泛，2016 年 12 月底，区块链在中国被列入《“十三五”国家信息化规划》，2016 年可被称为中国的“区块链元年”。

通常情况下互联网是凭借一组通用的协议进行互联，进而形成的逻辑上单一且体量庞大的全球化的电子信息网络，在这个网络中，实体方面的硬件设施包括交换机、路由器等网络设备、形式各异的连接链路、种类繁多的服务器和成千上万的计算机、终端。使用互联网可以将信息瞬间发送到千里之外的人掌控的设备上，形成了当今信息社会的基础。自从二十世纪九十年代以来，从实验室、大学走向普通民众生活的互联网原生的共享属性使得“免费”享受和分享网络资源成为用户的一种习惯。虽然网络海量信息的“免费”获取和传递能够大大地提高人们利用互联网的积极性，促进全社会利用信息提升生活质量，也明显提高了传统和新兴产业各领域的生产效率和整体竞争力。但“免费”资源的泛滥不仅带来了互联网领域的无序和混乱，使得有效、优质的内容日渐成为稀缺资源，浪费了民众大量的搜索成本和时间，而且，关键的是，所有资源的免费获取和不受控制地自由传递与已经建立百年并获得各国法律普遍认可的“知识产权”制度产生了激烈的矛盾与冲突。所以，前区块链时代基于互联网传递性、自由性、实时性、交换性、共享性、开放性等特点，是一个信息虽自由流动，但缺乏信任机制，版权侵权现象普遍而隐蔽的时期。

版权的保护经历了几百年的历史洗礼，从古登堡时代的印刷出版权发展到电气时代的广播权，再到数字信息时代的信息网络传播权，不论技术如何变化，制度设计者对于创新型智力成果形成或传播的激励都是全人类文明进步和发展的不竭动力。版权制度的产生和演进无不取决于作品载体及其传播技术的发展和不断迭代升级，而技术这个概念也往往被作为划分历史的一个标准。基于技术的视角，我们可以将近代以前人类的历史划分为旧石器时代、新石器时代、青铜器时代、铁器时代、电气时代，今天，我们跨入了信息时代，社会的历史进程基于人类技术的不断革新而逐步演进，相互对应着母系氏族公社、父系氏族公社、奴隶制、封建制、资本主义制度及现在和将来的社会主义制度体系。这也无不印证了马克思提出的“经济基础决定上层建筑”的基本理论。互联网生态发展的历史进程也可以基于区块链技术运用与否，被划分为前区块链时代和区块链时代，使用了区块链技术的互联网领域，建立起了新的互信社区，在金融领域掀起了一场对权威货币体系的革命。近年来各主要国家都充分重视对比特币法律效力的研究和关注，积极应用和发展与比特币底层技术密切相关的区块链技术。有专家认为“区块链的真正目标是成为全数字化时代的公共基础设施”，正如“元宇宙”的创始和发展，区块链技术的深度应用将引领一个新的数据世界和新秩序的形成。

正式进入区块链时代之后，随着全球区块链技术研究和应用的逐步升温，其与数字版权结合所带来的各类新情况、新问题也成为热门话题。区块链技术的应用将为更加充分地保护数字版权提供契机，区块链数字版权管理平台基于区块链技术之去中心化、可追溯、双重加密、不可篡改等属性搭建，能从数字版权的精准确权、支持交易、维权取证等三个方面对数字版权进行保护，解决了前区块链时代互联网版权侵权隐蔽性强、侵权现象普遍等问题。[①] 区块链技术与传统的版权保护技术措施相结合后，将助力数字化版权作品的创作、流转、运营和保护等全产业链条，形成新的互联网版权运营商业模式，或将激励新一轮版权产业的蓬勃发展。

（二）区块链技术应用于版权领域现状

区块链技术的复杂性使得部分人认为新一轮的技术嬗变即将到来，这可能会对版权法产生持久的影响。Joel Reidenberg 和 Lawrence Lessig 在 20 年前肯定了计算机代码是塑造人类行为的许多形式的“法则”（从规范约束的意义上讲）之一，这些技术可以为知识产权管理提供新机制，甚至可以取代目

① 陈思颖．版权保护中区块链应用法律问题研究［D］．湘潭：湘潭大学，2020.

前的模式。① 版权法长期以来一直利用计算机代码的力量，为那些参与相关执法系统的人创建具有约束力的规范。技术也可以规避现有的法律保护，也被认为是版权约束或技术自我保护的额外一层，即有效地创建了一个与立法者设计的规范制度不同的规范制度。在某些情况下，技术措施可以作为一种行为约束力量，因为计算机代码可以以更有效的方式提前执行现有的法律和合同规则。许多人预测区块链的出现将开启一个通过计算机代码管理和执行版权的新时代。在版权保护技术运用上，区块链技术措施应用于版权保护有其无法替代的特殊性。在区块链技术出现之前，即传统模式下的版权技术措施存下以下几点不足：用户缺乏预期的可操作性；受到技术措施保护的作品可能会侵犯用户的隐私；仅能在单一环节控制受版权法保护的作品，给版权确权、维权、交易等带来诸多不便。但是，作为新互联网时代的集成技术应用——区块链技术，可以利用其特性为版权保护赋新能。目前，互联网科技巨头包括蚂蚁、腾讯、百度等多家巨头公司已经入场谋局，蚂蚁区块链在“区块链 + 文化”版权方面推陈出新，推出零售 IP 商业平台，打造数字版权保护平台，实现链上交易和可信流转等。纸贵科技、版权家、汇桔网、原本链、版易易等区块链技术创业企业和内容生产平台也相继推出了自己的区块链版权保护解决方案（见表 1 – 1）。

表 1 – 1　各大公司的区块链版权保护方案

公司/平台	业务范围	特点	典型应用	目的
蚂蚁链版权保护平台	权益存证、传播监测、电子取证、维权服务、海外创益	全流程降本提效、确权登记、全网监测、取证	字节跳动旗下图虫摄影作品“电子身份证”	一站式线上版权保护

① FINCK M, MOSCON V. Copyright Law on Blockchains: Between New Forms of Rights Administration and Digital Rights Management 2.0 [J]. IIC – International Review of Intellectual Property and Competition Law, 2019, 50 (01): 77 – 108.

续表

公司/平台	业务范围	特点	典型应用	目的
鹊凿数字版权服务平台	版权内容上链、上链数据核验、平台服务接口	权威机构全流程见证证据链条	视觉中国摄影作品“安全保护伞”	同上
原本链	区块链浏览器、索引真实的区块地址	不暴露隐私、链外DNA查询、去中心化可信内容协议	无	让优质的原创作品获得更多的收益和传播
版易易	内容创作中心、版权登记认证、数字资产上链、版权资产交易	版权众筹、IP转化、可获得国家版权部门颁发的版权证书	文档、文学、语音读物、视频课程等链上授权	打造全版权行业生态体系，搭建数字资产交易平台
至信链	在线取证、在线公证和在线认证	直通司法，场景丰富；腾讯、网安、北京枫调理顺公司共同合作；公证处与协会共同背书	“蜀山笔侠”诉深圳市捷声文化传播有限公司侵犯著作权一案	原创版权存证；权威节点将实时出具原创内容登记证明；证据直达法院；全网实时监控侵权取证

1. 哈希算法：加密技术明确版权权利归属

区块链技术对数字版权的保护首先从版权确权开始。哈希算法可以广博地实现交易数据的共享，[①] 因为区块链上的块是连续添加的，但从未被移除，所以区块链可以被限定为仅附加数据的数据链式结构。加密哈希链接使得日志篡改变得非常明显，增加了链上数据信息的透明度和可问责性：当一个块链接到另一个块的哈希发生变化时，该块以及所有后续块的哈希也会发生变化，存储在块中的复制数据通过一致协议进行同步，该协议使得分布式网络能够在没有集中控制点的情况下与分类账的当前状态达成一致，在此过程中，数据块按照时间顺序排列，使得在不更改后续块的情况下很难更改前面的数

① 赵力．区块链技术下的图书馆数字版权管理研究［J］．图书馆学研究，2019（05）．

据。我国依据《伯尔尼公约》要求，对于版权采取自动保护模式，即作者无须办理登记确权手续或任何审批程序，其作品自完成之日起便享有版权，版权确权登记仅属自愿行为。方便权利人获得权益的自动保护模式在缺乏必要公示程序的情况下，会带来许多社会问题，如导致权利状态模糊，影响作品的传播与交易等。① 然而，若建立版权登记制度，虽有助于确定和认可作品的权利归属，促进版权作品传播，高效促成版权交易，并在一定程度上促进全球文化产业发展，但指数级增加的新创作作品若每件都需要登记，则又将增加版权人的登记成本和版权管理机构的管理成本等。鉴于此，全球大多数国家一般实行自愿登记制度，但我国的版权登记机构分工和管辖较为模糊，各版权管理部门登记流程不一，不同机构登记的版权权属效力不明确，多数情况下不同机构收取的登记费用标准不统一，通常存在登记成本高等问题。②传统的版权自愿登记制度在互联网环境下有其局限性，不利于网络版权市场的推进，区块链技术的出现给版权登记提供了新的思路，有助于版权作品在数字环境下的传播与交易。整体而言，传统的版权登记制度使得登记成本高、时间长、证明力不足，已经无法满足互联网环境下的创作者们的要求，在新的“区块链时代”，互联网领域数字版权内容的创作者和经营者们都迫切需要更为简洁、安全的版权确权方式。基于区块链技术的版权确权平台步骤简单、成本低廉、安全可靠，能够较好地满足新兴市场上述主体的要求。

（1）区块链版权登记之优势分析。利用区块链技术服务于数字版权的确权工作，一般情况下可以通过建立一个互联网下附加了区块链技术的版权保护智能平台来进行。区块链技术所采用的点对点传输手段成为具有去中心化特征的数字版权保护平台的研发和运营的重要技术支撑。由去中心化的新媒体模式逐渐取代依靠中心服务器运营的集中式旧媒体模式，这是当前网络环境下版权传播路径和媒介的发展趋势。在数字版权产业运营领域，人们开始尝试采用基于点对点模式构建的信赖协议。区块链系统的本质是多串链条式衔接组成的数据区块，它能通过对作品的时间戳和哈希树根值进行记录从而

---

① 吕炳斌．版权登记制度革新的第三条道路：基于交易的版权登记［J］．比较法研究，2017(05).

② 黄静．版权登记制度研究［D］．长沙：中南大学，2012：19－26.

实现版权登记目的。在区块链上，拥有新区块开采权的矿工在对数据块进行打包时，会对数据块加盖时间戳来记录当前区块的写入时间。区块体部分的哈希树会对每一次处理进行数字签名并加盖时间戳，用以记载数据的更新时间，最后由哈希算法得出一个哈希树根值存储于区块中，用户可以通过该哈希值追溯所有区块上的版权状态和交易信息，实现对版权的溯源。① 作者一旦通过注册和身份认证，区块链系统就可以对作者创作作品的整个过程进行完整的记录，同时时间戳和数字签名技术的共存也能为创作过程中的任意时间点提供身份证明和创作证明。

关于作品归属问题，传统模式权属自证程序烦琐，需奔波于多个部门/组织之间，而相对的，在互联网领域的数字作品的侵权现象非常隐秘，证据难以收集和固定，权利人维权耗时久、成本高，多数在互联网领域传播的作品难以被有效保护。对于未注册的版权和邻接权等权利，区块链可以提供一个带有时间戳的概念、使用和资格要求记录。② 对于已经注册的版权和邻接权等权利，哈希算法的散列法可以为受版权保护的材料创建一个独特的指纹，从而可以验证作者身份以及创作作品是否在给定时间存在，而不会泄露实际内容。③ 与传统的版权登记相比，基于区块链技术的版权登记存在以下优势：第一，基于区块链技术的版权登记平台能够为互联网环境下的海量数字作品提供版权注册的可能性。传统的版权登记无法对互联网上发布的海量作品提供版权注册，区块链技术能自动为创作者发布的作品进行注册。④ 第二，基于区块链技术的版权登记相比于传统的版权登记成本较低：传统的版权登记收费大约是300元/件，而使用区块链进行版权确权的成本约为0.3元，大大降低了登记成本。第三，基于区块链技术的版权登记步骤少：在已有区块链

---

① 张岩，梁耀丹．基于区块链技术的去中心化数字出版平台研究［J］．出版科学，2017，25(06)：13－18.

② POLYDOR S. Blockchain Evidence in Court Proceedings in China：A Comparative Study of Admissible Evidence in the Digital Age［J］．Stanford Journal of Blockchain Law & Policy，2020，3（01）：96－116.

③ BURZYKOWSKA A. Blockchain，Earth Observation and Intelligent Data Systems：Implications and Opportunities for the Next Generation of Digital Services［M］//CAPPIELLO B，CARULLO G. Blockchain，Law and Governance. Springer，Cham，2021：243－258.

④ 郭文卓．区块链技术下的数字版权保护研究［D］．西安：西北大学，2019.

系统上进行版权登记，只要简单注册个人信息获得相应账号后，就能为自己的海量作品一键式申请各自的确权证明，每个作品都能够获得一个与登记人的信息匹配的具有时间戳的证明，这样简化的版权登记的流程能够大幅度提升确权效率。第四，基于区块链技术的版权登记具有不可篡改性：区块链上的版权一经登记就加盖时间戳，去中心化的存储模式使得全链所有节点都认可这个登记信息，形成共识，无论是创作者本人还是平台商都无法对登记信息进行隐秘篡改，因而真实性较高。

（2）区块链版权登记之实例。美国的 Blockai 公司早在 2016 年就利用区块链系统开展版权服务，在其用户注册该系统账户后，Blockai 会提示用户将需要声明所有权的作品上传到系统，用户在 Blockai 区块链系统上可以选择将自己的作品加密上传，之后 Blockai 会在其自身运行的区块链上为该用户生成一个用来保存的证书。添附了区块链技术共识的上述权利证书则能为特定作品的版权归属提供证明，帮助权利所有人主张权利并减少侵权纠纷。在美国的 Blockai 公司版权区块链服务系统进行版权登记注册速度较快，同时其成本仅为 0.4 美元，远远低于传统版权登记的费用。

中国版权保护中心近年来也在利用区块链技术建设数字版权唯一标识符体系，DCI 将版权相关数据按照时间顺序相连，组成一组链式结构的数据，通过密码学的方式实现不可篡改的分布式账本。① 版权家平台就是 DCI 体系的示范应用之一，该平台通过区块链和人工智能技术快捷地为用户登记数字作品提供接入通道，并提供数字作品版权运营与结算服务。贵州省于 2018 年 8 月 30 日成立了版权登记中心，建立起了一个“一站式”、不可篡改、可信赖、可查验的版权登记体系。著作权人实名注册后在“贵州省版权登记平台”上提交作品，即可获得基于无钥签名区块链技术的“区块链版权存证证书”，一旦产生侵权纠纷，平台出具的“存证证明”可作为著作权人向司法机构提供的初步证据。

百度图腾也曾推出基于区块链技术的原创图片版权服务平台，构建了一套从版权存证、版权授权到监控维权的全流程版权保护解决方案，为内容作

---

① 唐婷. 数字版权保护借力区块链技术 [N]. 科技日报，2017 - 03 - 29 (03).

品提供具有明确时间标记的“存在性证明”，相关原创作品的授权流转信息会被记录，实现“创作即确权、使用即授权、发现即维权”，提升各个环节效率。艺狗文创版权电商平台也使用区块链技术建立起了一个无法篡改、便捷、快速、高效的版权存证系统，由于区块链技术的运用能够实现可追溯的信息功能，艺狗文创声明在其区块链版权系统进行登记的版权权利，该平台可以提供永久的存在证明。原本链通过开放的 DTCP 协议，为数字内容生成独一无二的“原本 DNA”，可以支持链外 DNA 创建，分布式链外索引可以查询请求，无须频繁和区块链交互。字节跳动则通过与鹊凿数字版权服务平台合作，将其全系创作作品上链存证，为创作作品建立其专属的“电子身份证”。①

2. 分布网络：全程监控作品流通提供维权证据

因为分布式网络中的数据同时存储在大量不同的计算机终端，即使一个或几个节点出现故障，数据也不会受到影响，因此该类型网络中存储的数据具有较高的可信度和一定弹性。区块链技术之所以得名，是因为它通常被排序为一个块链，每个块将多个事务分组在一起，然后被添加到现有的区块链中，数据被分成块，当达到一定的大小时，通过散列过程链接到现有的分类账。鉴于这种复制件基础数据的广泛存在，区块链存储在硬件中不会存在单点故障或攻击。基于上述技术特征的分布式网络能够实现对作品流通的全程监控，为权利人提供维权证据。

（1）区块链版权维权之优势剖析。随着新技术的出现，版权作品的传播突破了传统有形体的限制，数字作品的流传和使用日益呈现出快捷性、简便性和开放性等特征，数字内容的交易和传播出现爆炸式增长的趋势。数字版权的诞生导致版权领域的侵权更为隐蔽、复杂，数字环境下版权侵权形态多样化，数据爬取、数字截屏、智能编辑等技术使得数字作品确权和维权困难，侵权行为泛滥。由于数字版权取证规则和司法程序的不足，网络环境下版权侵权的预防成本和维权成本都比较高，需要技术手段与侦查手段相互配合，

① 陈思颖．版权保护中区块链应用法律问题研究［D］．湘潭：湘潭大学，2020.

权利人在不借助第三方维权机构的情形下难以有效维护自己的权利，由于维权成本太高、难度太大，权利人维权的积极性也普遍不高。[①] 区块链应用于版权领域，不仅可以为权利人提供作品的存在性证明和侵权事实证明，在侵权诉讼中以较低的成本作为电子证据发挥其证明作用，能够更好地实现权利人的主张，还可以运用区块链存证技术帮助版权维权。

区块链内部的技术既有共性，也存在差异，分布式网络的主体差异性使得其在技术和治理结构方面差异很大。主要需区别的是“公共的和无权限”的公有链及“私有的和有权限”的私有链。在公共的和无权限的区块链中，任何人都可以通过下载和运行相关软件来加入分类账——不需要任何权限。此外，任何人都可以下载整个分类账并查看交易数据。未经许可的区块链依赖开源软件，因此任何人都可以下载它并加入网络，而不需要“看门人”的事先批准。在这种分类账中，交易是可公开审计的，这确保了全链条的透明度，即作品在链上流通的过程透明且全程可控。此外，分布式网络还可以实现对某些数字资产的精确跟踪，这些数字资产可以用作查找作者和找寻作品出处的证据。例如，百度超级链版权保护解决方案旨在全方位推动版权存证、监控取证及司法维权全链条，有效构建一个运转流程更高效、利益分配更合理的版权内容产业。通过图片机构、确权机构、司法机构三类机构联盟节点加持，提升版权链公信力，打造真正可信、可靠的版权保护平台。

传统的电子证据取证主要依赖于公证保全，由于电子证据易篡改、取证难度高的特点，当事人在取证时依赖于公证机构对电子证据进行保全，从而通过公证机构的公信力为电子证据的真实性进行背书。然而，在司法实践中公证机构对电子证据保全时常常面临保全手段不完善、数据保存不完整、工作人员操作不规范等问题，因而电子证据很难发挥证明力，导致传统电子证据的司法采信度普遍不高[②]。区块链版权平台通过使用时间戳和数字密码技术，将交易记录记载在数据区块上，并通过共识机制将数据存储到分布式数

① 孟奇勋，吴乙婕．区块链视角下网络著作权交易的技术之道［J］．出版科学，2017，25（06）．

② 毛荣．“区块链＋电子证据保全”制度研究［D］．成都：四川省社会科学院，2019：21．

据库内，从而生成了不可篡改、永久保存的数据记录。区块链使用的散列算法允许通过记录所有权和使用情况来监控出处，该技术被描述为“跟踪权利的革命”；区块链中的令牌可以对信息进行编码，包括受保护材料的使用条款。基于区块链的这些技术特点，区块链电子存证平台可以较好地运行和监控作品的流动及其利用方式和范围等信息，法院在审查时能够通过较为成熟的区块链技术进行对比检验，具有共识的分布式存储技术和防篡改功能，使得电子证据的可靠性、真实性得到一定保障，能够提升司法效率，减小法院审查的难度。

（2）区块链版权维权实务经验。我国初次以司法解释形式对区块链等技术手段在证据上的运用进行法律确认是在 2018 年 9 月 7 日发布的《最高人民法院关于互联网法院审理案件若干问题的规定》，其中 11 条提及“当事人提交的电子数据，通过电子签名、可信时间戳、哈希值校验、区块链等证据收集、固定和防篡改的技术手段或者通过电子取证存证平台认证，能够证明其真实性的，互联网法院应当确认”。近些年，区块链技术运用于版权维权在国内外已经有了广泛的实践。在传统互联网领域涉及数字作品版权侵权等问题的司法审判中，法官需要对证据进行查证和认定，但互联网上电子数据太容易被篡改，其经过技术处理后极易失去真实性，故一般情况下法官很难对以电子数据信息为代表的数字版权权属证明及相关侵权事实的真实性、合法性和关联性进行认定。而区块链天然的不可篡改、带有时间戳等特点，使得该项技术能准确可靠地记录下形成电子数据的每个环节，一定程度上能够帮助法官认定以数据信息形式表现的涉案证据的证明力，解决法院在认定电子数据真实性这一过程中遇到的难题。

杭州互联网法院一审的全国首例区块链存证案中，法院就对原告采用区块链方式进行版权维权的手段予以了认定：首先，判决书对区块链存证的原理进行了阐明。区块链是一串使用加密算法产生的数据区块，任何一个数据块内都记录着相应的数字交易信息，既可检验信息的真实性又负责产生下一个区块。区块链网络系统是通过各个机构的服务器作为参与节点而组成，参与区块链网络上的单个节点会把一定时间生成的数据信息封装成第一个区块，系统会上传该区块信息至全网络，经过各个节点校验后保存到本地服务器。

紧接着，某单个节点会把新生的数据和本地服务器中已验证的区块信息合并封装组成第二个区块，供其他节点对该区块数据予以验取，通过后上传至本地服务器，之后各节点上传的数据都通过以上方式封装成块，区块之间通过首尾相连的方式形成链式，故名区块链。如果要对一个区块数据进行修改，则需要对该区块之后的所有区块数据进行修改，还要对区块链系统中所有节点备份的数据予以修改，这几乎是不可能完成的，因而区块链技术具有不可篡改性，在争议电子证据上传至区块链后，它作为维持内容完整性的方案具有安全性。其次，为确保电子数据已上传到了区块链网络上，法院采取了比对手段对有争议的电子数据进行审查。最后，法院提出对于区块链技术存证的态度，应当秉持开放的、中立的原则对具体个案予以分析认定，既不能排斥或提高其认定标准，也不能降低其认定标准，而应根据电子证据的相关法律法规来综合判断其证据效力。①

之后的抖音案、京东公司案等案例中也先后不同程度和不同层面涉及区块链存证的认定问题，北京互联网法院、北京东城区法院等司法机关在对相关案件进行审理的过程中，也适当认可并通过区块链技术取得的证据做出了判决。②

3. 智能合约：提高版权交易效率

智能合约本质上是自动执行的计算机代码，当被触发时会自动处理其输入。对部分人来说，智能合约只是一段具有特定特征的计算机代码。但在整个区块链结构中，智能合约是运行在分类账类分布式系统上响应事务提交的编程逻辑。因此，智能合约可以由计算机网络执行，而不需要中介机构。并且，由于智能合约具有分布式的特性，使得其执行有保证，加上它对修改具有部分弹性，这使得它在许多场景中都很有吸引力，包括价值转移，即版权交易。智能合约的透明度和节约成本等特点使其在版权交易领域具有发展前景。例如，用户一旦从网站购买了数字资产，为了便于其他操作，智能合约

---

① 郭文卓. 区块链技术下的数字版权保护研究［D］. 西安：西北大学，2019.

② 谢雨霖. 半年内被3次采信，区块链存证到底是什么［EB/OL］.［2020－10－14］. http://baijiahao.baidu.com/s?id=1614304318607737693.

可以立即被触发——自动完成向权利持有人支付版税。结合数字货币，智能合约能够实现微支付，进而改变与版权作品相关的定价模式。又如小额支付，即支付小额款项如支付0.01美元。在目前不可行，因为交易费用超过了价格本身。[①] 但是智能合约这种交易方式的优势是多方面的，既促进了小额交易，因其几乎不收取任何费用，又能实现付款的同时即时分配利润。智能合约根据严格代码逻辑立即支付给音乐人相应收益，即使金额不到0.01美元。这种微支付的创新模式可以为作者和艺术家提供更即时、更公平和更透明的报酬。例如，外国的Ujo Music使用智能合约来促进数字音乐文件的销售，支付一定金额下载一首歌曲会触发智能合约，在歌曲创作过程中的不同贡献者或者是权利人之间分配付款。同样地，我国蚂蚁链推出“IP新零售模式”，基于区块链技术，将传统模式下的花高价“批发”或“买断”IP的方式变成了“零售”IP模式。IP使用方不再需要支付高额保底授权费，可大幅降低商家在版权采购是否能够收回成本等方面的不确定性。此外，原本链通过智能合约使得原创作者可以自定义授权协议，通过“作品DNA标签”，溯洄在线交易，极大提高授权效率。即使多手转载也不会降低收益，让传播量级指数级增长。并且，通过对接海量内容转载商，助力优质作品分发交易，使得版权人的收入得到指数级增加。综上，基于智能合约的特性，其有望在商业环境中产生与版权作品相关的效率收益。

（1）区块链智能合约版权交易之优势。第一，有助于解决网络版权交易的信用问题。随着数字技术的发展和文化产业的繁荣，当前网络背景下数字作品的版权交易市场日渐壮大。但是，信用缺失和监管不力问题制约着当前数字版权交易的发展。在目前的交易市场中，一个版权作品往往被拆成多个细分版权进行独立交易，由于不存在统一版权交易平台，版权所有人只能在多个平台上进行交易，但由于各个版权交易平台的数据库在现有制度环境下无法流通，导致信息流通不畅，加之中心化的版权交易平台存在信用问题，容易造成创作者和交易相对方之间版权状态的模糊。当前中心化的版权交易

---

① SCHWERIN S. Blockchain and Privacy Protection in the Case of the European General Data Protection Regulation（GDPR）：A Delphi Study ［J］. The Journal of the British Blockchain Association，2018，1（01）：1－77.

服务商规定平台对于自身交易数据有最终解释权，因而导致用户容易对其提供的作品点击量和阅读量真实性进行怀疑，在一定程度上导致交易过程的不透明，对网络版权交易的信用产生负面影响。基于区块链技术的网络版权交易平台主要通过密码学技术和现有分布式网络组成的工作量证明机制来处理与第三方交易的信任问题。① 在区块链转账交易过程中，为了确保过程的顺利，用户进行的交易都需要通过公钥和私钥的解密配合：公钥作为账户，私钥作为进行加密的签名工具。每一个在区块上拥有版权或账户的用户都会被分配公钥，当发生版权交易时，需要用户利用私钥给交易对象和交易行为签属相应的数字签名，然后将该交易过程记录到区块链上，从而每个链上的每个节点都会记录该交易信息。数字签名机制的运用在一定程度上可以解决版权交易支付的信任问题，确保交易信息不可更改。因而，权利主体可以将版权信息和交易记录都存储于区块链上，每一次交易的信息都可以被追溯和证明，通过分布式节点监管来取代传统的中心化监管，实现大众监管，有助于解决版权交易中的信任问题。

目前，我国已经将用区块链技术解决信用问题这一事务提上了日程，2017 年 10 月，国务院办公厅发布的《关于积极推进供应链创新与应用的指导意见》指出，区块链技术可以把供应链条上的订单、运单、收单、融资等相关交易数据纳入其中，基于区块链的可追溯和不可篡改特性，交易机构或核心企业可以查看到较为真实的交易数据，进而判断企业的经营状况，从而大幅减少贷款企业的信用风险管理成本。2016 年 5 月，“赞赏” IP 平台开发并在中国上线《太平洋大劫杀》游戏应用，该游戏产品是全球首个区块链技术和数字出版结合的试验产品。通过区块链技术，在用户阅读时自动产生记录，平台根据用户的阅读进度收费；如果用户将作品转发到朋友圈，他的朋友打开链接时产生的消费收益会有一部分作为传播回报回馈给用户。在整个过程中，区块链同智能合约相结合予以应用，用户打开链接即可视为签订一次合约，通过合约约定进行付费阅读和版权保护，该方式扁平且易于贯彻执

---

① 唐塔普斯科特，亚力克斯·塔普斯科特．区块链革命［M］．凯尔，孙铭，周沁园，译．北京：中信出版社，2016：29.

行，整个阅读和分享的流程也更为简捷高效。

第二，有助于解决协同作品的网络版权交易问题。区块链技术广泛应用的数字网络时代，新技术、新理念层出不穷，涌现大量新的作品创作方式与利用模式，其中最为典型的就是以《传闻中的陈芊芊》等耳熟能详的影视作品摄制底稿为代表的“同侪生产”方式，即由众多创作者协同创作作品的模式。许多网络服务平台商为协同作品的创作搭建平台，除了当前最广为人知的大众生产的作品“维基百科”以外，一起写网、亚马逊 Kindle 电子书等都搭建了自己的协同创作平台，吸引广大用户和社会公众以作者身份参与作品的创作。[①] 在协同作品的创作过程中，由于用户同时充当使用者和创作者的角色，定位经常出现交叉，因而作品的权属关系十分繁杂。用户对作品的利用方式也发生了改变，从以前单一的复制和通过信息网络传播发展到对作品的模仿、改编和再创作，促成了“混搭文化”的流行。在上述大量协同作品不断被创作和传播又被反复演绎的情况下，如果数字文化产业界依然被既有法律桎梏于依赖传统的版权授权方式才能传播和利用作品，就会导致无共同意思联络下的著作权主体确权问题的发生：即使能够确认权利主体，也会需要获得所有参与创作者授权，使得协同作品的版权交易复杂化。基于区块链技术的协同作品创作平台可以有效解决协同创作过程中的数据分散问题，通过对创作者在平台上发布的所有图片、文字、视频等作品开展哈希运算，将得到的哈希值和时间戳数据保存至区块链中。区块链技术还可以对协同作品中每个创作者的创作量和时间进行记录，通过计算其在整个作品中的占比，然后依据智能合约来公正合理地分配版权利益。运用去中心化技术将分散的数据进行集中展示的区块链协同作品交易平台可以建立具有公信力的认证机制，助力协同作品生产模式的有序发展。[②] 在传统中心化的创作平台上，基于信息对等等情况，由众多创作者创作的作品所衍生的商业利益往往被平台服务提供商免费获取，这不仅对创作者缺乏有效的经济激励，也不符合新型

---

① BENKLER Y. Coase's Penguin, or, Linux and the Nature of the Firm [J]. The Yale Law Journal, 2007, 112 (03): 1 –79.

② 刘德生，葛建平，董宜斌. 浅议区块链技术在图书著作权保护和交易中的应用 [J]. 科技与出版，2017 (06).

商业模式不断涌现的数字市场发展的内部规律。在分布式技术和智能合约加持下，去中心化的区块链平台可以通过信任认证，实现对大众每一次创作作品的行为和贡献率精确支付平等的报酬，提高协同创作的效率，繁荣协同作品市场。

第三，有助于解决小微作品的版权交易问题。在互联网时代，大量的诸如小视频、网络文学、图片等小微作品需要进行版权交易，但是现有的网络版权交易模式存在着大量的问题，对作者的版权保护较为不利：首先，小微作品本身版权归属的确定存在一定困难。由于作品的体量较小，面对较高的版权登记费用和烦琐的登记手续，作者怠于对作品进行版权登记，发生版权交易时作者证明自己为著作权人存在困难。其次，著作权集体管理组织的委托管理适用存在一定困境。小微作品因其作品体量小，作者创作时的非专业化程度较高，因此众多作者并没有将其作品交给著作权集体管理组织予以管理的习惯，因而难以享受著作权集体管理组织提供的专业版权服务，在网络版权交易时缺乏相应的专业代理人为其收取使用费。再次，小微作品难以从网络平台获得相关版权作品的适当收益。在现有的数字出版环境下，网络版权交易市场信息严重不对称、交易不透明，在版权交易前，版权收益分成以及版权定价的有关信息在平台提供商与创作者之间是不对称的，平台提供商占据绝对的主动权，因而作者很难从平台出版商手里获得公平合理的版权报酬。最后，网络版权交易服务存在问题。在传统的网络环境下并未出现统一的网络版权交易平台，就小微作品及其背后的众多创作者而言，版权交易双方难以进行一对一的协商谈判，创作者无力对他人的免费使用和侵权行为做出反应。① 基于区块链技术的去中心化作用，网络版权交易平台可以为小微作品提供简单的版权登记手续，给每个小微作品打上类似于 DNA 的版权标记，使得作品的所有版权状态可以在流转中被追溯，有利于小微作品的版权保护。同时，借助于区块链技术的共识机制与加密算法，其也可以在无须第三方担保的情况下为作品的版权交易双方提供一条便捷的版权交易通道，智能合约有助于为版权收益的合理分配提供依据。借助区块链技术，小微作品

---

① 贾引狮．基于区块链技术的网络版权交易问题研究［J］．科技与出版，2018（07）．

的创作者可以消除版权交易中的信息不对称因素，在交易之前就可以掌握自己作品的绝大部分信息，无须中介机构就可以对自己的作品进行合理的定价，从而保证自己能够获得公正的经济补偿，解决交易市场不平等的问题。① 区块链技术可以使小微作品的创作者摆脱附和地位的影响而具有独立的地位，有助于小微作品交易市场的发展。

（2）区块链智能合约版权交易现状。在区块链技术风靡全球之前，互联网领域就已经存在大量智能合约的利用场景，许多国家的电子商务法、电子签名法等都对智能合约的制定、签署和实施提供了必要的法律指引。在区块链技术普遍运用于互联网之后，智能合约的可信度得到极大的提高，将其运用在版权保护领域，能够极大地提升版权作品的利用效率，也能够实时有效地保障权利人必要的报酬获取权。借助区块链技术，Benji Rogers 创办了 Pledge Music 音乐平台。Benji Rogers 认为在采用新技术的过程中，音乐产业一直以来只比阿米什人超前一点点。② 因为最初的音乐数据库是创建在一种没有信任的系统之上，所以，就需要创建一种机器可读的智能合同和分类账进行互动，以解决信任问题。例如，如果某音乐作品中甲的贡献占 30%，乙的贡献占 70%，一旦用户丙听了这首歌，那么系统就会自动按照播放次数收取费用，并为甲和乙分账。通过区块链技术，表演者、音乐家、艺术家、作词人、出版商、管理者等就可以在全球范围内即时分配并跟踪版权和使用数据，按照他们授权的 MVD（最小化可行数据）和智能合约的规定，立刻收到费用。据研究团队调查，在互联网时代，年轻数字用户们更愿意为喜欢的版权内容支付小额费用，付费内容也可以通过微支付得到提升，区块链技术可以实现上述目标。

去中心化微电影、微视频区块链版权交易平台——“微视频 360”于 2017 年由中国版权保护中心和华夏微影文化传媒中心等共同打造，该平台已被纳入上文中提到的中国版权保护中心 DCI 体系，可以基于区块链技术特点实现实名上传、审查确权优先、自行定价分销、自动结算分配等多项功能融

① 陈思颖．版权保护中区块链应用法律问题研究［D］．湘潭：湘潭大学，2020.

② 阿米什人是美国宾夕法尼亚州的一群基督新教再洗礼派门诺会信徒，以拒绝汽车及电力等现代设施，过着简朴的生活而闻名。

合一体，形成对视频从拍摄生产、交易传播到自动结算等进行全流程服务，形成作品管理控制、版权确认登记、价值创造传递、资金支付结算等综合功能的一站式平台。平台上版权作品的传播和结算由智能合约进行控制，区块链对整个过程进行存储记录，确保数据的透明性和可追溯性，能够积极促进网络环境下微电影和微视频的版权交易。①

4. 非同质化代币引发新的版权商业模式

2021 年，NFT 凭借接连不断的财富神话频繁出圈，引爆市场，创造了 NFT 元年。各界知名人士和互联网大厂纷纷入场，竞相追逐 NFT 这一新风口。不断攀升的市场关注度给 NFT 领域带来了诸多机遇，但与此同时，也引发了对现有法律制度的挑战与侵权风险。NFT 作为基于区块链技术而产生的加密数字通证，在区块链系统本有的不可伪造、公开透明、全程留痕和可以溯源等特性上新增加了独一无二、不可分割、可交易、可编程等特性，为版权保护提供了新的思路与方案，在数字艺术、收藏品、游戏等对独创性具有较高要求的领域大有所为。但是，在过度繁荣的市场背后，NFT 同样潜藏着隐患，在保护版权的同时，NFT 也带来了新的版权侵权风险。因此，下面将在当前版权作品 NFT 化的背景下，对 NFT 在铸造发行和交易流通两阶段可能涉及的问题进行探讨。

（1）NFT 发行与流通。NFT 在我国也被称作“非同质化通证”“数字藏品”，是一种在区块链技术的基础上发展而来的加密数字通证。其物理表现形式为一组储存在区块链上的涵盖诸多规则与信息的加密数据，该组数据指向特定的权利或资产，比如股权、金融票据、实物资产所有权或艺术作品等。所谓“非同质化”，是相较于比特币、以太坊等遵循相同规则、彼此间可被交易置换且可被分割为无限小单位的同质化代币（Fungible Token，FT）而言，NFT 与特定的底层资产相锚定，具有彼此独立且唯一的特性，并且在技术层面上无法进行分割。但是，为了流转和交易方便，在交易流通过程中可

---

① 搜狐网．华夏微电影微视频区块链版权服务平台上线［EB/OL］．［2021－01－18］．https：//tv. sohu. com/20170118/n479052109. shtml.

通过约定形式对 NFT 进行法律层面的拆分。

NFT 的铸造和流通交易过程主要围绕底层标准、区块链平台和交易平台三大核心要素展开。底层标准主要分为针对独一无二特性资产的 ERC-721 标准、针对半同质化通证的 ERC-1155 标准和针对可组合非同质化通证的 ERC-998 标准。目前最为常用的底层标准为以太坊在 2017 年提出的 ERC-721 标准。在此标准下铸造的 NFT，可以在多个区块链生态系统中进行转移和交易。在区块链平台上铸造 NFT 时，铸造者可以设置供应数量上限，人为创造出一种无可替代的稀缺性，以保证 NFT 具有可用以流通交易的市场价值。除此之外，通过智能合约可编程的特性，还可以为 NFT 的交易创造更多的场景和条件，以保证后续的流通。而且，智能合约可以将 NFT 进入交易平台后每一次流转和所有权变更记录在公共账本中，令其历史所有权变更记录公开透明、不可篡改，亦可方便后来的受让者追溯到过往所有的拥有者和最初的发行者。

综上，NFT 本质上是一种特殊的具有稀缺性的链上数字资产，通过智能合约来实现其所有权的转移，并通过区块链来记录所有权转移的整个过程。

（2）NFT 与版权保护。近两年来，区块链与数字资产结合，推动互联网行业从信息互联网向价值互联网转化，NFT 也可看作是这一发展导向的产物。NFT 作为以区块链技术为基础产生的一种特殊通证，具有与区块链相通的属性和技术原理，区块链系统所特有的链式数据结构、哈希算法和智能合约等技术给传统版权保护中存在的版权注册难、存证难、确权难、维权难、交易管理难等诸多问题提供了解决思路。

NFT 通过区块链技术直接与版权作品进行锚定，在区块链上与指定的、可交换的实物或权利客体结合形成了一个独一无二的通证，清晰明了地显示出资产权属和资产数量。在当前阶段，艺术创作的版权证明与作品本身是分开的，版权证明需要中心化机构登记后由所有方持有凭证，两者分离为抄袭和侵权提供了可乘之机。而且，版权一旦被侵权，在传统的侵权案件处理流程中，需要版权所有方对于被侵权一事进行证据的收集和整理，艰难地收集证据、举证过程大幅提高了版权侵权案件中版权所有方的维权成本，降低了维权的可行性和可操作性。再者，由于互联网巨大的信息量和个人信息接收情况之间存在信息差，版权所有人甚至可能根本无从得知自己被侵权，也更难找到侵权人。NFT 除了可解决上述版权维权问题外，NFT 可全程溯源的特性使得其对于版权作品流转过程中的利益分配问题可以做进一步处理。当前艺术作品流转过程中的利益分配机制比较粗糙，NFT 形式可以低成本地进行精细利益分配，且智能合约的稳定执行特性可以很好地保障版权所有者的利益。

三、区块链技术在版权保护技术措施领域的应用

在数字信息时代之前的“传统版权时期”，人们对于复制技术的掌握非常有限，因而形成了近代版权保护制度下“私人复制合理使用”“发行权穷竭”等版权保护的例外，但是这些例外制度并非都基于知识积累的传承性和公共领域保留的伦理需求，其中有些例外体现为由于当时的技术限制使得公众侵权不能，而追究相应的侵权责任在当时的版权市场领域基本无意义。自从历史跨入数字互联网时期之后，基于互联网的公共属性和数字化作品的复制、传播成本基本为零，复制件几乎没有品质损耗的情况，公众侵犯版权的风暴席卷整个互联网领域，版权权利人不得不模仿光盘厂商，① 对自己在互联网中传播的作品加载技术加密设计等保护措施，依靠技术的方式保护作品免受未经许可的浏览、使用、传递等行为侵害。而进入区块链时代后，互联网版权界积极主动地赋予该技术版权保护的功能，以解决困扰整个版权产业的侵权泛滥、流转监控缺失与利润分配等问题。

（一）互联网领域区块链技术措施对版权保护的支持

针对互联网领域的侵权行为，在中国现有技术和制度环境之下采取技术措施、选择司法维权、寻求行政执法保护是版权人维护自身版权权益的三个主要途径，而采取技术措施则通常被认定为法律赋予版权人自力救济的一种方式。综合现有司法和执法状况可知，以上三种救济途径中，司法维权的成本高、周期长、赔偿数额往往不足以弥补权利人的损失，属于侵权的事后救济；行政执法也属于事后救济手段，虽然成本低，周期短，大多数可以阻断侵权行为，但是权利人一般难以获得相应的损害赔偿。这两种救济方式，都

① DVD 技术及相关案例，见：王迁．论版权法对滥用技术措施行为的规制［J］．现代法学，2018，40（04）．

是用在侵权行为业已发生后，在权利人权益的保障和补偿方面存在诸多不足：第一，这两种救济方式都在事后进行，也就是侵权人已经获得了侵权利益，版权人已经因为侵权行为而丧失了部分利益，承担了一定的损失；第二，两类救济程序都需要版权人积极发现侵权行为，主动采取诉讼或者提起行政程序，还需要承担一定的证明责任；第三，版权人需要大量取证，寻找专业人员保存证据，委托专业人员进行维权，维权成本偏高；第四，基于互联网信息分享的底层技术设计，在互联网领域版权人一旦将作品上传并公之于众后，侵权行为的证据非常难以获得，大量隐秘的侵权行为几乎无法被发现，只能发现那些非常明显、获利较大、侵害版权情节非常严重的侵权行为。故诉讼维权和行政执法救济途径对于实现版权人的维权预期和打击侵权的效果并不理想。技术措施与上述两种救济方式的不同在于，技术措施是一种版权人事前的自力救济方式，面向的范围是全体受众，也就是版权人将具有版权的作品资源通过互联网进行发表之后，其所采取的技术措施将使得任何人想要获得或者使用作品前，必须通过某个技术流程，征得版权人的许可，否则无法接触或获取作品。技术措施在理论上能够制止互联网领域乃至数字模式下未经许可而实施的复制、编辑、传播等行为，几乎能够防止任何预期侵权的发生，相对于上述两种救济手段更加直接、全面、有效。

区块链技术主要运用在互联网技术领域，它以一种对互联网领域数字文件进行加密，能够形成共识的记账技术为基本原理，发展出诸多运用模式，包括经济领域的各种金融产品、司法领域的存证固证和权属确认等。与区块链技术运用关系最为密切的知识产权问题之一，即涉及互联网领域著作权的运用与保护。在涉及网络文化全产业链各种各样的问题之中，对人们的生活影响最大的就是技术措施的问题。区块链技术和版权保护技术措施是两种不同的数字技术，它们在技术、目的和效果等方面有着很大的区别：区块链技术的技术原理上文已经交代，其技术目的主要用于提供一个加密的共识机制，公众是否能够接触和复制该作品，由相关权利人设置相应的智能合约加以自动执行，区块链技术本身和其代码很多时候都是开源的，运用了区块链技术进行存储的版权资源也存在开源共享的情况。而版权保护技术措施是通过互联网领域的数字技术为在网络中的作品提供一个防止接触或者防止使用的保护，这样的保护使得互联网用户，也就是广大网民只能知道在某个网页或网址有某作品（如可以通过关键词在搜索引擎中搜寻相关作品，或者通过登录相关平台的个人账户，从用户喜好的界面获得平台推送的相应作品初步信息），但是这个作品或者只能观看不能下载复制，或者只能了解其大致内容，不能正常浏览，也可能能够观看前面几分钟或者前面几章节，若想观看后面的内容就需要成为该平台会员或者直接支付一定费用。可见，版权保护技术措施是一种防止网络用户未经许可接触或者使用作品的数字技术，其目的是保护版权人的利益。综上可知，区块链技术和版权保护技术措施之间的区别主要在于技术原理和技术运用的目的两方面。但是，基于现在的互联网发展状况，可以发现，几乎没有一个区块链技术企业是运行在绝对去中心化的公共平台，大多数企业都拥有自己的私链，而有些比较有影响的区块链企业会相互进行数据交流和平台融合，形成一个体量较为庞大的联盟链。但即使是联盟链，也并非我们在发展区块链技术时设想的基于互联网所有用户的“公共链”，这与之前设计者所希望的，构建一个与现有万维网完全并行而又去中心化的网链存在着较大差距。因此，存储在私链或者联盟链的作品，若相关权利人或者所有者不将之上传互联网其他平台或网页，则可能使得公众完全无法了解该作品任何信息，也就会产生“在链外用户的视角，这个作品根本不存在”的效果。

区块链作为一种新兴技术逐渐展现出相较于过去传统的版权技术措施的特殊优势，成为互联网环境下的版权技术措施的重要辅助手段。虽然版权区块链技术措施保护与传统的版权保护方式不尽相同，但其目的都是为作品的接触或者使用提供前置保护，这意味着作者或者作品权利人给作品加了一层防护锁，终端用户若想接触作品或者合理使用作品，需要突破作者设置的“枷锁”——版权区块链技术。版权人为了保护自己创作的数字作品，部署数字版权技术措施，不允许终端用户，即作品最终使用者合理接触和使用受版权保护的作品，会侵蚀著作权公共领域的空间范围，使得本应有权合法合理突破技术措施桎梏的使用者群体，为了规避技术措施耗费不必要的社会资源。此外，由于技术措施通常与区块链智能合约相结合，而机械性是这两项技术共同的特征，它们均无法灵活地辨别终端用户的意图，无论是善意的接触或者使用作品的请求，还是恶意的以侵权为目的的接触和使用请求，作品上附加的技术措施通常采取一种技术形式应对——禁止。此种固化的技术设计方案，使得互联网领域大量版权资源无法被正常接触、浏览和使用，著作权法对著作权的限制，如合理使用与法定许可等各项规则都将与附加了智能合约的技术措施产生不可避免的冲突。虽然区块链从技术层面加强了对权利人的保护，但基于其加密、分布式存储、不可篡改等系列突出的功能，其将比一般的技术措施更难破译，加上各个国家都规定了为他人提供规避手段或者服务是违法行为。因此，大量公众无法基于法律的许可实现有必要的规避，从法律层面来说，即不当地扩张了作品权利人的权利，压缩了终端用户本应享有的合理使用的空间。[①] 虽然，目前并无区块链技术影响合理使用的现实案例，但是综合域外的事件，结合技术方面的严谨推论，可以预见我们所研究的问题必将发生，然而这一问题并非通过调整社会行为或者加强行为人的道德约束就能够自然解决，而是需要制度的调整和相关理论的支撑。据此，为了维护网络文化生态系统的正常秩序，维持著作权法体系下的利益平衡，有必要探寻在区块链技术被广泛使用的时代，技术措施的版权保护与以终端用户合理使用为代表的公共利益及知识产权公有领域相关利益的协调路径。

（二）区块链技术运用于版权保护领域的属性分析

区块链技术属于信息科技领域一项典型的技术融合创新型的底层技术，它的应用遍及区块链时代全世界社会生活的各个领域，而在著作权保护领域，除了前文涉及的将区块链技术运用于版权保护领域可以在权属证明、流转监控、侵权存证取证等诸多方面提供可靠的技术支持以外，其也能够成为一种保护著作权的技术措施。《最高人民法院关于民事诉讼证据的若干规定》明确认可了区块链证据的证明效力，区块链技术可以通过哈希算法加密技术保护版权、分布式网络全程监控作品流通、智能合约提高版权交易效率。所以，区块链显著的技术特性决定了它的合理利用可以全方位、全链条地保护作品。基于前面对技术措施类型的分析我们可以认为，区块链技术作为能够实现作

① 姚鹤徽，王太平．著作权技术保护措施之批判、反思与正确定位［J］．知识产权，2009，19（06）．

品著作权全方位保护与运营、数字权利管理系统的底层技术，应属于版权保护技术措施的上位概念，基于上位概念能够涵盖下位概念的逻辑标准，区块链技术能够被界定为《著作权法》所保护的版权保护技术措施。

但是，区块链不仅仅是一种与普通加密措施或者防止复制技术等一样的用来进行版权保护的“技术措施”，更是对现有版权保护技术措施效力进行“强化”的一种辅助性技术手段。比如，区块链的双重加密技术使得公众难以破解作品上附着的解锁密码，分布式存储技术和不可篡改属性使得版权智能合约形成强制规则，全程监控流程，附加区块链时间戳之后，基于唯一哈希值的控制使得作品不可逆地传播，所有的使用信息在整个链上都能够被所有节点认可。区块链的技术功能体现在能够使得传统的版权保护技术措施的力度大大加强，被规避和破坏的概率大大降低，是一种强而有力的辅助性技术手段。

区块链技术既是技术措施又是技术措施的强化辅助技术的双重属性使得其既有利于在互联网领域更好地保护、利用版权，又能够通过支持小额版权支付系统进而适当地调节相关权利冲突。但在有些情况下，也可能存在为版权提供了过强保护的可能性。所以，区块链及基于区块链的各项技术可以从全方位各领域加强对版权人的权利保护，各项技术不断扩张版权人的权利版图，使得用户很难接触或者使用作品，实践中用户对等共享文件更是困难重重。在区块链技术运用于版权保护不足十年的初步发展时期，我们不仅要对其使用进行一定的制度设计，更需要警惕其负面效应，对区块链技术时代的“版权保护技术措施”的使用进行一定规制，进而为版权“公共领域”保留足够的空间。

第二章 区块链时代版权技术措施禁止规避例外制度之缺陷

成文的法律法规，用以指引人们的行为规范，一般在制定的过程中都会存在一定程度不可避免的滞后性，常常表现为立法者针对日常社会生活中突出的社会矛盾，通过智慧和反复经验验证而总结设计出的较佳解决方案。当人类文明向前推进，技术在社会生活中扮演的角色愈加重要，技术进一步发展之后，人类社会的行为将围绕着新技术发生一定程度的变化，社会行为引发的社会关系随新的技术进步而涌现出新的模式和问题，因此需要新的行为规范进行针对性的更替指引，用网络术语来阐释这个发展进程即“社会规范将随着技术发展而不断升级”。这里的“升级”就是“更新换代”——不断地用更加适应社会新情况、新问题的法律法规来完善甚至是替换原有的规则，从而让人们能够在生活中“有法可依”，通过法律规范的指引使得人们的行为具有法律上的可预见性，社会关系趋于新的稳定与平衡。在互联网的时代，新技术、新产品、新模式、新问题层出不穷，法律法规不仅需要定时更替，新规范也需要在经过深思熟虑的制定颁布之后灵活适用。本章旨在分析区块链时代中国现有著作权法规则体系之下版权技术措施禁止规避例外制度存在哪几个方面的缺陷与不足，以在后面的章节寻求解决这些问题的方案。

一、技术措施及其禁止规避例外制度规则不清晰

在前区块链时期，制度上的缺失和规范上的不足结合互联网资源公共属性的惯性思维，公众“法不责众”的心理使其在很多情况下拒绝为自己在互联网领域对他人作品的使用和未经许可的传递行为支付报酬，这导致大量网民心安理得地侵权，同时权利人则基于诉讼成本过高而根本无法主张自己的

权利，也得不到相应的补偿。时过境迁，在法律认可并禁止规避技术措施制度的保障下，大量权利人对自己的作品采取技术措施，通过自力救济的手段拒绝他人未经许可阅读、浏览和下载作品，或者采取技术措施使得他人无法未经许可复制或者编辑作品等。这时遵纪守法的网民只能放弃他们心仪的、被加密的作品，仅仅接触和使用网络中能够自由浏览、使用和传播的元素，这使得大量民众无法了解足够的信息，也无法享受和进一步利用、分享一些信息时代最前沿的知识和文化产品。由此，版权保护和公共利益之间产生了巨大的冲突。在区块链时代，依凭互联网领域较为先进的区块链技术，从技术治理的视角来看上述问题，其能够得到部分解决。但不论是 2012 年开始起草的三个版本的著作权法草案、两部送审稿，还是 2021 年颁布实施的新修改的《著作权法》，在技术措施这一方面的制度设计并未产生重大变化，基本上就是将《信网条例》和《软件条例》相关条款整合后上升为法律而已，基于中国版权立法的革新需求，加之区块链的技术本身也具有其天然的局限性，新的技术措施规则即便是在使用区块链技术的情况下，依然存在着一些问题，对于中国文化和艺术领域的创新发展存在一定障碍。造成上述情况的原因主要集中在以下四个方面。

（一）相关法律规范的立法体系化、灵活性缺失

在 2016 年之前，《著作权法》虽在 1990 年颁布之后于 2001 年和 2010 年进行了两次修正，但进入互联网时代的两个修正版几乎没有对技术措施相关规则进行具体规范。而 2001 年的修改也是囿于加入 WTO 的强制需求而进行的被动变革，这次变革基本上遵循了西方发达国家对于我国版权市场的规划，并不能完全契合我国市场发展的现状，也无法与我国文化艺术产业尤其是互联网相关产业的发展需求相适应。这类规制一直是通过后来颁布的上述两条例等层级较低的行政法规落实的。由于两条例的法律层级较低，故所保护和调整的客体和行为有限。《著作权法》中宽泛地规定规避技术措施属于版权侵权行为，对于实施技术措施行为的限制，仅有两个条例相对清晰地列明了几条规避例外。

首先，存在立法体系化缺失问题，仅在《著作权法》中列明相关规则，

未能适时颁布新的配套规范。在法律层面具体条款的表达囿于防止规则滞后和语义表达的简洁性要求，对具体权利义务和行为规范的细节问题不能进行一一明确，因此需要相应的实施条例或细则和司法解释等下级规范进行细化，但是，自2020年新著作法定稿颁布，2021年6月正式实施以来，相关的实施条例和司法解释征求意见稿都未出台，专利法实施条例的征求意见稿早已公布并获得了广泛讨论，而对于著作权规则进行了大刀阔斧改革的新著作权法的实施条例或者实施细则至今缺位，这将使得新法的宽泛性指引条款在司法适用过程中存在较大争议。因为技术措施条款的规定依然较为概念化、原则化，在法律遵守和执行过程中，不同阶层的民众，不同类型文化产业相关企业，不同区域政府部门，不同机构的工作人员，不同地域和层级司法系统工作人员都会以自己的理解去适用相关规则，进而得出不同结论，使得法律规定的确定性、可预测性和行为规范指引性降低。这种法律法规体系化的缺失急需尽快补充完整，否则会出现《信网条例》等下级规则未被取消，其中的规定又与上位法律规定存在出入的情况。[①] 关于技术措施实施主体的定义，上位法《著作权法》与其下位法《信网条例》，以及《软件条例》中的规定具有一定区别，存在体系化缺失。现行中国《著作权法》规定有权采取技术措施的人为“权利人”，“权利人”的定义尚不明确；《信网条例》中虽亦规定“权利人”可为保护信息网络传播权采取技术措施，其在该条例第1条却规定权利人包含著作权人、表演者以及录音录像制作者；而《软件条例》则只对软件著作权人的行为做出了认可，其可采取技术措施的前提限于为保护其软件著作权。上述的不一致使得我国技术措施实施主体的相关规则缺乏体系化的规定。此外，针对技术措施实施主体的权限规定上，亦未明确规定实施技术措施的权利人到底可以采取哪些具体的行为，制止哪些类型的活动，具有哪些方面的义务，存在一定的立法空白。针对允许规避技术措施的行为，著作权法中列明了五种例外，其中四种例外由《信

---

① 《著作权法》第64条规定：“计算机软件、信息网络传播权的保护办法由国务院另行规定。”即没有增加条款说上述条例已经随着新法的颁布而失效，同时国务院也并未颁布新的上述两条例，也未见征求意见稿出现。可以推定认为之前的《信网条例》和《软件条例》依然具有法律效力。（得出以上结论时间：2023年3月7日。）

网条例》中的相关条款发展而来，仅另外补充了针对计算机软件的“进行加密研究或者计算机软件反向工程研究”例外。但由于社会的发展与进步，上位法和下位法的相关规定在具体的表述上仍存在一定出入，加之规则制定得过于宽泛，允许规避技术措施主体的范围与权限、客体的范围依然不容易确定，使得有关部门在司法适用过程中意见存在较大不确定性。

其次，现有的技术措施禁止规避例外规则依然较为僵硬，缺乏适应技术与市场飞速发展的灵活性。在对可以受著作权法保护的技术措施进行明确的概念界定之后，现有法律也对技术措施的违法规避行为范围进行了明确的划定，在这样的基础之上可以得出初步结论：《著作权法》第 49 条保护所有用来保护著作权的有效技术措施，包括接触控制措施（浏览、欣赏）和版权保护措施等全部类别，不论专家学者和业内人士对技术措施如何分类，都是全类保护；所禁止的规避行为包括了所有主观上故意的直接规避行为和所有间接规避行为，包括提供技术服务和为相关目的的制造、进口、提供装置和部件的所有行为。虽然有“法律和行政法规”有规定可以例外的限制，但从长期的著作权法立法和司法实践经验来看，这个兜底条款在近几十年，几乎没有落实过，并且即便需要启动这个条款设置新的例外，考虑我国立法程序异常烦琐的现状，所谓灵活性，无法有效实现。基于第 50 条可以避开技术措施的情形只有五种，并未引入兜底条款，因此上述五种避开情形之外的避开行为都会被认定为非法，同时前两种例外情形中还限定了“该作品无法通过正常途径获取”，可以以此怀疑我国现行立法针对课堂教学和科学研究的例外、阅读障碍者例外的前提在一般情况下来说都是必须首先通过正常途径获取，其中正常途径至少有“付费接触”或者“付费复制”的限定，这样的限制相较美国等大量发达国家都更加严格。即便在与中国上述规则相似的欧盟制度体系之下，也另外规定了几年一次的审议机制，同时还规定使用者若需要使用作品，可以向权利人申请协商，协商不畅时能够申请法院或者相关行政部门裁决。在我国现有的制度环境下，除非修改著作权法，不然技术进步后，相关规则势必出现适用困境，而过强过宽的保护也会影响社会的文化知识交流，进而限制科学技术的发展。

（二）实施技术措施之主体及其权限不明

前区块链时期的《著作权法》，即指2010年版及其之前的《著作权法》，并未在权利人权利的项下规定“技术措施权”，而仅仅在第48条规定规避技术措施行为属于侵权行为。如前文所述，2006年WCT第11条和WPPT第18条条款明文规定“作者”有权对自己的作品等采取技术措施，并不允许对其技术措施进行规避。[①] 而根据我国《著作权法》（2010）第48条规定可尝试推断我国法律规定“著作权人或者与著作权有关的权利人”属于可实施技术措施的主体，[②] 但上述结论仅仅是学理推测，法律并没有明文规定，加之法律认可著作权的继受取得规则，因此这个主体范围与国际公约中的“作者”明显不属同一范围，若立法不进行明文规定并说明理由，则可能会对后续的维权产生较大的困扰。即便在区块链时代相关问题逐渐突出，2020年的新《著作权法》也并未正视这个问题，导致在现有规则之下能够获得法律保护的技术措施的实施主体及其权限无科学、合理、明确的法律界定。

1. 技术措施实施主体范围不清晰

依据WCT、WPPT及RECP等国际条约的规定，有权采取技术措施的主体只有作者和表演者及录音制品制作者两个邻接权人，而现行中国《著作权法》规定有权采取技术措施的为“权利人”。有学者提出，国际条约规定的主体范围过于狭窄，不合理地排斥了其他版权主体，并且主张著作权集体管理组织能采取相应的技术保护措施。[③] 由于作者与著作权人的利益关系将随着版权运营周期的发展产生一定分化，[④] 所以相关主体又应该包括版权和经

---

① WCT第11条规定：缔约各方应规定适当的法律保护和有效的法律补救办法，制止规避作者为行使本条约规定的权利而使用的、对就其作品进行未经该有关作者许可或未由法律准许的行为加以约束的有效技术保护措施。WPPT第18条也做出了类似的规定。

② 《著作权法》（2010）第48条规定：“有下列侵权行为的……（六）未经著作权人或者与著作权有关的权利人许可，故意避开或者破坏权利人为其作品、录音录像制品等采取的保护著作权或者与著作权有关的权利的技术措施的，法律、行政法规另有规定的除外……”

③ 张耕．略论版权的技术保护措施［J］．现代法学，2004（02）．

④ 刘斌斌，马旭霞．论作者与著作权人的利益调整及其界限［J］．新疆师范大学学报（哲学社会科学版），2012，33（01）．

版权人授权的人，[①] 将对作品提供技术保护的网络服务者纳入实施主体范围也可能是合理的。[②] 不过，对于上述观点也有不同意见：尽管受技术知识背景之局限，版权方对版权作品采取技术措施往往需要委托专门从事加密研究的第三方主体进行研究和开发，但是版权方才是技术措施的实际实施者和受益者。[③] 另外，作为发展中国家，依然属于版权输入国的中国，将可实施技术措施的主体扩展得非常宽泛，将直接提升著作权的保护水平。但我们应该反思的是，现在的中国是否需要如此高保护水平的著作权制度体系，这对我国文化产业、互联网产业、人工智能产业的发展是否会存在不利影响。

2. 技术措施实施主体权利不明确

由于在前区块链时代的立法中没有对技术措施的概念进行界定，因此在理论界存在着对技术措施条款的相关猜测，有学者认为《著作权法》创设了一项著作权人的新的权利类型，只是因为法律条文修改不及时而没有体现在《著作权法》“权利类型”规范之中。例如，有学者认为著作权人采取技术措施的权利属于版权人享有的一项特别权利，即“技术措施权”；[④] 也有学者认为技术措施是版权人和作品传播者的一种版权经济权利，事实上属于邻接权的范畴；[⑤] 还有学者视其为一种对于互联网上以数字形式表现的作品的“接触权”或“访问权”。[⑥] 但是，仍然有很多学者否定著作权法为权利人创设了新的权利，他们提出技术措施只是作品或信息化产品的一种救济手段；[⑦] 应该将技术措施看作一种无体的“方案”，若该“方案”属于技术秘密的范畴则受法律保护，亦可申请专利加以保护，反之仅为一种私力救济手段，而非

---

① 董慧娟．版权法视野下的技术措施制度研究［M］．北京：知识产权出版社，2014：28.

② 李扬．网络知识产权法［M］．长沙：湖南大学出版社，2002：25.

③ 谢惠加，王影航．论版权人的技术保护措施信息披露义务［J］．知识产权，2013（06）．

④ 李扬．试论技术措施权［J］．河南省政法管理干部学院学报，2002（03）．

⑤ 梁志文．技术措施界定：比较与评价［J］．贵州师范大学学报（社会科学版），2003（01）．

⑥ 熊琦．论“接触权”：著作财产权类型化的不足与克服［J］．法律科学（西北政法大学学报），2008（05）．王迁．网络环境中版权制度的发展［J］．网络法律评论，2008（01）．SAMUELSON P. Anticircumvention Rules：Threat to Science［J］．Science，2001，293（5537）：2028－2031.

⑦ 李明德，许超．著作权法［M］．北京：法律出版社，2003：88.

使用者所享有的一项法定权利。[①] 区块链时代之后的著作权立法回应了上述猜测，即便是2020年我们对法律法规进行了大量颠覆式的改革和创新，《著作权法》依然未在“权利条款”中增设“技术措施权”或“接触权”等权项，所以，著作权人采取技术措施的法律授权及其可行性在更多情况下属于“工具属性”而非“权利属性”，是著作权的一种保护性权能、私力救济手段或对信息接触和使用的事前预防电子自助行为。[②]

不过，即便上述争议能够暂时有大致的结果，著作权人并不享有“技术措施权”“接触权”等权利内容，但实施技术措施的权利人到底可以采取哪些具体的行为，可以制止哪些类型的活动，依然没有明确的法律规范。一般情形下上述权利应当包括可以采取以下行为：第一类是具体的技术措施实施行为，第二类是当自己的技术措施被规避了可以采取哪些行动。第一类行为包括了权利人自己可以做哪些事情和可以禁止他人采取哪些行为，比如《著作权法》仅规定获得法律认可和保障的技术措施应当是用来防止和限制他人未经权利人许可采取的“浏览、欣赏”和“通过信息网络提供”作品等行为，并且这类技术措施在客观上是能够有效实现上述功能的，那么何为“有效”，“防止和限制”如何界定，“运行”计算机软件的行为是否会包括在防止和限制之中？第二类行为即可以采取的救济措施，是不是可以进行自力的惩罚性制裁，即一旦发现未经许可的规避行为是否可以采用各种技术对用户的账户进行警告、封停、罚款甚至伤害硬件设施的攻击？在主体未确定的情况下，基于哪些行为，哪些主体能够享有以自己的身份向法院起诉的权利？若依上文论述，被许可人涵盖在可采取技术措施的主体范围内，那么专有许可人和非专有许可人是否都能基于版权侵权行为与规避技术措施行为的不同性质而享有直接起诉的权利？[③]

---

① 郭禾．规避技术措施行为的法律属性辨析［J］．电子知识产权，2004（10）．

② 盛建．技术保护措施法律制度研究［J］．知识产权法研究，2008，5（01）．姚鹤徽，王太平．著作权技术保护措施之批判、反思与正确定位［J］．知识产权，2009，19（06）．董慧娟．版权法视野下的技术措施制度研究［M］．北京：知识产权出版社，2014：113．郭鹏．技术措施的法律性质确定：事前预防的电子自助——兼论版权法保护技术措施的逻辑合理性［J］．政法学刊，2015，32（06）．

③ 王迁．版权法对技术措施的保护与规制研究［M］．北京：中国人民大学出版社，2018：66．

3. 技术措施实施主体行为无限制

若不能进一步完善立法，在中国现有的规则下，技术措施禁止规避制度实际上新设立了一种“接触权”或“访问权”，所以对于技术措施的实施与公共利益冲突解决具有重要性和迫切性，应借鉴各国和地区经验考虑对版权技术保护措施进行必要限制，① 进而构建一个利于促进利益平衡的立法实践模式，以促进创新，并尽量减少技术措施立法的溢出效应，② 对技术措施实施行为的主体进行必要监管，防止这类权利或者力量被滥用。③ 否则，现有宽泛而无限制的技术措施禁止规避规则对版权人权利的不当扩张，将使得社会公众的合理使用被不断压缩甚至被剥夺，对以言论自由为代表的一系列公民基本人权造成威胁。④

美国学者站在利益平衡的角度，考察反规避的法律和政治背景因素，分析了强制性信息披露的经济性，并提出构建一个强制性信息披露机制建议，主张版权人应被要求披露技术措施相关信息，以作为援引 DMCA 反规避条款对作品进行保护的代价，满足作品使用者合理期待。⑤ 不仅美国《数字媒体消费者权利法》规定权利人具有“标识”其采取的技术措施等一定的信息披露义务，⑥ 德国法律也规定了版权人的技术措施标识义务，⑦ 基于消费者对数字作品的期望，考察版权人采取的技术措施，常常得出的结论是这些技术措施一般都因缺乏有效通知而对消费者造成一系列损害，⑧ 所以，权利人应该充分履行对于自己采取的技术措施相关信息的通知义务，即版权人（技术措

---

① 参见《美国版权法》第 107 条“合理使用条款”（Copyright：limitation on Exclusive Rights，Fair Use）。

② GASSER U. Legal Frameworks and Technological Protection of Digital Content：Moving Forwards a Best Practice Model [J]. Fordham Intellectual Property，Media & Entertainment Law Journal，2006，17 (01)：41－113.

③ 王迁．版权法对技术措施的保护与规制研究 [M]．北京：中国人民大学出版社，2018：406.

④ SAMUELSON P. Anticircumvention Rules：Threat to Science [J]. Science，2001，293 (5537)：2028－2031.

⑤ DENICOLA C. Fair's Fair：An Argument for Mandatory Disclosure of Technological Protection Measures [J]. Michigan Telecommunications & Technology Law Review，2004，11 (01)：1.

⑥ 解丽军．技术措施的著作权法保护研究 [D]．成都：四川大学，2005：53.

⑦ 赵争争．版权技术保护措施立法比较研究 [D]．北京：北方工业大学，2014：22.

⑧ SAMUELSON P，SCHULTZ J. Should Copyright Owners have to Give Notice of Technical Protection Measures? [J]. Journal on Telecommunications & High Technology Law，2007，6 (01)：41－76.

施实施主体）的技术措施信息披露义务。[①] 从上文分析可知，我国现行《著作权法》中对技术措施相关问题的规定存在主体义务缺失的情况，[②] 为了防止互联网领域技术措施滥用带来侵蚀合理使用、扭曲公平竞争、威胁个人隐私等问题，应进行补充立法，明确技术措施实施主体的责任和义务，[③] 还应考虑从规定技术措施保护期限以及版权人标识义务等角度实施技术措施限制。[④]

（三）允许规避之主体、客体、权利范围不明

1. 允许规避技术措施的主体范围不明确

由于美国的 DMCA 给予了很多情况以临时例外，MDY Indus. *v.* Blizzard Entertainment 案使得电子游戏使用者可否使用 bug 对电子游戏自带的 TPM 进行规避的问题成为了人们关注的热点，[⑤] 即便立法中规定了很多技术措施禁止规避例外的条款，但是具体操作起来仍然存在很多认识上的不一致甚至是误区，如上述案例中的电子游戏使用者，是否能被认定为可以实施规避行为的主体，基于不同的可规避的情形，可规避行为的实施主体会有很大不同，因此无法用一个科学术语完整归纳和界定的时候，允许规避的主体范围应如何界定，在中国鲜有学者进行深度的研究。国外有学者提出规避技术措施者应当包括数字版权社区、研究人员、教育工作者和 TPM 作品（如电子书、电影、视频、游戏、计算机程序）的最终用户，[⑥] 但是也有很多学者认为不能将所有的最终用户列为规避技术措施的实施者，否则会影响作品权利人著作

---

① 参见：周学敏．版权法上技术措施的滥用与对策［D］．重庆：西南政法大学，2008：19. 郑静鸯．用于实现捆绑销售的技术措施在版权法中的定性［D］．上海：华东政法大学，2010：18. 孙媛．技术措施的版权法保护问题研究［D］．长沙：湖南大学，2011：32. 廖梦．保护作品技术措施的合理规避［D］．武汉：华中科技大学，2013：31. 杨怡．欧盟版权技术措施保护例外研究［D］．广州：暨南大学，2020：38. 何瑜玲．基于利益平衡理论对版权技术措施法律规制的反思［D］．广州：华南理工大学，2019：36.

② 陶长洲．论版权技术措施滥用的法律规制［D］．长沙：湖南师范大学，2010：53.

③ 周学敏．版权法上技术措施的滥用与对策［D］．重庆：西南政法大学，2008：19.

④ 金峰．版权“技术措施”保护与规制研究［D］．上海：华东政法大学，2006：42.

⑤ Czolacz M. Decrypting DMCA § 1201 in the Wake of the Ninth Circuit's Ruling in MDY Industries v. Blizzard Entertainment［J］. Northovestern Journal of Technology & Intellectual Property，2013，11（05）.

⑥ SOURIFMAN S. Legal Lock Picking：An Analysis of Anti – Circumvention Law in the United States and Brazil［J］. Cardozo Journal of International Law and Comparative Law，2012，20（03）：911. KOBERIDZE M. The DMCA Rulemaking Mechanism：Fail or Safe［J］. Washington Journal of Law，Technology and Arts，2015，11（03）：211.

权经济利益的实现。

在中国，《著作权法》列明了五种例外，姑且不论这五种例外是否过于机械和范围狭窄，如并未规定在传统版权时代其他国家都会实施的图书馆、档案馆备份情况例外，也没有基于新时代数字技术发展需求而设置的文本数据挖掘例外等，仅仅基于现有立法明确了的几种例外进行分析，亦可发现，由于规则制定得过于宽泛，相关主体的范围依然是不容易确定的。

第一个例外中，为学校课堂教学、科学研究向教学或科研人员提供已发表作品例外条款中的主体可以包括哪些？一般情况下认为最少应该包括从事学校课堂教学的教师和从事科学研究的研究者及其研究者的指导者，那么学校教师是否包括培训学校的教师，毕竟这一条里没有注明“不以营利为目的”的要求。是否包括接受作品的学生，即为了教学需要学生们是否可以相互交流通过自主规避行为分别获得的信息和资源？

第二个例外，允许哪些主体可以被认定为是“受益人”即法律认可的“阅读障碍人士”？哪些主体可以在不以营利为目的的前提下，为了向阅读障碍者提供已经发表的作品的无障碍版本而绕开相应的技术措施？这些主体可能包括阅读障碍者的近亲属、监护人、社区护工、相关公益组织或者其他被授权实体，在这方面我国规则存在一定的制度缺失。①

针对第三个例外，则对于“国家机关”依照行政、监察、司法程序“执行公务”的概念界定存在疑问，在国家管理体制改革的背景下，政府部门下设的一些事业单位、社会团体和组织等，在哪些情况下能够被认定为“国家机关”或者哪些情况下上述主体的行为应被认定为“执行公务”？

对于第四个例外，进行安全性能测试时，是不是只要是参与计算机及其系统或者网络的安全行动的所有主体都可以对该软件或系统中的技术措施进行规避，或者，是不是只要是针对某一计算机系统或网络进行安全测试，其他系统和软件中技术措施的相关主体也都可以实施规避的行为？还有是否需要对该主体后续行为进行一定监控和约束，如从安全测试中获取的信息是否

---

① 王迁，陈绍玲．落实《马拉喀什条约》背景下“被授权实体”的协调保障机制研究［J］．中国出版，2021（23）．杨利华．《马拉喀什条约》与我国著作权限制制度之完善［J］．中国出版，2021（23）．

仅用于提高计算机系统或网络安全保障能力，对于该信息的使用或保存是否构成何种侵权或违法行为？

第五个例外中，对于“加密研究”或者“反向工程”的例外也要考虑的是，是否必须限定于具体操作这项工作的人员？还是也允许委托者为了实施相关工作做前期准备工作的时候规避相关的技术措施？关于这些问题的答案，DMCA 规定：在善意地进行加密研究的过程中，可以直接规避“接触控制措施”，只有合法获得已发表作品加密复制件的人才能免责。还要考虑实施规避行为的主体是否在从事合法的研究活动，是否受雇在加密技术领域工作等因素。有的国家相关立法限定只有合法获得软件使用权或者所有权的主体才能实施以反向工程为目的的规避行为。那么我们的规则是否也要引入这个限制条件呢？[①] 合法使用人是否包括合法的购买者，合法购买者允许的使用人，合法购买者的受赠人、继承人等主体呢？[②]

2. 允许规避技术措施的客体范围不清晰

著作权的客体即受著作权法保护的作品，包括了非常广泛的内容。中国著作权法规定了文字作品，口述作品，音乐、戏剧、曲艺、舞蹈、杂技艺术作品，美术、建筑作品，摄影作品，视听作品，工程设计图、产品设计图、地图、示意图等图形作品和模型作品及计算机软件等。在 Web 3.0 时代，信息技术和计算机终端逐渐成为人们重要的生产和生活工具，人类将思想转化为表达的形式也不断多元化，互联网让每一个个体都成为了内容生产者，创作的内容和空间不断扩展。思想的解放、素材的丰富、技术的支持催生出大批上述传统作品类型以外的新型智力成果。近年来网络游戏及其直播画面、体育赛事直播画面、杭州西湖音乐喷泉、节目模式等客体都希望能够获得著作权的保护，引发了学界对我国著作权法作品类型条款的反思与讨论。于是法律认可的著作权客体范围随着各类相关技术的发展呈现不断扩张的趋势，如新《著作权法》（2020）将第 3 条第 9 项关于作品类型的兜底条款从“法

① 胡开忠．反向工程的合法性及实施条件［J］．法学研究，2010（02）．高凡．软件反向工程规避技术措施例外研究［J］．梧州学院学报，2020，30（05）．

② 郭俊．软件反向工程知识产权法律问题研究［D］．海口：海南大学，2016：29．

律、行政法规规定的其他作品"① 改为"符合作品特征的其他智力成果"②。

然而作品的定义与分类是著作权法的基础概念，作品的类型对著作权的认定、权利范围界定有着重要的价值与意义，作品客体的不当扩张将降低著作权法的可预期性，影响社会公平正义和权利人合法权益的平衡格局。所以基于著作权限制的技术措施禁止规避例外规则到底可以适用于所有类型的作品还是只能适用于部分类型的作品，学者观点不一。有学者认为我国著作权法技术措施禁止规避例外条款并未对可规避的作品进行类型化的限制，因此应该可以推论在我国的著作权法体系之下，可以规避的五种情形适用于所有作品类型，包括文字作品、音乐作品、视听作品等。然而，另一些学者则认为这样的规避例外规定将可以行使规避行为的客体范围规定得过于宽泛，不利于著作权人行使权利和维护经济利益。③ 如基于《马拉喀什条约》而设置的视觉障碍者例外中，中国著作权法并未界定哪些类型的作品上的技术措施可以依此条款进行规避，美国等发达国家有学者认为这类规避行为应该限制在"已经通过纸质媒介出版发行的文字类作品"，而印度等发展中国家则将可规避技术措施的客体延伸到了音乐作品和视听作品等。实施规避行为的客体类型若不能相对明确，未针对不同情况做出详细的说明可能会使得著作权人和作品使用者的利益平衡受到一定破坏，如可能出现还在院线上线的电影被"被授权实体"制作成解说版提供给大量"视觉障碍者"而导致电影投资者的损失，也使得"视觉障碍者"获得了超出一般公众的更加优厚的待遇，而造成新的不平等。还有些国家，因为对相关客体的规定不明确，也引起了其他争议，如美国在 DMCA 中每三年公布一次临时例外，但立法的局限依然存在，有学者认为现有美国法的规则导致禁止规避技术措施例外的范围被扩充，其中的某些例外内容过多包含了与版权保护无关的内容。④

---

① 《著作权法》(2010) 第 3 条第 9 项。

② 《著作权法》(2020) 第 3 条第 9 项。

③ 杨绪东. 阅读障碍者合理使用研究：以《著作权法》第二十四条规定为视角 [J]. 中国出版，2021 (23).

④ RUBENS J. Copyrights in Cyberspace：Fair Use，Take Down Notice，and the Sixth Triennial Section 1201 Rulemaking [J]. The Business Lawyer，2017，72 (01)：272 - 274.

3. 法定规避行为实施主体权限无界定

现行《著作权法》仅对可规避行为主体的义务进行了较为明确的规定，即“不得向他人提供避开技术措施的技术、装置或者部件，不得侵犯权利人依法享有的其他权利”①，却未明确行为主体具体可以采取哪些行为，即在符合法律规定的可规避情形的前提下，实施规避行为的主体到底能够实施哪些规避行为，是否有权利采取实现规避效果的保障措施。若无法进行规避，是否有权申请著作权人或者有关机构或者部门予以配合，若著作权人无正当理由拒绝提供无障碍版本，实施规避者暂时不能开发出相对应的规避技术的时候，实施规避者是否能凭此条款向法院起诉，要求著作权人提供规避的技术、设备或者提供无障碍版本给相关受益人。

法律不得为他人提供规避技术措施的技术、装置或者部件的规定体现了我国著作权法不允许实施间接规避技术措施行为，现有的五种可以直接规避技术措施的情况，在不侵犯权利人依法享有的其他权利的前提下，可实施规避行为的主体的权利也并不明确：为学校课堂教学、科学研究提供少量作品的情况下，是否可以在实现规避后保存一份或多份复制件供将来使用；被授权实体在向阅读障碍者提供无障碍版本制作和传播服务时，若在购买了正版产品后自己无法实现充分的规避效果，即规避之后无法充分获取或理解作品原意和表达，是否可以向权利人或者有关机构申请直接获得无障碍版，或者请权利人提供作品原件；已经通过规避成功获取副本之后，是否可以基于合理使用的理由对相关的副本进行适当的传播、编辑和其他使用；针对视觉障碍人士制作的无障碍版本作品的制作者是否可以为了实现条约认可的无障碍格式版的跨境交换，将规避后的作品向域外传播?②

法律法规赋予著作权人禁止规避其技术措施的保障，在这样的情况下，为了维持互联网数字信息资源的充分流通和必要共享，保障公共利益，确保技术措施的实施不至于减损著作权法激励创新和繁荣文化和艺术产业发展的作用，不至于制约科学技术的充分交流与进步，设置禁止规避例外规则应该

---

① 《著作权法》(2020) 第50条第1项。

② 参见:《马拉喀什条约》第5条“无障碍格式版的跨境交换”。

不是仅仅给予可规避行为主体一个可有可无的侵权阻却事由，而是真正能够使得那些代表广泛公共利益的群体能够以最低成本接触和利用人类的智力成果，因此，这些可以规避的例外情形，在可规避主体有需要之时，应该可以真正实现对作品的接触和相对自由的使用，否则这一条款将形同虚设。在区块链技术对技术措施进行技术赋强的今天，大量作品都被施加了几乎完全无法实现规避的技术措施，很多使用者都未能掌握必要的规避技能实施法律许可的直接规避行为，法律又不允许第三方主体提供相关服务和设备，即便是法律允许规避情形下，广大终端消费者如教师和非计算机领域科研人员在事前完全不能接触相关作品内容，法律若仅仅规定一个事后诉讼过程中的抗辩情形，将严重减损著作权法的立法价值，因此，对可规避主体的相关权益应该进行明确并提供一定保障。

（四）监督管理机制缺位

现有规则仅仅是一个法律条款，未设置相应的实施细则，更未设置一个适当的机构和制度对新增的著作权法规则进行落实和监控，不论是采取技术措施的权利人及其授权主体的行为还是获得法律授权可以采取规避行为接触和使用作品的主体的行为，都应当有一定的监管，才能够在充分保障权利人利益和充分维持其经济利益的前提下兼顾广大公众的信息获取权、受教育权和言论自由权等基本权项，实现社会利益最大化，促进文化艺术和科学技术的繁荣和发展。

首先，大多数学者都主张立法对技术措施提供有限度的保护，认为应对实施主体的滥用行为予以规制。基于前面的法条分析可知，我国技术措施立法存在行政管理机制缺失的问题，① 因为技术措施本身可能危及公共利益，而我国对技术措施保护的立法过于简单，② 技术措施对合理使用和公共领域具有冲击作用，③ 所以需要对技术措施保护强度保持足够的谨慎和关注，以

① 陶长洲．论版权技术措施滥用的法律规制［D］．长沙：湖南师范大学，2010：56.

② 俞卫锋．知识产权保护中的技术措施［C］//信息网络与高新技术法律前沿：2005，北京：中国民主法制出版社，2005：245－250.

③ 冯晓青．技术措施与著作权保护探讨［J］．法学杂志，2007（04）．

充分保障公众接触和获取信息的权利。① 另外，技术措施可能会被滥用，应当对其进行必要的规制，② 有学者提出应将与实现权利人正当版权利益无关的技术措施排除在保护范围之外。③ 整体来说，实施技术措施保护自己著作权的主体的具体行为，采取的技术措施的具体类型和相关后果，新的技术措施相关研发活动和具体应用规则，附加了技术措施的作品之著作权保护期限届满之后的技术措施解除等情形，均应适当受到监管，而我国暂无相关的规定。④

其次，在法律许可的情形下对技术措施进行规避的时候，广大规避行为实施主体及其行为也没有有效的监管。由于我国没有对可规避主体进行规定，也没有规定哪些机构能够对规避行为进行监督和管理，因此，广大用户只能各自发挥优势和长处，自行研发规避技能。而这些无约束、无组织的规避技能研发成果或许在互联网使用的过程中会损害数据源，损伤相关硬件设备，造成数据的泄露，甚至带来其他网络安全事故，应该由相应的部门对此类行为进行有效组织管理和监控，保证互联网产业的良性、安全发展。另外，对实施了规避行为之后获得作品复制件的主体行为若无控制，可能会出现潜在的未经许可的传播风险，若采取区块链等新兴技术对这类行为进行全流程监控，则能够在事前杜绝这样的侵权现象，但是由于法律没有赋予任何部门此项权限，规范的权威管理和监督无法正常实现。

最后，我国没有规定可以向他人提供技术措施的规避服务和规避技术措施的设备及装置，这种情况在根本上是不符合我国国情和社会发展需求的。如果有一天规则细化后，适当的主体能够在被充分监管的环境下为指定的对象提供一定的规避服务，那么技术措施规避技能的研发、使用和监管机构相关制度的设计也需要受到充分关注。

---

① 黎运智．公众基本权利视域下的技术措施保护问题［J］．图书情报工作，2008，52（10）．

② 杜军．版权技术措施滥用的版权法规制［D］．上海：华东政法大学，2011：14．

③ 王迁．论版权法对滥用技术措施行为的规制［J］．现代法学，2018，40（04）．

④ 姚鹤徽．网络环境下著作权保护的未来模式［D］．湘潭：湘潭大学，2010．张帅．我国版权技术保护措施制度研究［D］．郑州：中原工学院，2020．

二、技术措施禁止规避情形不足与基本人权产生冲突

著作权限制理论是平衡著作权相关权利人、使用者、社会公众利益，保证著作权法目的得以实现的理论基础，反过来著作权权利限制理论又是建立在利益平衡、作品属性以及著作权法宗旨的基础上的。对技术措施的著作权法保护，使权利人自助维权的方式获得法律保护，是权利人的权利扩张，这使权利人和使用者、社会公众之间原本的平衡状态被打破。要使著作权的立法目的和宗旨得以实现，维持著作权行业和市场持续、长远、健康发展，就需要寻找一种能够使著作权各主体之间利益重新趋于平衡状态的机制。禁止规避技术保护措施的例外制度规则就能调节这种冲击，使著作权各主体之间利益重新趋于平衡状态，同时又能满足保护著作权相关权利人实施自救手段的要求，使权利人的自救行为更符合著作权法立法目的，确保权利人的技术保护措施不损害使用者、社会公众在传统纸质传播时代的合法权益。信息自由权是国际基本人权规范的权利之一，版权强保护可能侵犯这一基本权利。这个权项进行扩展和升华之后，还将涉及受教育权、言论自由权等基本人权问题，下面仅从信息自由权这个视角进行详细阐述。

（一）信息自由权及其相关理论

联合国于1946年12月14日大会通过的第59号决议宣告“自由获取信息是一项基本人权，是联合国致力维护一切自由之基石”，首次将信息自由作为一项基本人权加以承认与保护。① 决议提及的“信息”源于经济、政治、文学艺术以及科学研究等各个领域。随着国际社会不断赋予信息自由新的内涵，信息自由权利内容也在不断调整。早期的人权文件大都将信息自由列为表达自由下的子权利。1948年《世界人权宣言》第19条规定，人人有权享有主张和发表意见的自由②；此项权利包括持有主张而不受干涉的自由，和通过任何媒介和不论国界寻求、接受和传递信息和思想的自由。1966年的

① Calling of an International Conference on Freedom of Information, General Assembly of the United Nations A/RES/59 (I), Dec. 14, 1946, para2.

② 参见联合国网站《世界人权宣言》，http://www.un.org/zh/universal-declaration-human-rights/index.html。

《公民权利和政治权利国际公约》第19条第2款则可以被理解为“言论自由”，项下可包括“寻求、接受和传达”各类不同的“信息和思想”的自由。[①] 宣言和公约并未直接使用信息自由这一术语，但将表达自由界定为包括寻求、接受和传递各种消息和思想的自由，其中“寻求消息的权利和自由”，可以被看作对信息自由的承认。[②] 1968年联合国第一次国际人权大会上通过了《德黑兰宣言》，首次将“信息自由”和“表达自由”并列，从而使信息自由权从表达自由中独立出来成为一项普遍人权。2000年8月，联合国人权委员会提交的报告中指出：“寻求、接受和传递信息不仅是言论自由的派生权利，它本身就是权利。这种权利是民主社会的基石。”2003年12月10日至12日，联合国还召开了信息社会世界首脑会，部长理事会的政治声明提出：“公平获得信息是可持续发展的必要因素。在一个以信息为基础的世界信息必然被视为人类平衡发展的一项基本资源，每个人都能够取得。”[③] 这些足以说明信息自由是被国际社会普遍承认和接受的基本人权，是天赋的基本人权，是位阶最高的利益。

信息文明时代，人类社会关系不再单纯依赖物质资源，而是转向非实体生产要素——信息。人类社会逐步推动信息与物质、能量资源高效结合，以无形的信息知识不断创造出高附加值的产品。信息是一种基本利益。[④] 美国著名未来学家约翰·奈斯比特提出：“信息时代已不再是一个观念，而成为一种现实，在这个现实的新社会里，信息成为了战略资源……价值的增长不是通过劳动，而是通过知识实现的。”[⑤] 按照哈耶克（F. A. Hayek）的新自由主义观点，“自由”是一个否定性概念，即指“一个人不受制于另一个人或另一些人因专断意志而产生的强制的状态”[⑥]。信息自由就是人们不受或少受外力限制地进行所需信息活动的自由状态。信息自由权在状态上是一项积极

① 1966年《公民权利和政治权利国际公约》第19条第2款规定：“人人有自由发表意见的权利，此项权利应当包括寻求、接受和传达各种信息和思想的自由。”

② 王四新．信息自由：人权标准的确立与发展［J］．电子政务，2009（07）．

③ 郑万青．知识产权与信息自由权：一种全球治理的视角［J］．知识产权．2006（05）．

④ 彼得·德霍斯．知识财产法哲学［M］．周林，译．北京：商务印书馆，2008：182．

⑤ 约翰·奈斯比特，等．高科技·高思维［M］．尹萍，译．北京：新华出版社，2000：42．

⑥ 哈耶克．自由秩序原理［M］．邓正来，译．北京：生活·读书·新知三联书店，1997：4．

权利，它由表达自由推导而来，但又高于表达自由，因为它不仅仅是“不受干涉的”表达自由，而且是要获得信息的自由。哈耶克把信息自由权定性为自由从事信息的获取、认知、表达活动的权利。这个定义从三个方面揭示了信息自由的概念及外延：即信息获取自由、信息认知自由和信息表达自由。信息活动的起点是“获取”而非“生产”，没有“获取”，相继的“生产”和“传播”便如无源之水，所以说自由获取信息是人类信息活动的基础前提。信息自由权能够被纳入人权体系，是基于这样一种理念，在以信息为基础的现代社会，信息是人类发展的基本资源，有效而公平地取得信息和知识正成为个人享有完整公民资格的先决条件。信息自由一旦受到妨碍，信息无法得到开放公平的获取，信息传播的利益发生分化，将会严重遏制知识创新。信息自由可以说是人类本能的追求，是人性发展和自我实现的正当性基础，是一种自然权利，它不是任何一部法律赋予的，也没有任何一部法律可以剥夺信息自由这项基本人权或使其遭受减损。信息自由权也为信息使用者自由接触、分享及传播信息提供了理论支撑。信息的有用性、共享性和信息资源稀缺性等特点使“信息不能被封锁”，鼓励信息的有序流动和使用并为经济社会的发展发挥其应有作用是信息伦理对版权制度的另一基本要求。①

（二）现有技术措施禁止规避例外规则与信息自由的现实冲突

自版权诞生之日起，信息自由权与版权的冲突就一直存在。日常语境中，信息可以涉及多种事物，它既可以以思想、知识、时事讯息等无体形态存在，也可以表现为文字、图片、电子数据等承载形式并存储于书本、硬盘等有体

---

① 参见：付夏婕．信息自由视域下的知识产权信息公共服务探析［J］．知识产权，2015（05）．陈根发．信息自由的保护与限制［J］北方法学，2011，5（04）．王诚德．信息文明与马克思主义人本质观的新发展［D］．广州：华南理工大学，2016．郑晓乐．现代版权制度下的社会信息保障［D］．武汉：华东师范大学，2005．李国庆．数字时代版权与信息共享之利益平衡研究［D］．武汉：武汉大学，2015．韦景竹，李静静．信息伦理和版权制度的基本问题：关联、内涵和作用途径［J］．情报资料工作，2013（02）．李杨．著作财产权体系中的个人使用问题研究［D］．重庆：西南政法大学，2012．

载体中，还可以通过信号、电磁波等进行传输。[①] 而版权保护的客体智力成果就是通过人类能动性的主体作用优化的一种知识信息。智力成果与信息具有同质性，版权保护与信息自由保护的客体具有一致性。正如澳大利亚学者彭德尔顿（Michael Pendleton）把版权解释为“信息的固定的、长久存在的形式”。[②] 版权本质上就是以知识信息为对象的私权。作为一种特殊资源，信息天生具有非消耗性，信息对某个人的供应不会减少对另一个人的供应量。在经济学上，信息是消费上非竞争性的财产，它趋向于自由流动和传播。[③] 但法律却为信息创设了确认资源私有化的版权制度，并为版权人拟制了对无体物的独占权，在版权保护的前提下获得任何信息都可能要以付出金钱为代价，由于特权人的授予有限，人们对信息的获取也被设定在一定权限范围之内，形成了不特定人对权利人信息授权的依赖，人为地创造了信息稀缺。版权人专有权是一种基于自身的智力创造而支配特定信息资源的权利，而社会公众基于信息自由权享有对知识信息可获得性的合理需求和带有公益性的支配特定知识信息的权利。在版权的激励机制下不断产生的知识产品虽然增加了社会的知识存量和社会公众获取信息的来源，但制度本身就具有以下悖论：“没有合法的垄断就不会有足够的信息被生产，但是有了合法的垄断又不会有太多的信息被使用。”[④] 合理使用制度是对版权人专有权利的一种法定限制，被认为是信息自由的伴生物，其目的是在版权法和信息自由原则之间形成一种利益平衡，然而网络技术的发展使版权范围不断扩张，信息自由权与版权垄断之间冲突也愈加尖锐。“为使信息开发者、创作者从信息利用中得到补偿，形成良性循环，并不要求对复杂的所有信息的利用行为，均赋予独占，重要的是决定在什么地方对信息流通进行控制，才是最有效、现

---

① 王镭．“拷问”数据财产权：以信息与数据的层面划分为视角［J］．华中科技大学学报（社会科学版），2019（04）．

② 郑成思．知识产权与信息产权［J］．工业产权，1988（03）．又见：郑成思．信息、知识产权与中国知识产权战略若干问题［J］．环球法律评论，2006（03）．

③ 魏衍亮．信息进入自由的纯粹工具主义分析［J］．现代法学，2001（02）．

④ 罗伯特·考特，托马斯·尤伦．法和经济学［M］．张军，等，译．上海：三联书店上海分店，1991：185．又见：胡开忠．完善我国广播组织权制度的原则［J］．政法论丛，2011（05）．李国庆．数字时代版权与信息共享之利益平衡研究［D］．武汉：武汉大学，2015．

实、适当的。”①

对作品的拟物化控制导致信息公共属性的消减。数字技术时代，私人的信息传播和复制能力前所未有地提高，数字技术在推动信息自由传播的同时，也史无前例地实现了对信息的拟物化控制，控制着公众对信息的接触与分享。在劳伦斯·莱斯格看来，一只看不见的手正在构建一个与网络空间诞生时完全相反的架构，这只看不见的手就是代码，它正在构筑一种架构，能够实现版权人的最佳控制并使高效规制成为可能，也使网络空间出现伊始所呈现的诸多信息自由消失殆尽。② 前数字技术时期，作品的发行主要通过作品有形载体的所有权转移方式而实现，附着于实物载体之上的作品一旦被公开销售，版权人便很难对其后续使用进行有效的控制，合法取得作品原件或复制件的使用者可以不受阻碍地获取并分享信息。但前数字技术时代以有形载体为依托的作品传播方式在网络环境下日渐式微，网络空间中数字技术的应用使得复制件的可续性使用不复存在，版权人对业已公开传播的作品予以有效的控制成为可能。比如一些影视网站只提供付费的在线观影服务，就连将影片保存至硬盘都是不被允许的，就更不用说转售或是分享该影视作品。人们也没有办法将合法购买的受数字权限管理技术（或称数字版权管理技术，英文为 digital right management，简称 DRM）锁定的音乐作品进行转售、分享，消费完之后甚至不能转换它的体验格式。版权人得以实现对作品的真正拟物化控制，信息作为公共物品的属性正逐渐消减。对此，美国知识产权与新兴信息基础建设委员会曾提出警示：“立法为权利人提供的技术控制保障仅出于必要的激励目的，如果过度控制将会危及重要的公共政策目标……传统版权法提供给使用者接触信息的有限空间应在数字环境下继续维存。”③ 由于版权人利用技术手段可以对作品实施拟物化的有效控制，公众在私人生活领域中分享、交流作品以及利用作品进行新的创作

① 中山信弘．多媒体与著作权［M］．张玉瑞，译．北京：专利文献出版社，1997：42.

② 劳伦斯·莱斯格．代码2.0：网络空间中的法律［M］．李旭，沈伟伟，译．北京：清华大学出版社，2009：5－6.

③ National Research Council. The Digital Dilemma：Intellectual Property in the Information Age［M］. Washington，DC：The National Academies Press，2000：2，7.

的空间受到严重挤压，公众参与文化生活的机会不断减少，严重影响到版权生态关系的良性循环——通过作者与后续作者之间、作者与公众之间的信息互动，推动信息在社会文化互动中产生“涟漪”效应，以实现社会的福利最大化。①

从版权制度产生之初，版权与信息自由权的关系就异常复杂。版权旨在保护信息的私有，控制信息的传播，而作为基本人权的信息自由权则是以信息的公开、获取为特征。著作权法为作品和作者提供的保护，赋予了创作者对其创作的作品享有一定期限的“垄断性”“排他性”的权利，信息自由权则鼓励作品的自由使用与传播。作为信息的重要载体，对作品的接触、使用等与作品的互动是公民实现信息自由权的必要途径，因此，公民的信息自由权始终要求版权法为终端用户参与作品的互动提供条件。传统的版权法中，版权期限、版权客体范围的例外、合理使用等版权限制制度等都保证了知识和文化的“公共领域”的存在，给公众预留了信息的公共领域的空间。而在数字网络环境下，版权人开始倚重自助手段——利用技术措施阻止他人对作品的接触与利用，再利用法律遏制他人对技术措施的规避，削弱甚至取消了版权法规定的权利限制，严重妨害了公众接触和使用信息的自由。② 随着技术措施的无序使用，数字技术时代的版权法扩张步伐不断加快，技术与法律的组合让版权人重新控制了原本自由的数字环境，合理使用制度成为权利扩张的牺牲品。版权扩张已经导致信息获取成本、作品交易成本、法律制度运行成本远远超过实施版权保护实现的社会总福利。当版权制度已经威胁到人权的实现时，制度本身就是不正义的。为避免信息自由权的落空，要警惕技术措施逾越版权保护的界线，更是需要加强对终端用户合理使用的有效保护。保障人们自由获取信息以及参与社会文化生活，处理好版权人与作品使用人之间的关系，确保两者的利益平衡，在当今数字信息时代背景下极具现实

① 参见：李杨．著作财产权体系中的个人使用问题研究［D］．重庆：西南政法大学，2012.

② 易健雄．版权扩张历程之透析［J］．西南民族大学学报（人文社科版），2009（06）．参见：陶长洲．论版权技术措施滥用的法律规制［D］．长沙：湖南师范大学，2010：40.

意义。①

三、技术措施禁止规避例外情形太少架空著作权限制规则

数字时代版权人为了保障自身利益，对自己的作品进行了技术措施保护。虽然，传统技术措施加强了对作品传播环节的保护，却禁止接触作品，限制了作品的流通，侵蚀了著作权法允许的公共领域的空间，在很多年前就引发了传统技术措施与著作权限制规则的冲突。在前述问题都不能很好解决的情况下，新兴的区块链技术通过哈希算法加密技术确定权属，分布式网络全程监控作品流通，智能合约提高版权交易效率，得以对作品实现全方位、全链条的保护，但区块链在著作权领域的使用在体现充分技术优势的同时，也带来更多不可忽视的隐患。由于法律规定的禁止规避技术措施的例外情形太少，规则过于僵化，区块链加密技术又带来种种不合理的限制，进一步限缩了公众合理利用作品的空间，引发了区块链技术保护与依法设置的合理使用、法定许可等著作权限制制度的冲突。

（一）区块链加密技术带来技术措施更难破解的接触不能

终端用户通过接触或使用现有作品进行学习和进一步创作，是有助于版权法鼓励创作目标的实现的，应当予以重视。因为版权法的根本宗旨在于促进发展社会文化以及培育社会文化氛围，这一切都需要每个终端用户不断学习作品、吸收信息、增进知识，从而获取创作技能并提升文化素养。

但是，区块链加持下的技术措施通过技术手段阻碍终端用户对于作品进行合理使用。例如，部分公众并不知道区块链浏览器的存在，根本无法接触到受区块链版权技术平台保护的数字作品。并且区块链特有的加密技术在对版权作品实施强保护的同时，使得破解该项加密技术变得更难，终端用户基于自己的合法权益接触或者使用作品变得难上加难。区块链加持下的技术措施对版权实行强保护策略，使用加密技术使得普通用户根本无法自己破解加密技术，如果使用他人提供的破解手段可能触及版权法的红线。此外，著作

① 参见：张炳生，刘恒．论技术进步对版权个人使用的负面影响［J］．宁波大学学报（人文科学版），2019，32（01）．

权法还规定了限制著作权人权利的另一项制度——法定许可，该制度的设计以接触到作品为前提条件。但是，借助技术措施履行版权授权格式合同，阻止了出版商在出版九年制义务教育教材、电视台播放已发表录音制品、录音制作者翻录音乐作品时接触作品的机会，限制了法定许可的适用。

由于加密技术的强加密措施，使得用户无法通过一般手段接触作品，合理使用作品更是无从谈起，这种强保护的加密技术不仅成为用户进行二次创作的阻碍，更是抑制了用户进行二次创作的热情。

（二）区块链智能合约强制规则带来的合理复制不能

用户在日常性地接触作品的过程中，不仅是单纯地观看作品，还存在复制作品的行为，但是这种复制不同于一般以侵犯作品权利人权利为目的的侵权复制行为，而是一种在浏览作品过程中必要的、附带的合理复制，这种合理复制潜在地包含了终端用户在获取作品时的合理期待。当评估一项版权技术措施是否合法运作时，需要注意的是读者、听众和观众是否仍然获得足够的机会和自由。但是，“区块链 + 技术措施”使得用户在接触作品之前就需要签订类似于格式合同的智能合约，智能合约虽然可以在签订合同之后自动执行合同的相关条款，但是具有合同内容的不可更改性抑或是难以更改性，此种更改难度使得用户只能被迫接受智能合约的条款，使得即使已经合法获取了作品的终端用户不能以不具有商业性的合理期待方式去使用作品。[①] 终端用户后续的自由利用受到了权利人的强烈限制。然而，终端用户理应享有合理使用作品的被动权利，应在法治的轨道上协调终端用户与版权技术保护措施之间的内外冲突。

目前，许多数据库开发商、数字出版商与使用者签订点击授权合同、浏览授权合同等版权授权格式合同后，其履行合同的方式为利用云计算平台向公众提供作品的在线阅读、欣赏。一旦协议被翻译成代码，触发合同执行的一方或中介机构的干预将被软件的自动执行所取代，这时智能合约就类似于格式合同。在线阅读只是临时复制，公众退出平台后作品则从电脑的软硬件

① 权丽桃．冲突与悖反：数字版权管理技术与合理使用制度的博弈［J］．出版广角，2014（10）．

中消失，不会产生作品的复制件，使用者难以继续复制、传播作品，给使用者的合理使用带来障碍。同时，为了保证版权授权格式合同的顺利实施，必然要借助技术措施，使他人在接触作品前必须同意格式条款。借助技术措施，通过版权授权格式合同控制他人接触作品的渠道和行为，一方面钳制了社会公众的合理消费及使用，阻止了个人对作品的欣赏、研究、评论、引用等无须许可的合理使用行为，因为消费者只有先付费才能接触作品；另一方面，权利人得以突破著作权法的法定权利范围，对使用者施加额外的限制。如现在许多的网络游戏就在“最终用户许可协议”中，要求用户不得开发兼容性软件，事实上，无论是技术措施的例外或者合理使用，都认可特定目的的兼容性软件开发行为。

（三）区块链全程监控流程控制带来的自由传播不能

由于作品交流是一种双向行为，互操作性也是数字文化作品交流的一种重要方式。就如同沟通是相互的，如果仅有一方，不能称之为沟通，交流更是无从谈起。由此，数字文化作品交流行为实际上不仅仅是终端用户进行文化沟通的有效方式，也是通过密切社交关系传播及另一方终端用户对作品的接触。更重要的是，某些技术措施可能会侵犯用户的隐私。与此类似的是“私人使用”这个概念，在世界许多国家（地区）“私人使用”指的是个人或家庭以及与此同类的正常社交范围之间的共享。① 应当保障上述终端用户以其合理的期待方式，利用自己合法取得的作品的私人使用范围，这种合法的公利性诉求不应当被技术措施阻碍。② 例如，《加拿大版权法》允许个人在创作新作品时，授权给家庭成员或者中介组织传播其作品，被授权传播的家庭成员和中介使用或者传播其作品均不侵犯版权。在扩大合理使用范围的同时也规定了相应的限制条件，包括：限于非商业目的，标明原件的来源，受益者是善意的，没有对版权人的作品或者替代品的现有或潜在市场造成实质性的不利影响。

区块链环境下的版权技术措施本质就是为保护著作权作品权利人及其相

---

① 谢惠加，王影航．论版权人的技术保护措施信息披露义务［J］．知识产权，2013（06）．

② 谢惠加．数字版权权利冲突及其解决模型的建构［J］．科技与法律，2006（03）．

关权利人的权益而生的私力救济措施，因此技术措施保护制度明显是为了维护版权人的合法措施。而终端用户合理使用的目的本身是协调公众使用作品要求与作者权利主张的关系。换言之，终端用户合理使用实际上维护了公众利益。两者由于目的的不同必然会存在冲突。版权区块链技术措施扩大了版权人及其相关权利人的权利范畴，侵入了原属于终端用户合理使用的空间。访问控制措施让未经许可的使用人没法自由访问作品，更不用提使用作品。这一举措相当于在作品周围筑起了数字篱笆，自由接触、浏览、阅读和欣赏的空间随之锐减，终端用户合理使用在此名存实亡。此外，版权区块链技术措施变相延长了版权保护期限。数字形式的作品在超出保护期限后进入公共领域，在版权区块链技术措施的保护之下难以被自由利用，这成为了知识产权产业创新发展的又一阻碍。在数字时代，区块链技术不仅要发挥自己的技术优势，而且需要以合法的方式更好地发挥其在版权领域的技术特性。区块链技术在版权领域的技术应用已经存在侵蚀终端用户合理使用空间的情形，而保护终端用户合理使用权有利于恢复网络文化生态环境的利益平衡，激发终端用户创作热情，满足潜在作者知识共享的需求，完善公平公正的激励体系，还可以鼓励终端用户对已有作品进行赓续创作，对作品价值最大化具有重要意义。所以有必要在区块链环境下保护终端用户合理使用的合法空间，通过立法上完善著作权法及其相关规则，司法上适当发挥法官的自由裁量权，行政管理上构建技术措施申请备案制度，区块链服务行业内设置“终端用户合理使用平台”，从而更好地协调区块链技术与终端用户合理使用之间的冲突。

四、“区块链智能合约+技术措施”与基本民事权利理论冲突

随着互联网背景下文化创意产业的发展，海量的数字作品需要通过网络进行版权交易，但是现有的数字版权交易环境与版权交易方式对网络版权交易的保护较为不利。区块链技术主要从智能合约、数据分散、交易信用三个方面为数字环境下的版权交易提供安全，同时有助于解决协同作品与小微作品的版权交易问题。[①] 智能合约在数字版权领域具体运行分为三个阶段：首

① 参见：陈思颖．版权保护中区块链应用法律问题研究［D］．湘潭：湘潭大学，2020.

先，区块链用户利用计算机语言共同参与制定一份关于数字版权交易的智能合约；其次，合约通过网络扩散并存入区块链，通过各节点的验证参与交易；最后，交易相对方主动履行智能合约代码约定的义务。我国直接针对区块链技术及其智能合约的法律规制更多体现在行政法规、部门规章、地方政府规章、规范性文件及国家政策方面，① 且大多属于宏观概括阐述，在法律法规方面的具体规定少之又少。随着不同产业尤其是数字版权在区块链智能合约中的广泛应用及在实践中的不断积累，针对数字版权产业的立法急需完善。

（一）区块链智能合约与民事法律行为效力理论的冲突

构成有效民事法律行为首要要件是双方当事人具备民事行为能力，由于区块链技术的去信任化，交易双方根本无从知晓彼此身份，何谈审查订立合约当事人是否具备民事行为能力。即便区块链信息服务使用者必须进行真实信息认证②，据此可以根据年龄推断当事人的行为能力，但民事行为能力的认定还与能否辨认自己行为等主观因素相关，而这恰恰是网络难以识别的。同时智能合约的运用在无法判断民事法律行为效力时，会剥夺派生于此的民事权利，如效力待定情形下法定代理人的追认权以及善意相对人的撤销权，③容易部分架空数字版权交易中民事法律行为效力理论的运用，使得订立合约当事人落入进退两难的尴尬局面。

---

① 目前我国数字版权法律保护仍以《著作权法》《著作权法实施条例》和《信网条例》为主，辅以《软件条例》《著作权集体管理条例》以及相应的司法解释。与数字版权交易相关的行政法规及规章主要有《出版管理条例》《国家版权局办公厅关于规范网络转载版权秩序的通知》《互联网著作权行政保护办法》。但是，在区块链发展的热潮中，我国相继出台了有助于区块链技术发展的政策、决定以及辅助区块链技术发展的法律。计算机及信息技术领域立法主要有《网络安全法》《电子签名法》《密码法》《计算机信息系统安全保护条例》《互联网信息服务管理办法》《最高人民法院关于互联网法院审理案件若干问题的规定》。

② 《区块链信息服务管理规定》第 8 条："区块链信息服务提供者应当按照《中华人民共和国网络安全法》的规定，对区块链信息服务使用者进行基于组织机构代码、身份证件号码或者移动电话号码等方式的真实身份信息认证。用户不进行真实身份信息认证的，区块链信息服务提供者不得为其提供相关服务。"

③ 《民法典》第 145 条规定："限制民事行为能力人实施的纯获利益的民事法律行为或者与其年龄、智力、精神健康状况相适应的民事法律行为有效；实施的其他民事法律行为经法定代理人同意或者追认后有效。相对人可以催告法定代理人自收到通知之日起三十日内予以追认。法定代理人未作表示的，视为拒绝追认。民事法律行为被追认前，善意相对人有撤销的权利。撤销应当以通知的方式作出。"

具体的表现有付费用户作为消费者的公平交易权受到限制：数字形式与纸质载体等购买价格几乎相当。以电子书为例，一般情况下，电子书的价格与纸质版的书籍价格相差在十元左右，考虑到现在版权的产生和传播交易方式，书稿在成型时发送给出版社的是电子文档，无论是电子档还是纸质文档，在书籍的审稿和核稿工作上是相同的。印刷成纸质版书籍既需要出版社工作人员与印刷公司人员核对印刷清样，还需要与著作权人核对印刷清样，再就是纸张的选择和纸张的印刷效果、书籍封面纸张的选择和印刷效果，现在的书籍通常还会带有塑封。而电子版的书籍是不需要经过一系列的印刷工作，只需要将核对后的最终稿件修改格式后放入电子云平台就可以了，印刷成本和人力沟通成本远远要低于纸质版的书籍。如上所述，用户购买数字形式的作品与购买传统载体形式的作品相比，经济权益受到损害，用户以几乎同样的价格购买到的却是相比不等收益回报。权利人对作品实施了限制和控制的技术保护措施，导致消费者无法自由处置自己所有的商品，消费者的使用方式受到权利人的限制，这是不对等的交易模式。在数字交易模式中，与传统的消费模式相比，消费者得到的利益回报减少，消费者与版权相关人的权利不对等，这侵害了消费者的公平交易权。

（二）区块链智能合约对合同履行、解释规则的冲击

在合同履行方面，智能合约“自动执行”特性意味着未履行或未完全履行义务的合约无法停止，即便在执行过程中发现编码错误或者技术漏洞也会因区块链技术不可篡改特性无法立即“停止”，使得数字版权合约当事人不能行使撤销权和解除权，无法应对不可抗力、情势变更等特殊情形。在合同解释规则中，主要涉及免责条款的解释。免责条款需要根据条款的内容确定是否具备法律效力①，在智能合约中主要涉及故意或重大过失造成对方财产损失情形，但这种主观性过强的认定对计算机来说存在困难。

这类情形最主要的表现即用户对自己购买的作品数字形式的所有权受到限制。

---

① 《民法典》第506条：“合同中的下列免责条款无效：（一）造成对方人身损害的；（二）因故意或者重大过失造成对方财产损失的。”

第一，用户的使用方式和使用环境受到限制。比如：在当当网购买的电子书只能在其指定的当当云阅读观看，在亚马逊购买的电子书只能在其指定的 Kindle 软件或设备上看。用户下载电子书只是在指定阅读器的云空间储存，而非储存在自己的电子设备上，当卸载掉指定的软件之后，在自己设备上无法查看购买的数字形式作品。第二，用户对其购买物品原本财产权益受损。就作品而言，传统的付费用户可以获得作品的载体，可以通过对作品载体的控制来实现对作品的占有，依据对作品的占有，付费用户可以合理合法地通过其他途径获取收益。比如，用户购买纸质版书籍，可以通过出租纸质版书籍获取出租收益，而现在这种出租收益已经很难实现。第三，剥夺已付费用户对数字作品所有权二次转让的权益。版权人对作品载体的权利受到首次销售（权利穷竭）限制。版权权利穷竭是指权利人将自己的版权产品第一次投放到市场后，权利人不再拥有对该具体版权产品的部分权利。即当一本书初次投放到市场后，购买人对其购买的书籍享有所有权，购买人若要出售这本书，版权人是无权干涉的。当购买人将这本书卖出之后，新购买人如何处理图书，版权人也是无权干涉的。这是长期以来知识产权领域解决知识产权无体性、专有性的特质和物权绝对性的冲突，而产生的保障购买人和知识产权权利人利益均衡的制度。而实施了技术措施的版权产品，购买人是无法转手出售给第三方的，除非将拥有自己个人信息的账号等一并出售给第三人，这种方式对购买者个人信息安全有威胁，一般不采取这种方式。那么购买者就无法将自己购买的版权产品完整地出售给第三方，意味着购买人针对已购买的版权产品不享有传统意义上的支配权，其权利不具有所有权的权利属性，更类似于一种版权授权性质的权利，而且这种授权有时仅仅是接触、访问而非获取，购买人所花费的费用也无法证实仅用于获得授权。

（三）区块链智能合约与合同语言转换的复杂性

版权许可使用、转让合同作为一种特殊合同，除具备传统合同中必备条款外还包含一些特殊条款以及大量专业术语，如“合理性”“独创性”等，对其全部进行准确编码不现实。而区块链智能合约一般使用 Solidity 语言[①]进行编程，以一系列的“If - Then”“What - If”式情景语句为主要模型，缺乏应对不确定情况的灵活性，无法适应不断变化的环境和满足双方修改合同的需要。而且，权利人自己一般很难独立编写智能合约，往往需要专业的智能合约编写者进行，编写者与数字版权交易者的分离增添了一项沟通程序，意味着智能合约的写入至少需要进行两次翻译，势必增加翻译误差，降低版权交易的灵活性。

另外，智能合约是区块链在数字版权保护领域的重要抓手，但智能合约的安全问题不容忽视。近来多个 DeFi[②] 协议遭到黑客攻击，验证了区块链合约层的安全问题。整体而言，导致智能合约漏洞存在的原因包括技术和法律两个层面。技术层面，最初的自然语言合约设计和从自然语言到计算机语言的转换过程都可能由于人为因素而导致漏洞存在；法律层面，对智能合约究竟属于全新的合同类型，还是只是合同的履行方式，目前尚无统一界定。通过智能合约实现版权转让合同的自动执行，由于其不可篡改特性，是否剥夺了交易双方的撤销权等问题也有待解决。加强底层技术的相关研究是进一步提升区块链在数字版权等领域规模化应用的基础。应积极探索跨链互操作的便利性，多方共建区块链智能合约安全漏洞库，对智能合约做好上链前的安全审计工作，以及上链后的实时监测，降低系统性风险。

---

① Solidity 是运行在以太坊虚拟机中静态类型的编程语言，其语法类似于 JavaScript。

② DeFi（Decentralized Finance）即去中心化金融，是建立在区块链技术上的金融服务与协议，旨在通过消除中介机构，实现更加开放、透明的金融交易秩序。

第三章　CPTPP 与 RCEP 技术措施条款比较研究

当今世界正在经历百年未有之大变局，中国正加快构建以国内大循环为主体，国内国际双循环相互促进的新发展格局，这将为世界各国提供更广阔的市场和发展机遇。我国继 2020 年 11 月 15 日签署《区域全面经济伙伴关系协定》（RCEP）后，开始了加入世界上第三大区域自由贸易协定《全面与进步跨太平洋伙伴关系协定》（CPTPP）的战略规划。2020 年 11 月 20 日，我国领导人习近平首次明确表达了“积极考虑加入《全面与进步跨太平洋伙伴关系协定》”的意愿，2021 年 9 月 16 日，中国商务部部长王文涛向 CPTPP 保存方新西兰贸易与出口增长部部长奥康纳提交了中国正式申请加入 CPTPP 的书面信函。我国现有技术措施条款基本符合已加入的 RCEP 相关规定，但是 CPTPP 作为现阶段最高标准的区域贸易协定，在知识产权的条款方面，我国与其存在一定差距。其中技术措施条款在定义、范围等方面与我国都有不同之处，对比分析 CPTPP 与 RCEP 技术措施条款的不同，结合其他缔约方的相关国内法规定，能为我国加入 CPTPP 提供知识产权技术措施相关规则设计方面的建议，提升和完善我国既有相关法律法规。

一、CPTPP 和 RCEP 技术措施相关条款比较分析

虽然现阶段有很多对 CPTPP 和 RCEP 的知识产权相关制度和规则的研究，如王黎萤、王雁、张迪、杨妍等（2019），① 陆黎梅、吴东庆（2021），②

① 王黎萤，王雁，张迪，等．RCEP 知识产权议题：谈判障碍与应对策略——基于自贸协定知识产权规则变革视角的分析［J］．国际经济合作，2019（04）．

② 陆黎梅，吴东庆．RCEP 知识产权规则述评及对中国的启示［J］．湖北广播电视大学学报，2021，41（04）．

张丽霞（2018）,① 朱秋沅（2018）,② 刘宇（2019）,③ 石超（2019）,④ 邢丽丽（2019）,⑤ 周汉民、黄骅（2021）,⑥ 马忠法、谢迪扬（2021）,⑦ 余淼杰、蒋海威（2021）⑧，易继明、初萌（2020）⑨，都相继对 CPTPP 或者 RCEP 进行了研究，但是，这些学者都是从知识产权总体的角度对 CPTPP 或 RCEP 进行较为宽泛的介绍和初步研究，少有对知识产权条款中的一个具体制度规则进行专门研究。因此，有必要对 CPTPP 和 RCEP 知识产权条款中的技术措施条款进行针对性研究，以期更深入地了解上述两条约中涉及的技术措施的具体条款设计，通过更直观的对比分析，发现我国和 CPTPP 技术措施条款之间的差距，并提出具体的对策与建议。

（一）技术措施定义条款

1. CPTPP 技术措施定义条款

CPTPP 在第 18.68 条第 5 款中明确规定了技术措施定义,⑩ 此款有两方面需要我们注意，一方面是对技术措施的有效性进行了规定，不能随意被规避的技术措施才是其所保护的技术措施；另一方面对技术措施的类型进行了描述，在接触控制技术措施和版权保护技术措施之间采用“或”（or）一词，我们认为在字义解释中，可以解释为 CPTPP 并不要求缔约方仔细区分两种技术措施，可以同时对两类技术措施规避行为进行规制，也可以就其中任意一

---

① 张丽霞．CPTPP 知识产权规则及我国的应对研究［D］．南昌：江西财经大学，2018：15－27.

② 朱秋沅．中国视角下对 TPP/CPTPP 知识产权边境保护条款的考量及相应建议［J］．电子知识产权，2018（03）.

③ 刘宇．CPTPP 著作权最大化保护规则解析及启示［J］．电子知识产权，2019（05）.

④ 石超．从 TPP 到 CPTPP：知识产权条款的梳理、分析与启示——兼谈对中国开展知识产权国际保护合作的建议［J］．石河子大学学报（哲学社会科学版），2019，33（04）.

⑤ 邢丽丽．TPP 协定中知识产权保护规则研究［D］．重庆：西南政法大学，2019：4－8.

⑥ 周汉民，黄骅．中国加入 CPTPP 之必要性与可行性分析［J］．上海对外经贸大学学报，2021，28（03）.

⑦ 马忠法，谢迪扬．RCEP 知识产权条款的定位、特点及中国应对［J］．学海，2021（04）.

⑧ 余淼杰，蒋海威．从 RCEP 到 CPTPP：差异、挑战及对策［J］．国际经济评论，2021（02）.

⑨ 易继明，初萌．后 TRIPS 时代知识产权国际保护的新发展及我国的应对［J］．知识产权，2020（02）.

⑩ 有效技术措施指任何有效技术、设备或组件，用以在正常运行过程中，控制对受保护作品、表演或录音制品的获取，或保护与作品、表演或录音制品相关的版权或相关权。可以被意外规避的技术措施不能成为有效的技术措施，不包含在此法的规制之内。

类设置禁止规避规定。

2. RCEP 技术措施定义条款

RCEP 中没有明确的技术措施条款，但我们可以从禁止规避技术措施条款中进行解读。[①] RCEP 同样要求技术措施应该为“有效”技术措施，但是通过法条解读，RCEP 将技术措施限制为“与其行使本节项下的权利有关”，但这些“权利”显然没有包括“接触权”，故 RCEP 仅规定了版权保护技术措施。

3. CPTPP 和 RCEP 技术措施定义条款比较

由于 RCEP 缔约方中中低收入国家更多，在设计相关条款时会更多考虑发展中国家和发达国家之间的平衡，对发展中国家提供更多包容性。相对于 CPTPP 的技术措施定义，RCEP 仅保护版权保护技术措施，不保护接触控制技术措施，保护范围相对少了一半，对发展中国家来讲更加友好，保护水平更低。CPTPP 则主要由发达国家主导制定，在美国退出 TPP 后，日本成为主导整个协议进程的国家，加拿大在日本不断劝说下又考虑了重新加入，因此，CPTPP 在价值导向上仍更加偏向发达国家。技术措施定义中技术措施类型虽有一定解释空间，但是相对 RCEP 来说，CPTPP 对技术措施定义方面的规制更加详细、具体、严格，是当今世界上最高标准的区域自由贸易协定。

（二）技术措施禁止规避例外条款

1. CPTPP 技术措施禁止规避例外条款

CPTPP 第 18.68 条第 1 款最后一项[②]在责任承担方面对几种情况进行了例外规定，具体在后文责任承担部分进行阐述。

---

① RCEP 第 14 条　规避有效技术措施：每一缔约方应当提供充分的法律保护和有效的法律救济以防止规避有效技术措施，该技术措施由作者、表演者或录音制品制作者采取，与其行使本节项下的权利有关，以限制对其作品、表演或录音制品的规避行为且该规避行为既未经作者、表演者或相关录音制品制作者授权，也不被该缔约方法律和法规所允许。

② 一缔约方可规定，该刑事程序和处罚不适用于非营利性的图书馆、博物馆、档案馆、教育机构或公共非商业性广播实体。一缔约方还可规定，第 18.74 条（民事和行政程序及救济）中所规定的救济措施不适用于任何前述实体，只要上述活动为善意从事且不知该行为属禁止之列。

第18.68条第4款①规定了技术措施禁止规避例外，最大的突破点应当是允许缔约方对第18.68条第1款（b）项②间接规避行为规定某些限制和例外，而无论美国还是欧盟，对于间接规避行为都是持绝对禁止态度。

2. RCEP技术措施禁止规避例外条款

RCEP仅在第16条③对限制和例外做了原则性规定，并采用“可以”提供限制和例外措辞，未要求缔约方必须为技术措施设置限制和例外，从语境上看较为宽松。但在第18条④规定了对限制和例外的要求，明确将三步检验

① 对于实施第1款的措施：(a) 一缔约方可对实施第1款(a)项或第1款(b)项的措施规定某些限制和例外，从而允许进行非侵权使用，如依照其法律通过立法、监管或行政程序所确定的，这些措施对非侵权使用产生实际或可能的不利影响，同时适当考虑在这一程序中提出的证据，包括权利所有人是否已采取适当和有效措施使受益人能够享有该缔约方法律项下对版权和相关权规定的限制和例外；(b) 实施第1款(b)项的一措施的任何限制或例外应仅被允许用以使预期受益人能够合理使用本条下允许的一限制或例外，且不授权预期受益人之外的人获得设备、产品、组件或服务；(c) 一缔约方不得通过提供第4款(a)项和第4款(b)项下的例外和限制而损害该缔约方保护有效技术措施的法律制度的适当性，或损害针对规避如下措施的法律救济的有效性：即按本章所规定的，作者、表演者或录音制品制作者行使其权利时所使用的措施，或限制与其作品、表演或录音制品相关的未经授权的行为所使用的措施。

② 第18.68条第1款　为提供充分法律保护和有效法律救济，以防止规避作者、表演者和录音制品制作者在行使其权利中所使用的，对就其作品、表演和录音制品的未经授权行为加以限制的有效技术措施，每一缔约方应规定从事下列行为的任何人：(a) 明知或在有合理理由知道的情况下，未经授权而规避用于控制获得任一受保护作品、表演或录音制品的任何有效技术措施；或(b) 制造、进口、分销、许诺销售或向公众出租，或以其他方式提供设备、产品或组件，或向公众许诺提供或提供服务，这些设备、产品、组件或服务：(i) 系该人为规避任何有效技术措施而推销、以广告或以其他方式营销；(ii) 除规避任何有效技术措施外，仅有有限商业目的或用途；或(iii) 主要为规避任何有效技术措施而设计、生产或使用，应承担责任并适用第18.74条（民事和行政程序及救济）中所规定的救济措施。每一缔约方应规定，如任何人被发现故意并为商业利益或经济收入而从事上述任何活动，则应适用刑事程序和处罚。一缔约方可规定，该刑事程序和处罚不适用于非营利性的图书馆、博物馆、档案馆、教育机构或公共非商业性广播实体。一缔约方还可规定，第18.74条（民事和行政程序及救济）中所规定的救济措施不适用于任何前述实体，只要上述活动为善意从事且不知该行为属禁止之列。

③ 第16条　为技术措施和权利管理电子信息提供保护和救济的限制和例外：一、每一缔约方可以依照其法律法规为执行第11章第14条（规避有效技术措施）和第11章第15条（保护权利管理电子信息）中的措施提供适当的例外和限制。二、第11章第14条（规避有效技术措施）和第11章第15条（保护权利管理电子信息）中规定的义务不得损害一缔约方法律法规规定的对任何著作权侵权或相关权利侵权规定的权利、限制、例外或抗辩。

④ 第18条　限制和例外：一、每一缔约方应将专有权的限制或例外限于某些特殊情况，且不得与作品、表演或录音制品的正常利用冲突，也不得不合理地损害权利持有人的合法权益。二、第1款不得减少也不得扩大一缔约方作为《与贸易有关的知识产权协定》《伯尔尼公约》《罗马公约》《世界知识产权组织著作权条约》或《世界知识产权组织表演和录音制品条约》的缔约方可获得的限制与例外的适用范围。三、除其他方式外，每一缔约方应当致力于通过与第1款相一致的限制和例外，为合法目的在其著作权和相关权利制度中提供适当的平衡。合法目的包括但不限于：教育、研究、批评、评论、新闻报道和为盲人、视障者或其他印刷品阅读障碍者获得已出版作品提供便利。四、为进一步明确，每一缔约方可以为合理使用而采取或维持第1款所提及的权利的限制或例外，只要此类限制或例外限于第1款所述的范围。

法作为限制与例外条件的验证方法，同时表明缔约方可以将符合三步检验法的合理使用情形纳入到例外情形中，明确缔约方可以利益平衡作为原则，设置例外和限制条款。这些规则的知识产权保护水平虽比不上 CPTPP，但更具利益平衡性和兼顾性，[①] 显示了版权权利平衡理念，即平衡权利人与社会公众之间利益，在保证权利人可以利用自己的智慧成果获得利益的同时，谨记文化社会性特征。作品总是由社会其他文化知识所构成，应当为社会公众提供平衡渠道。第 4 款[②]明确可以将合理使用情形加入限制与例外中，但是不能超出第 1 款三步检验法要求范围。

3. CPTPP 和 RCEP 技术措施禁止规避例外条款比较

2015 年 WIPO 版权与相关权常设委员会（Standing Committee on Copyright and Related Rights，简称 SCCR）在《信息公正和知识产权方案》中表明，[③] 为解决教育机构和图书馆等遇到的版权问题，在设立相关规范时应满足三个要求：权利平衡、责任限制、制定 TPM（反规避）例外。这也基本上反映了当今世界上对技术措施限制和例外的主流观念，CPTPP 与 RCEP 同样基于这三点要求进行条款设计。

CPTPP 与 RCEP 对技术措施规避例外都只有原则性规定，且在设置限制和例外条款方面措辞都是“可”，对缔约方设置限制和例外情况采取了更宽松的语境，使缔约方可以按照本国国情对限制和例外进行规定。不过，在具体条款内容中，两者表达有所不同，RCEP 将合理使用及“三步检验法”纳入其中，且明确了“权利平衡”要求。CPTPP 虽没有对合理使用情况进行确认，但是在责任承担方面对图书馆等主体及其行为都进行了责任例外规定，且对于具体例外条款规定得更加详细。

---

① 张乃根．与时俱进的 RCEP 知识产权条款及其比较［J］．武大国际法评论，2021，5（02）．

② 第 18 条　限制和例外……四、为进一步明确，每一缔约方可以为合理使用而采取或维持第 1 款所提及的权利的限制或例外，只要此类限制或例外限于第 1 款所述的范围。

③ Statement of Sean Flynn. Program on Information Justice and Intellectual Property［EB/OL］.（2015 - 12 - 07）［2021 - 11 - 09］. https：//www. ifla. org/wp - content/uploads/2019/05/assets/clm/statements/pijip_statement_on_education_sccr31. pdf.

（三）CPTPP 和 RCEP 技术措施责任承担条款比较分析

1. CPTPP 技术措施责任承担条款

CPTPP 在第 18.68 条第 1 款中原则性规定了技术措施责任承担：应承担责任并适用第 18.74 条（民事和行政程序及救济）中所规定的救济措施。每一缔约方应规定，如任何人被发现故意并为商业利益或经济收入而从事上述任何活动，则应适用刑事程序和处罚。接着，在第 18.74 条第 17 款中规定缔约方应当就规避技术措施行为设置基本民事司法权利，但如果就技术措施违法行为已经在其他版权侵权行为的认定中得到救济，则不再为单独的技术措施提供救济。但 CPTPP 在第 18.77 条刑事程序和处罚中没有就技术措施专门进行规定，相对民事救济来说规定比较模糊。

此外，关于刑事惩罚规定不适用于“非营利性的图书馆、博物馆、档案馆、教育机构或公共非商业性广播实体”，民事和行政责任在主体为善意并不知该行为为禁止的情况下同样不适用于以上几个主体。

2. RCEP 技术措施责任承担条款

通过查找可知，RCEP 并没有专门的技术措施救济条款。在十一章第十节第二小节民事救济第 60 条损害赔偿中，就知识产权侵权民事救济赔偿金进行了总体规定；后续救济条款中没有关于技术措施行政和刑事救济的规定。

3. CPTPP 和 RCEP 技术措施责任承担条款比较

由前文可以看出，CPTPP 和 RCEP 在责任承担方面，对于刑事责任的态度都较为宽松，但是对于民事、行政责任，RCEP 还是保持宽松的态度，并没有具体条款进行规定，CPTTP 则是明确在条款中体现相关责任的规定。考虑到 RCEP 完全是在亚太国家内部谈判形成的，其中三个谈判方——柬埔寨、老挝和缅甸，本身也被联合国列为最不发达国家。有学者认为，RCEP 编写的就是世界上一些最贫穷国家的知识产权法，对于这些国家来说，知识产权保护强度更偏向于弱保护，对技术措施责任承担的规定也给了缔约方更大的自由。

二、CPTPP 和 RCEP 主要缔约方落实技术措施相关条款现状

CPTPP 与 RCEP 作为区域自由贸易协定，其中有众多重合的缔约方，为了对两协定进行更好的对比，我们依据是否为两协定重合缔约方及国家 2021

年 GDP 和人口数据，结合各国家收入等级等标准挑选国家进行对比，通过细致的法律规则梳理，为我国立法提供经验借鉴，也能对我国相关条款的设计提出更加适应 CPTPP 要求的修改建议。为方便进行比较研究，我们根据世界银行对两协定各国家收入等级数据制作了 CPTPP 与 RCEP 缔约国一览表（表 3－1），根据世界银行 2021 年 CPTPP 缔约国 GDP 和人口数据制作了 CPTPP 缔约各国 2020 年 GDP 和人口数量对比图（图 3－1、图 3－2）。

由表 3－1 可以看出，两协定重合成员为：日本、澳大利亚、新西兰、文莱、马来西亚、新加坡、越南 7 国。由图 3－1 可看出 CPTPP 缔约国中 GDP 最高的是日本，最低的是文莱，但文莱仍属于高收入国家，且从图 3－2 来看人口很少。越南在 11 国中属于唯一一个中低等收入国家，人口众多，且与日本一样都属于 CPTPP 和 RCEP 缔约国，日本、越南的情况与我国更为相似，其相关条款值得我们分析和借鉴。我国属于中高等收入国家，所以，还需选取 CPTPP 中一个中高等收入国家作为研究对象，CPTPP 中属于中高等收入国家的有墨西哥、秘鲁、马来西亚，由表 3－1 可以看出，马来西亚既属于 CPTPP 缔约国也属于 RCEP 缔约国，同时与我国一样属于中高等收入国家，对我国具有重要借鉴意义。所以，下文将对日本、越南、马来西亚三国技术措施的相关法律法规做出重点研究。

表 3－1　CPTPP 与 RCEP 缔约国一览表

CPTPP	RCEP
日本（高收入国家）	日本（高收入国家）
新西兰（高收入国家）	新西兰（高收入国家）
澳大利亚（高收入国家）	澳大利亚（高收入国家）
新加坡（高收入国家）	新加坡（高收入国家）
越南（中低等收入国家）	越南（中低等收入国家）
文莱（高收入国家）	文莱（高收入国家）
马来西亚（中高等收入国家）	马来西亚（中高等收入国家）
加拿大（高收入国家）	中国（中高等收入国家）
墨西哥（中高等收入国家）	韩国（高收入国家）
智利（高收入国家）	柬埔寨（低收入国家）

续表

CPTPP	RCEP
秘鲁（中高等收入国家）	印度尼西亚（中等收入国家）
	老挝（低收入国家）
	泰国（中等收入国家）
	菲律宾（中低等收入国家）
	缅甸（低收入国家）

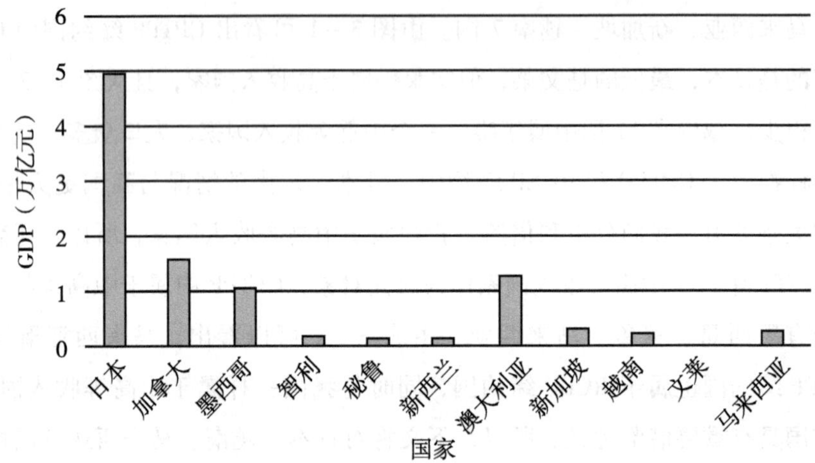

图 3－1　CPTPP 缔约国 2020 年 GDP

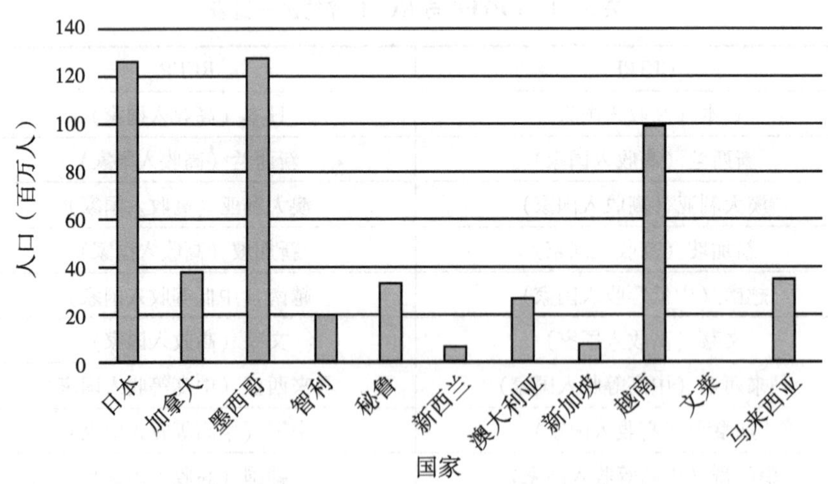

图 3－2　CPTPP 缔约国 2020 年人口

（一）日本

1. 技术措施定义

2020年新修改的《日本著作权法》[①] 第一章第2条第20项[②]对技术措施进行定义："技术保护措施是指使用电子手段、磁性手段或其他无法通过人类感官察觉的措施，以防止或阻止一个人从事构成侵犯作者精神（人格）权利或版权的行为。"此条款仅将技术措施限制在防止侵犯"精神（人格）权利"和"版权"，没有包括接触控制技术措施。第一章第2条第21项规定技术利用限制措施是指使用电子或磁性手段限制作品被观看或收听等措施。[③]陆胜楠（2019）认为，[④] 这种定义近似于"接触控制技术措施"。日本将接触控制技术措施和版权技术保护措施分为两个条款进行定义，这种立法模式，与其不同的责任承担方式具有相当大的关系。

2. 禁止规避技术措施例外

对禁止规避技术措施例外条款，日本没有明确规定，同时《日本著作权法》第30条第1款第2项明确了私人复制不能纳入技术措施禁止规避例外的情形[⑤]，

---

① 参见WIPO网站，https：//wipolex. wipo. int/en/text/577555，最后访问时间：2021年11月8日。

② "技术保护措施"是指防止或阻止一个人从事构成侵犯作者精神（人格）权利或版权的行为，如第17条第1款所称印刷权，第89条第1款所称表演者的精神权利，或者第89条第6项的邻接权。本法第30条之一规定"如是为个人、家庭内或类似的有限的范围内使用（以下简称私人使用），除下列情形外，其使用者可以进行复制……"列举了四类情形。第120条之二第1项（阻止此类行为）意味着阻止个人避开技术保护措施从事构成侵犯版权的行为：将以技术保护手段的避开或技术使用限制手段的避开作为其功能的装置（包括易于组装的该装置的全部部件）或以技术保护手段的避开或技术使用限制手段的避开作为其功能的程序的复制物向公众转让、出租，出于向公众转让或出租的目的进行制造、进口、持有、供公众使用，或将该程序进行公众传播或传播可能化者。（该装置或该程序同时有该功能以外的功能的，仅限该装置或程序是为通过技术保护手段的避开使得侵害著作权等的行为成为可能，或为通过技术使用限制手段的避开使得依据第113条第6项的规定视为侵害著作权、出版权或著作邻接权的行为成为可能的用途的情形。）

③ "技术利用限制措施"是指使用电子或磁性手段限制作品被观看或收听（或在计算机上执行，如果是计算机编程作品）等措施，也包括本法第113条第3-7款规定的情形。

④ 参见：陆胜楠．中日著作权技术措施立法保护比较研究［D］．武汉：华中科技大学，2019.

⑤ 第30条：成为著作权标的著作物，为了供个人或家庭以及与此同类的有限范围内使用时，使用者可自己进行复制。但不包括供公众使用而专门设置的自动复制机器（指具有复制功能并且与此有关的全部或主要设备已自动化了的机器）进行的复制：由于规避（即删除或更改）了技术保护措施得以恢复作品的声音或图像及所提供的信号；已转换的表演、录音制品、广播或有线电视广播，以便按照自己的意图进行特定转换（根据拥有版权的人的意图进行修复除外）；使权利人采取的技术保护措施能够被防止或使之成为障碍的行动。

但在第31条至第50条规定的图书馆和类似设施的复制和引用、教科书中的作品复制、学校教育节目广播、教师教学、考试试题、视觉和视力相关障碍者、非商业目的舞台表演、转载时事编辑评论、政治演讲的利用、时事报道、司法程序复制、根据《日本行政机关信息公开法》和其他规定进行披露、图书馆保存、由广播公司或有线电视播音员进行临时固定、原作所有者的艺术作品展览、公开展示的艺术品等著作权的限制情形项下（第31条至第50条规定）并未明确规定不能合理规避技术措施。因此，由第30条明确规定不能规避技术措施和第31至第50条未明确不可以规避技术措施的立法可知，日本通过在限制条款中明确规定“不能规避”，来体现其他“限制条款”可以合理规避，故可推定得出日本技术措施规避例外范围与合理使用范围基本一致。

3. 责任承担

关于责任承担，《日本著作权法》第113条[①]规定了规避（包括直接规避和间接规避）“限制利用技术措施”视为侵权行为，但是没有明确规定规避“技术保护措施”为侵权行为。《日本著作权法》第120－2条第1项[②]规定了间接规避的刑事责任，同时对“限制利用技术措施”和“技术保护措施”都进行了规定，而对于直接规避行为并没有设置刑事责任。总的来说，对于责任承担，直接规避“技术保护措施”是既不承担民事责任也不承担刑事责任

---

① 第七章第113条第3款：规避技术利用限制措施（即利用技术开发限制措施限制或者听取作品等，阻碍技术利用限制措施的效果，限制其观看或者听取作品的）除非是根据著作权人的意图进行的相关事项；第120－2条中也适用这一点，第1项和第2项被视为侵犯与这些技术利用限制措施有关的版权、印刷权或邻近权利，除非是在与技术利用限制措施有关的研究或技术开发合理范围内进行的，或以其他方式不损害版权所有者的利益。

② 第120－2条第1项属于下列事项之一的，处三年以下有期徒刑、三百万日元以下罚金或者两者兼有：（一）转让或者出租具有该功能的设备的人员；规避技术保护措施或技术开发限制措施（包括此类设备易于组装的部件）或具有规避功能的计算机程序副本技术保护措施或技术开发限制措施；制造、进口或拥有这种设备或此类计算机程序的副本，以便将其转让或出租给公众；或提供这种设备或此类计算机程序的副本供公众使用；或将计算机程序传输给公众或将其用于传输的人（如果设备或程序具有此类规避功能以外的功能，则仅限于设备或程序是否用于侵犯版权；其他相关事项。通过规避技术保护措施，或者通过规避技术开发限制措施，使被认为构成侵犯著作权、印刷权或者第113条第3项规定相邻权利的行为得以实施：……（二）在贸易过程中，应公众要求规避技术保护措施或技术开发限制措施的人。

的，直接规避“限制利用技术措施”仅承担民事责任；只有间接规避行为才要承担刑事责任。这也体现了日本对于间接规避行为零容忍的态度和对直接规避行为的宽松态度。

由上文可知，日本对于技术措施进行分类保护，且在责任承担方面进行了不同规定，表达了日本对两类不同技术措施和两类不同规避行为的不同态度。总体上说，日本禁止规避技术措施方面的规则保护力度低于 CPTPP。

（二）越南

《越南知识产权法》（第 50/2005/QH11 号）① 第 28 条第 12 款、第 14 款规定了禁止直接规避和间接规避技术措施条款，② 第 25 条③规定了著作权的限制，第 35 条④规定避开技术措施的行为为侵权行为。《越南知识产权法》中并未对技术措施禁止规避例外进行规定，是否可以认为第 25 条即例外情况？毕竟，第 25 条是对著作权的限制，而技术措施仅仅是基于著作权衍生出来的“一种可采取的行为”。那么在没有设置专门例外条款的情况下，该法中规定的著作权合理使用的情形能够推定为是该法对技术措施的限制。另外，该法第 5 条法律的适用（3）规定：“越南社会主义共和国（作为）订约方的条约载有与本法不同的条款的，适用该条约的规定”，也给了越南适用所签

---

① 参见 https：//wipolex. wipo. int/en/text/449011，最后访问时间：2021 年 11 月 8 日。

② 第 28 条第 12 款：故意避开或暂停版权持有人为保护作品的版权而采用的技术措施；第 14 款：制造、组装、改造、分销、进口、出口、销售或者租赁设备时，如果知道或有理由知道这些设备可能停用版权持有人为保护其作品的版权而采用的技术措施。

③ 第 25 条规定不需要许可和支付版税和/或报酬的出版作品的使用情况。1. 不需要许可或支付版税和/或报酬的已出版作品的使用案例包括：a/ 作者为科学研究或教学目的复制作品；b/ 合理背诵作品，不歪曲作者的意见，以作评论或说明目的；c/ 对报纸或期刊上发表的文章、广播或电视广播或纪录片，在不歪曲作者观点的情况下对作品进行背诵；d/ 在学校为讲课目的背诵作品，而不歪曲作者的观点，不作商业目的；e/ 电子图书馆为存档和研究目的对作品的复录、复制；f/ 在群众性文化、传播、动员活动中表演戏剧作品或者其他表演艺术作品，不收取任何费用；g/ 为报告时事或教学目的而录制表演的视听记录；h/ 在公共场所展示的塑料艺术、建筑、摄影、应用艺术作品的摄影或电视，以展示这些作品的图像；i/ 将作品转录成盲文或其他语言的盲人字符；j/ 进口他人作品的副本供个人使用。2. 使用本条第 1 条界定的作品的组织和个人不得影响此类作品的正常使用，不得损害作者和/或著作权人的权利，并且必须注明作者的姓名，以及作品的来源。3. 本条第 1 款规定的工程用途，不适用于建筑工程、塑胶工程、计算机程序。

④ 第 35 条侵犯有关权利的行为：……7. 自愿取消或停用相关权利人为保护其相关权利而采用的技术解决方案。

订相关条约条款的空间，即如果 RCEP 中有对于技术措施禁止规避例外的规定，越南也应适当遵循。

对于侵权责任，《越南知识产权法》第 199 条对侵犯知识产权的技术措施规定：组织和个人有侵犯他人知识产权行为的，应当根据侵权的性质和严重程度，采取民事、行政或者刑事救济。从措辞上来看，该法对于民事、行政、刑事救济的条件没有具体规定，使得法官在实践中拥有相当大的自由裁量权。

越南对于著作权技术措施的规定过于笼统，仅仅将规避技术措施的行为规定为侵犯著作权的行为，并未就具体侵权行为和限制与例外进行规定，而且《越南知识产权法》将能够保护的技术方案限定为保护版权的技术方案，排除了控制接触的技术方案，[①] 并在 2014 年就 TPP（2011 草案）将法律赋予保护的技术措施扩展至接触控制技术措施的做法提出反对意见。这与美国仅保护接触控制技术措施的观点恰好相反，与我国相关规定也是不同的。不过，越南对版权技术措施条款的笼统规定与其国家坎坷的历史有关。越南历史上曾被多国殖民，1884 年沦为法国保护国，“二战”中被日本接手。1945 年越南宣布独立，同年法国再次入侵，在被越南驱逐出去之后又企图分裂越南，使越南陷入内战。直到 1975 年，越南社会主义共和国才正式成立。多年来驱逐外国入侵者和殖民者的经历，加上巨大的经济负担及其社会经济领域的变化，越南形成了一种独特的国家状态，即崇尚儒家思想，专注于公共服务，重视简单的生活和平等获得财富和机会，这种以公共利益为先的思想使其在版权专有权方面拥有一种排斥观念，对技术措施的立法也比较模糊。[②]

在各方协商 TPP 条款之时，越南就根据国内情形将本国的主张表达出来：首先，在技术措施方面，不将接触控制技术措施纳入技术措施保护之中。CPTPP 最终版本并未将接触控制技术措施和版权保护技术措施进行区分，也

① 参见：陈丽丽．TPP 技术措施条款研究［D］．广州：暨南大学，2016.

② MONLUX N R. Copyright Privacy on the High Seas of Vietnam: Intellectual Property Piracy in Vietnam Following WTO Accession［J］. AIPLA Quarterly Journal，2009，37（02）：135－190.

未明确强制缔约方一定要将接触控制技术措施纳入版权法保护。其次，就刑事责任，越南在 2014 年主张：是否赋予规避行为以刑事处罚应该使用“可以”（may）（越南、马来西亚主张），而不使用“应该”（shall）（美国、加拿大、新加坡等 12 国建议使用），结果显而易见，CPTPP 最终使用“shall”。最后，针对技术措施禁止规避例外条款，越南表示技术措施立法要保留适用该制度的灵活性，规定“一缔约方可对实施第 1 款（a）项或第 1 款（b）项的措施规定某些限制和例外，从而允许进行非侵权使用”。文本明确使用“may”，而不是“shall”，表明越南方仍然可以坚持己方观点，不对技术措施进行限制和例外的规定。不过，在越南知识产权法律与签订的协议发生冲突时依照协议进行规制，也表明了越南的妥协。

（三）马来西亚

1. 1987 年《马来西亚版权法》（第 332 号法案）

1987 年《马来西亚版权法》（第 332 号法案）① 在禁止规避技术措施方面，第 332 号法案②对禁止规避技术措施进行了规定，包括直接规避和间接规避行为，不过并未包括接触控制技术措施。

刑事责任方面，该法在第 43 条③中规定了规避技术措施行为应当承担刑事责任。虽然马来西亚在 2006 年法案中就规定了规避行为的刑事责任，但马来西亚学界对于版权侵权责任入刑有着很大争议：众多学者认为，虽然版权盗版是一种应受谴责的行为，但是，更大的道德争议是非商业版权侵权者造成的损害是否与对他们施加的惩罚相符（Killpatrick-Lee，2005～2006）④；版权盗版伤害谁，以及以牺牲谁的利益为代价（Manta，2011）⑤；随着文件共

---

① 参见 WIPO 网站，https：//wipolex. wipo. int/en/text/195943，最后访问时间：2021 年 11 月 8 日。

② 任何规避或导致任何其他人规避作者在行使本法规定的权利时所采用的任何有效技术措施，并限制有关作者未授权或法律允许的作品的行为，视为侵犯版权。

③ 第 43 条规定：任何人犯有本法或根据本法制定的任何法规所规定的罪行，且未规定特别处罚，一经定罪，应处以 1 万林吉特以上 5 万林吉特以下的罚款或 5 年以下的监禁，或两者兼而有之。

④ KILLPATRICK－LEE D L. Criminal Copyright Law：Preventing A Clear Danger to the US Economy or Clearly Preventing the Original Purpose of Copyright Law？［J］. University of Baltimore Intellectual Property Law Journal，2005，14（01）：87.

⑤ MANTA I D. Bearing Down on Trademark Bullies［J］. Fordham Intellectual Property，Media & Entertainment Law Journal，2011，22：853.

享和下载已成为互联网上的常态，随之而来的一个问题，即对此类行为的监管是否可以有效和公正地进行（Kaminski，2013～2014）①；令人担忧的是，延长的刑事责任可能会侵犯用户出于个人目的使用版权材料的权利（Litman，2007）②；在打击在线盗版的过程中，盗版用户和无辜用户可能没有区别（Alexander 等，2007）③；此外，如果刑事定罪的目的是起诉在线平台，民事补救措施已经足以赔偿造成的损害，没有必要进一步采用刑事责任制裁在线平台（Morgan 等，2016）。④ 关于刑事责任，马来西亚学者提出几点建议：仿照中国设置责任门槛，将侵权限制在“商业利益目的”之内；在确定有罪行为时，马来西亚法官应要求提供犯罪意图证明。并且，在 2014 年马来西亚政府和越南一样提议使用“may”来规定 TPP 缔约方是否赋予规避行为以刑事处罚。

2.《马来西亚版权法》（A1420 法案）

《马来西亚版权法》（2012 年修改，A1420 法案）⑤ 第 3C 条规定：“技术保护措施”是指在正常操作过程中有效防止或限制任何导致作品著作权侵权行为的技术、设备或部件。与越南一样，马来西亚并未将接触控制技术措施归为版权限制之内，也表示国家并不承认接触控制技术措施的正当性。对于越南和马来西亚这种发展中国家而言，在文化方面属于输入型国家，为著作权赋予过于严密的保护并不利于国家整体文化的发展。

第 36A（1）节规定了禁止规避技术措施，第 36A（2）节列举了例外情形，包括：软件互操作性、加密研究、安全测试、个人信息，与任何合法为其唯一目的所做的事情有关（执法、国家安全、履行法定职能），图书馆就收购目的进行的行为。第 36A（3）节规定了不得为的规避技术措施行为，主要是规制间接规避技术措施行为，间接规避技术措施行为被全面禁止。第 36A（4）节规定：部长可规定任何可作为技术保护措施运作的技术、设备或

---

① KAMINSKI M E. Regulating Real - World Surveillance [J]. Washington Law Review, 2015, 90: 1113.

② LITMAN J. Lawful Personal Use [J]. Texas Law Review, 85 (07): 1871.

③ ALEXANDER S P H, MATHIE A, PETERS J A. Guide to Receptors and Channels (2007 Revision) [J]. British Journal of Pharmacology, 2007, 150 (Suppl 1): S1.

④ MORGAN R E, KENA G. Criminal Victimization, 2016: Revised [J]. Bureau of Justice Statistics, 2018, 30.

⑤ 参见 WIPO 网站，https://wipolex.wipo.int/en/text/496717，最后访问时间：2021 年 11 月 8 日。

组件，可免于适用本节。①

从马来西亚 2012 年进行的修法可以看出，马来西亚也是在不断完善技术措施的相关规定，包括明确技术措施定义、补充技术措施禁止规避例外情形等，表明了马来西亚想要正视技术措施已经给现代生活带来的种种矛盾，以及认识到只有通过完善相关法律，对技术措施相关问题进行调整，才能够为国家文化创新带来新的活力。但是自从 CPTPP 签订以来，马来西亚也并没有相关的修法举措。在马来西亚方面看来，现在的国情与现在的法律规定是相符的，刑事责任方面的规定甚至是高于 CPTPP 的规定，不需要再为了迎合 CPTPP 修改法律，并且 CPTPP 也允许马来西亚这样的知识产权法律现状。

三、CPTPP 及 RCEP 技术措施相关条款对我国的启示

在现实主义的观点中，国际关系本质上是一个大国政治的故事。现实主义学派将国际关系理解为一个由强权政治主导的论坛，每个民族国家都试图通过国际论坛最大限度地发挥其优势，就如 TPP 中的美国。格雷格·谢弗（Greg Shaffer）认为“国际关系现实主义”即国家缔结国际协定不是出于国际义务感，而是为了最大限度地实现自身利益。② 我国加入 CPTPP 同样如此，

① 36A：(1) 作品著作权人或者经著作权人授权对作品的复制品采取技术保护措施的，任何人不得规避或者促使或者授权他人规避技术保护措施——(a) 版权所有者在行使本法规定的权利时使用的信息；和 (b) 限制未经相关所有者授权或法律允许的与其作品有关的行为。(2) 如果规避技术保护措施，则第 (1) 款不适用 ——(a) 仅以实现独立创建的计算机程序与原始程序或任何其他程序的互操作性为目的；(b) 仅用于识别和分析加密技术的缺陷和漏洞；(c) 仅用于测试、调查或纠正计算机、计算机系统或计算机网络的安全性；(d) 仅用于识别和禁用收集或传播有关自然人在线活动的个人识别信息的未公开功能；(e) 就仅出于以下目的而合法进行的任何事情而言——(i) 执法；(ii) 国家安全；或者 (iii) 履行法定职能；或者 (f) 由图书馆、档案馆或教育机构做出，其唯一目的是对存在版权的作品做出购买决定。(3) 任何人不得 ——(a) 为销售或出租而制造；(b) 除私人和家庭用途外的进口；或者 (c) 在业务过程中——(i) 出售或出租；(ii) 为出售或出租而提供或展示；(iii) 为出售或出租做广告；(iv) 拥有；或者 (v) 分发；(d) 出于业务过程以外的目的进行分发，以致对版权所有者产生不利影响；或者 (e) 向公众提供或提供与任何技术、设备或组件相关的任何服务——(a) 以规避技术保护措施为目的进行宣传、广告或营销；(b) 除了规避技术保护措施外，仅具有有限的商业意义或用途；或者 (c) 主要是为了实现或促进规避技术保护措施的目的而设计、生产、改编或执行的。(4) 部长可规定任何可作为技术保护措施运作的技术、设备或组件，可免于适用本节。

② CHANDER A, SUNDER M. The Battle to Define Asia's Intellectual Property Law: TPP to RCEP [J]. UC Irvine Law Review, 2018, 8 (03): 331-362.

通过上文对比 CPTPP 与 RCEP 及部分缔约国关于技术措施的法条，可以为我国加入 CPTPP 就技术措施方面找到改进方向，在适应 CPTPP 要求的同时还应保留我国的特点，保持中国法律独立性，维护中国相关权益。通过分析我国条款与 CPTPP 之间的差距，结合上文所述的缔约国相关条款，下面提出对我国相关条款的修改建议。

（一）进一步完善《著作权法》技术措施相关条款

1. 细化《著作权法》中技术措施条款的规定

2020 年《著作权法》对技术措施的规定集中于第 49 条、第 50 条，这两条系统地规定了技术措施定义、禁止规避技术措施、规避技术措施例外，对于例外制度采用永久例外。通过列举式的文本表达，将例外条款限制于 5 条之内。

由上文可以知道，CPTPP 规定了缔约国可以在国内法中规定民事、行政、刑事责任可以不适用于非营利性的图书馆、博物馆、档案馆、教育机构或公共非商业性广播实体。CPTPP 第 18.68 条第 4 款原则性地具体规定了关于技术措施禁止规避例外的情形，且明确间接规避也可以进行例外设置。我国已经加入的 RCEP 也将符合“三步检验法”的合理使用纳入规避例外中；同为 CPTPP 和 RCEP 成员的发达国家日本也仅将合理使用中私人复制明确拒绝在规避例外之外；马来西亚作为与我国发展程度相像的国家，虽然也仅规定了几条例外，但其对技术措施禁止规避的类型也仅限于禁止规避版权保护技术措施，相对于我国宽松很多。

相对而言，我国既没有像 RCEP 一样将合理使用纳入例外制度中，也没有如 CPTPP 一样排除间接规避例外，更不像马来西亚仅保护版权保护技术措施。我国的例外条款属于超前条款，并不符合我们国家发展现状，应当进行一定修改。

2. 在《著作权法》中明确技术措施规避行为的责任承担

《著作权法》第 53 条第 6 项规定了规避技术措施可能要承担民事、行政、刑事责任，且并未区分直接规避行为和间接规避行为种类。民事和行政责任方面，规定规避技术措施视情况应承担民事责任，如侵犯公共利益则可能承担行政责任；刑事处罚方面，只要实施了规避行为就可能构成犯罪，但在《刑法》中并没有相应的规定，第217条[①]侵犯著作权罪的几种情况中并没有包括规避技术措施行为。司法实践中，相关刑事案例非常少，典型的一个案例为叶海仁侵犯著作权案[②]，该案中原告主张被告破解己方技术措施，侵权情节特别严重，应当承担刑事责任，被告以没有相应的刑事罪名提出反驳，最后法官也只能以侵犯原告作品发行权为由进行审理，判定由被告承担刑事责任。这表明我国虽然规定了技术措施相关的刑事责任，但是并未在实践中进行落实。

CPTPP明确表明应当承担刑事责任，但是对于刑事责任的承担没有具体规定，与我国刑事责任规定处于持平状态。RCEP没有关于责任条款的具体规定。但是从缔约国的落实情况，我们可以看到，越南相关规定也比较模糊，日本和马来西亚对刑事责任是有具体规定的，但是马来西亚对自己的刑事条款处于一种消极的状态，在2014年建议TPP不应该对规避技术措施行为刑事责任使用“shall”，而日本对刑事责任的规定是在2020年新修法中体现出来的，表现形式更加具体，更具有参考价值。所以，我们可以借鉴《日本著作权法》的刑事责任承担规则修改著作权法。

3. 修改《著作权法》技术措施相关条款的具体建议

（1）修改技术措施禁止规避例外条款。增加《著作权法》第50条例外条款之六，将合理使用中除第1项之外的情形纳入例外制度中。

（2）修改《著作权法》中的刑事责任规则。借鉴《日本著作权法》的相关规定，适当限制《著作权法》刑事责任中的与技术措施相关的直接侵权行为。具体为第53条第6项：未经著作权人或者与著作权有关的权利人许可，故意制造、进口或者向他人提供主要用于避开、破坏技术措施的装

① 《刑法》第217条【侵犯著作权罪】 以营利为目的，有下列侵犯著作权情形之一，违法所得数额较大或者有其他严重情节的，处三年以下有期徒刑或者拘役，并处或者单处罚金；违法所得数额巨大或者有其他特别严重情节的，处三年以上七年以下有期徒刑，并处罚金：（一）未经著作权人许可，复制发行其文字作品、音乐、电影、电视、录像作品、计算机软件及其他作品的；（二）出版他人享有专有出版权的图书的；（三）未经录音录像制作者许可，复制发行其制作的录音录像的；（四）制作、出售假冒他人署名的美术作品的。

② 参见北京市第一中级人民法院判决书，（2012）一中刑终字第5337号。

置或者部件的，或者故意为他人避开或者破坏技术措施提供技术服务的，法律、行政法规另有规定的除外。

（二）关注《著作权法实施条例》条款设计中相关细节

就规避行为类型来看，CPTPP 对直接规避技术措施中产生侵权责任的要求为“明知或者有合理理由知道”，且对“合理理由”进行了解释；对间接规避行为也设置了达成条件。我们可以借鉴 CPTPP 相关规定，尽快出台著作权法实施条例，在其中进行细节解释。

例如，《著作权法》第 49 条第 2 款规定未经权利人许可，任何组织或者个人不得故意避开或者破坏技术措施。《著作权法实施条例》可以考虑从以下几个方面细化：“故意”应当满足“明知或者有合理理由知道”，“合理理由”可以由主张合理理由一方进行举证证明，同时考虑与指控的非法行为紧密相关的事实和情况，即直接规避行为人必须要有“故意”的主观意图才能构成侵权事实。“制造、进口或者向公众提供有关装置或者部件”限定在：系该人为规避任何有效技术措施而推销、做广告或以其他方式营销；除规避任何有效技术措施外，仅有有限商业目的或用途；或主要为规避任何有效技术措施而设计、生产或使用。第 50 条“不得向他人提供避开技术措施的技术、装置或者部件”主体不包括经过版权局行政审查之后批准的间接规避行为主体。

（三）补充《刑法》中侵犯著作权罪的有关条款

刑事处罚方面，我国现行著作权法规定只要实施了规避行为就可能构成犯罪，但在《刑法》中并没有相应呼应，《刑法》第 217 条侵犯著作权罪的几种情况中并没有包括规避技术措施行为。司法实践中刑事责任方面形同虚设，故还需要在刑法中设置专门条款与著作权法进行呼应。

可在《刑法》第 217 条侵犯著作权罪中增加第 5 项：未经著作权人或者与著作权有关的权利人许可，故意制造、进口或者向他人提供主要用于避开、破坏技术措施的装置或者部件的，或者故意为他人避开或者破坏技术措施提供技术服务的，法律、行政法规另有规定的除外。

（四）其他补充建议

由上文可以看出，仅仅在法律中补充并不能构成一个完整可执行的建议，所以还需要在其他方面进行其他建议，主要是在行政方面为法律提供配套的运行系统。

可以在版权局设立技术措施实施和规避例外系统，具体而言即：申请实施技术措施行为人系统，可申请规避技术措施行为人系统。一方面，具有相关技术的公司或企业可以向版权局申请实施技术措施资质，获得资质之后在版权局备案，以便于后续申请规避行为者查找。由于技术措施可能会有共同性，技术措施实施者给相应规避者提供规避手段时，可能会涉及规避他人技术措施，所以需要进行审查备案，防止侵权。另一方面，符合例外条件的人可以申请规避，获得版权局许可后可以在版权局中挑选符合自己规避技术措施的相关资质的公司或企业，展示申请授权书，相关公司就可以向申请人提供相应部件、装置或者服务。

第四章　美国 DMCA 临时例外典型立法模式考察

美国技术措施禁止规避及其例外制度具有一定的灵活性和合理性，受到广泛关注。对其大致规则设计和历史演进进行研究，从几个与区块链技术应用密切相关的典型例外中找到最契合的——软件例外和语音助手越狱例外，并对其进行深度研究，结合 2021 年美国国会公布的最新临时例外具体内容可一览相关制度设计的大致框架和内容。由于美国临时例外的情形过于丰富，对其中每一个例外都做深度研究都会冲淡主题，经过反复斟酌和对比，以上两种临时例外情形与人们通常理解的对于文字、图片、视听等类型作品的规避问题虽有一定差异，涉及计算机行业、大数据产业、人工智能提升和智能化生活等方面重要的产业革新问题，但我国并未有两种例外的相关规定，这样的制度不足对于我国现有产业的发展或许存在一定掣肘，因此对其进行深度分析，能为后期具体实施细则和办法等相关制度设计提供一定参考借鉴。

一、美国 DMCA 技术措施相关条款及其制度概述

（一）DMCA 禁止规避技术措施临时例外制度产生的背景

在二十世纪末克林顿政府提议批准 WIPO 管辖下涉及互联网领域著作权问题的 WCT 和 WPPT 两个国际条约时，公众提出之前被认定的合法行为可能会因为条约中某些条款在美国生效而变得不再合法。因此，美国国会不断努力尝试维系版权领域的权利人的权利和使用版权作品的公众利益之间的平衡，经过长期的博弈美国终于于 1998 年颁布了《数字千年版权法》，禁止规避技术措施的条款明确地被纳入新的美国版权法。由于国会希

望在制定法律的过程中尽可能满足社会各阶层需要，为了防止通过的法律对美国公众利益带来消极影响，所以 DMCA 新设置的条款并未改变太多原版权法的既存规则，未对规避技术保护措施的行为处以绝对责任。后来，美国国会还曾尝试通过一些法律制度来缩小 DMCA 的适用空间。

与此同时，为了保护互联网时代的版权，美国国会制定了比较有效的反规避法律规则：在其版权法律规范《美国法典》第 17 篇的版权篇中新增加了第 12 章，该章主要的条款设计旨在禁止规避版权所有者或其代表为保护其作品的使用权而采取的技术措施，不仅禁止未经许可接触作品、复制作品，同时也通过判例的方式构建了技术措施成为实施合理使用的障碍的规则。由于国会希望能更加有效地调和版权人个人利益（私人主体）和公众利益之间的矛盾，于是他们尽力尝试采取各种措施使得两者的权利和利益能够达到平衡的[①]状态，在 DMCA 规则中又增设“一般例外”和“临时例外”两类情形，对可能存在的著作权扩张进行适当的限制。[②]

（二）DMCA 规定的技术措施及其例外规则概述

1. DMCA 中规定的技术措施及其内容

美国 DMCA 是一部对数字市场上的版权保护较为严格且要求较高的法律，[③] 通过详细梳理法律条文的表述及其相互之间的逻辑关系可知，DMCA 将技术措施分为控制接触的技术措施和保护版权权利的技术措施两类，并分别针对这两类技术措施予以规范，禁止直接规避接触控制措施，但未明确禁止直接规避版权保护措施。

相关规定主要体现于 DMCA 第 1201 条（a）（1）、1201 条（a）（2）和 1201 条（b）。第一，控制接触的技术措施。根据 DMCA 第 1201 条（a）（1）的规定，控制接触的技术措施是指版权人采用的能有效控制他人接触

---

① 汤韬. TPP 规则下的技术保护措施：兼论对中国立法的启示［J］. 重庆理工大学学报（社会科学版），2017，31（05）.

② 邝雯玲. 美国 DMCA 访问计算机软件例外研究［D］. 湘潭：湘潭大学，2020：10.

③ ANDREPONT C. Digital Millennium Copyright Act: Copyright Protections for the Digital Age［J］. DePaul – LCA Journal of Art and Entertainment Law，1999，9（02）：397 – 420.

其受保护的作品的技术措施。[①] 第 1201 条（a）（2）则是针对直接规避行为，即间接侵权行为的禁止。第二，保护权利的技术措施。保护权利的技术措施在前文被中国学者界定为“版权保护技术措施”，DMCA 第 1201 条（b）对防止侵犯版权权利的技术措施的保护进行了规定，是指版权人采用的能有效保护版权项下各类具体权利如复制权、改编权等的技术措施。[②] 可见，这一规定禁止任何目的在于规避有效保护版权人权利的技术措施的相关设备和服务等的非法交易。

2. 技术措施规避例外规则及临时例外制定程序

DMCA 规定的禁止规避技术措施的例外情形有两大类，一类是法定的一般例外，另一类是授权国会图书馆确定的临时例外。一般例外是指在第 1201 条（d）到（j）规定的 7 种永久适用的普通例外，分别针对：非营利性图书馆、档案馆及教育机构尝试过其他获取手段都未果，为了做出是否购买决定而事先接触版权作品；执法机关、情报机构和政府为发现计算机和网络系统安全隐患而进行调查、保护行为；反向工程；加密研究；未成年人保护；保护个人身份信息；为研究、调查、防范计算机系统及其网络系统存在的安全隐患而进行的安全测试。但是，并非只要属于这 7 种情况就一定免责，DMCA 为这 7 种一般例外规定了适用的前提条件，比如在加密研究例外中，行为人必须事先善意地向版权人请求授权，未经过请求步

① DMCA 第 1201 条（a）（1）：“任何人不得规避有效控制接触受本法保护的作品的技术措施。”这是对版权人采用的控制他人接触受保护作品的技术措施给予的保护，是对直接规避行为的禁止性规定。DMCA 第 1201 条（a）（2）规定，“任何人不得制造、进口、向公众推销、提供或者非法买卖任何属于下列三种情形之一的技术、产品、服务、设备、组件或者其零件：①设计或制造的主要目的是规避对受保护的作品进行有效的接触控制的技术措施；②除了规避对受保护的作品进行有效的接触控制的技术措施外，只有有限的商业意义或用途；③由明知其用于规避对受保护的作品进行有效的接触控制的技术措施的人销售或者与他人合作销售。”

② DMCA 第 1201 条（b）（1）的规定为，“任何人不得制造、进口、向公众推销、提供或者非法买卖任何属于下列三种情形之一的技术、产品、服务、设备、组件或者其零件：①设计或制造的主要目的是规避对受保护的作品或者作品的一部分的版权人的权利进行有效保护的技术措施；②除了规避对受保护的作品或者作品的部分的版权人的权利进行有效保护的技术措施外，只有有限的商业意义或用途；③由该人或与该人一致行动的另一方在该人明知的情况下进行营销，用于规避技术措施提供的保护，该技术措施有效地保护了版权所有人在该作品或其部分中的权利”。

骤擅自规避技术措施不能适用该例外。[①] 第 1201 条（a）授权美国国会图书馆每 3 年通过行政立法确定临时例外，并规定了确定临时例外的具体机制，主要涉及负责临时例外的立法主体、确立是否给予临时例外的步骤与考虑因素、临时例外的法律性质与程序。且机制还要求美国国会图书馆定期向国会做临时例外的执行评估报告。

在美国，涉及数字作品的禁止规避技术措施条款的临时例外的决定程序属于行政立法程序（Rule Making Proceedings），并非对《数字千年版权法》的修改，这些例外都是规定在《美国联邦行政法典》中而非《美国法典》中。与普通行政决定程序相比，行政立法程序具有公开充分、公众积极参与和程序规范严格的特点。美国国会图书馆负责临时例外的确立，其下设的版权局负责形成方案，在提出正式方案之前须征求商务部主管国家电讯与信息局（National Telecommunication and Information Administration，简称 NTIA）副部长的意见。是否给予例外并确定例外的范围须经两个步骤。第一步，考虑如果没有相应的临时例外，作品的使用者或潜在使用者合法获得并使用作品是否会受影响。考虑的因素包括：版权作品是否可获取；用于存档、保存和教育目的时作品的可获取性；禁止规避技术措施将给批评、评论、报道、教育、学术和科研造成的影响；规避技术措施将给作品市场或作品价值造成的影响；应当考虑的其他因素等。[②] 第二步，确定施加在哪些类型作品上的技术措施可作为例外被规避。临时例外有效期为 3 年，若一项临时例外在下一次修改的过程中未被相关主体提出“继续适用”的提案，或美国国会图书馆通过综合考虑决定不再继续采纳，则会失效。

历次临时例外的确立都遵循了严格的程序，规则制定一般分为三个阶段：第一，请愿书阶段。希望获得新的豁免的一方应提交一份请愿书，列出拟议豁免内容的基本信息。第二，公开评论阶段。听取建议者、反对者

---

① 肖冬梅，方舟之. 美国禁止规避技术措施例外制度的缘起、演进与启示 [J]. 图书馆论坛，2016，36（06）.

② 17 U. S. C. 1201（a）（1）（C）.

及其他人士提出三轮意见，让不同利益团体有机会参与和回应。在这一阶段，提议者必须充分提供豁免的理由。第三，公开听证会阶段。听证会结束后可要求与会者提供补充资料。在这个阶段对请求的答复是自愿的，但任何答复都需要在规定的截止日期前提出。

例外提案确定后的审议步骤有：第一步，在美国联邦政府《联邦公报》（*Federal Register*）上刊登公告；第二步，接受社会公众的书面意见；第三步，将书面意见汇总归类并公之于众；第四步，召开听证会，由例外提案的提议者和反对者发表意见，并传唤证人，收集证据材料；第五步，美国版权局会同商务部负责交通信息事务的副部长形成草案，然后将草案公之于众，并重复进行第二步到第四步程序；第六步，最终通过立法提案并刊登在联邦政府公报。在此过程中，支持方必须承担举证责任且证据必须是可信的、可检验的和实质性的。① 请愿人（支持方）证明责任的内容有：这项豁免必须与受版权保护的作品有关；作品的使用必须侵犯版权；请求豁免的技术措施在目前或今后三年内对用户进行非侵权用途的使用行为将产生不利影响；该技术措施必须是造成这种不利影响的原因。在组织完成一系列拟议规则制定程序后，版权局与商务部主管通信的 NTIA 副部长协商，并向国会图书馆提出建议，由国会图书馆做最后审查，最终通过行政立法程序并刊登在联邦政府公报。②

3. 技术措施规避临时例外的具体情形

对网络技术和版权产业发展带来的对版权人和使用者之间的利益矛盾问题，美国禁止规避技术保护措施例外制度的变化主要体现在每三年一公布的临时例外中。③ 截至 2022 年，美国陆续公布了 8 次临时例外，虽然每次内容各不相同，但是其衡量标准是基本固定的。DMCA 通过定期审议并通过“临时例外”的模式增设开放性条款，体现出美国立法层面高度的灵

---

① 肖冬梅，方舟之. 美国禁止规避技术措施例外制度的缘起、演进与启示［J］. 图书馆论坛，2016，36（06）.

② 参见：邝雯玲. 美国 DMCA 访问计算机软件例外研究［D］. 湘潭：湘潭大学，2020.

③ 覃斌武，刘聪. 美国禁止规避技术措施例外制度评析（一）：移动通信设备越狱立法例考察［J］. 图书馆论坛，2016，36（06）.

活性，使得相关法律法规与社会、经济和技术的发展密切适应。① 虽然2021 年发布的最新的禁止规避技术保护措施的临时例外情形较 2018 年有所变动，但未出现明显针对区块链技术的规避例外的明确立法。

从美国历次增设的禁止规避技术保护措施的临时例外来看（见表 4 -1），美国的临时例外情形与美国当时的网络技术发展情况、版权产业的保护情况、版权产业社会大众的权益情况相协调。其特点在于：注重与时俱进、注重利益平衡、注重公共利益、注重消费者权益保护。从上述表格可以看出，立法越来越精细，例外的类型也越来越丰富，对例外的限制也越来越精准。从美国政府对每一阶段技术发展、版权保护的或严格、或宽松的态度以及法律上对规避技术措施的态度可以看出美国政府对保护的版权利益的不同抉择（见表 4 -2）。

表 4 -1　美国禁止规避技术措施的临时例外变化

年份	临时例外								
2000 年	网站列表组成的汇编作品	控制访问的文学作品							
2003 年	网站列表组成的汇编作品	软件安全测试	电子书的朗读、屏幕阅读功能	过时格式分发的软件或视频游戏					
2006 年	为教学目的编辑视听作品	软件安全测试	电子书的朗读、屏幕阅读功能	过时格式分发的软件或视频游戏	无线电话设备与通信网络连接	录音制品及视听作品安全测试			

① DMCA 部分编入《美国法典》第 17 篇第 1201 条（*United States Code*, Title 17—Copyrights, Chapter 12—Copyright Protection and Management Systems, Sec. 1201—Circumvention of Copyright Protection Systems, Exemptions to Prohibition Against Circumvention of Technological Measures Protecting Copyrighted Works），规定了包括允许特定用途的永久豁免条款包括，1201（d）：非营利图书馆、教育机构；1201（e）：法定权利调查，保护性信息安全，智力活动，政府公务活动；1201（f）：反向工程；1201（g）：特定技术调查；1201（h）：防止“未成年人访问互联网材料”；1201（i）：仅用于防止收集或传播个人识别信息；1201（j）：计算机、计算机软件的安全性测试。

续表

年份	临时例外								
2009年	为教学、研究、评论、批评目的使用动态影像	软件安全测试	电子书的朗读、屏幕阅读功能		无线电话设备与通信网络连接	无线电话之间的互相连接	设备越狱		
2012年	动态影像和其他视听作品、字幕和描述性音频	电影的摘录、评论、批评和教育	文学作品分布式电子辅助技术		无线电话设备与替代性通信网络连接	无线电话之间的互相操作			
2015年	为批评、教学目的使用视听作品片段	软件安全测试	为残障人士修改电子文字作品	获取联网医疗设备上的病人数据	汽车软件诊断、修理和改良		设备越狱	设备解锁	
2018年	视听作品评论批评和教育	软件安全测试+修复	视听作品制作无障碍格式	为诊断获取医疗数据	3D打印机用于替代原料	文学作品无障碍版和非小说类朗读	暂停服务游戏的访问和保存	设备越狱、解锁	暂停服务的计算机程序保存
2021年	视听作品出于批评评论、教育或研究目的	软件安全测试、修复、维修、调查软件侵权现象	视听作品无障碍格式版	为诊断获取医疗数据+维护医疗设备	3D打印机用于替代原料	文学作品信息挖掘或音乐作品朗读或屏读	视听游戏残疾人操作	设备越狱、解锁（连接电信网络实、现互操作）	视听作品、计算机程序、数字材料、暂停服务游戏的保存

表 4－2 DMCA 禁止规避技术措施临时例外情形的年度分布

例外类别	2000年	2003年	2006年	2010年	2012年	2015年	2018年	2021年
（1）被过滤软件阻止访问的网站汇编	√	√						
（2）计算机软件		√	√	√			√	√
（3）文字作品	√	√	√	√	√	√	√	√
（4）视频游戏		√	√	√		√	√	√
（5）视听作品			√	√	√	√	√	√
（6）设备解锁			√	√	√	√	√	√
（7）设备越狱				√	√	√	√	√
（8）智能电视应用软件						√		√
（9）智能汽车软件						√	√	√
（10）安全研究						√	√	√
（11）3D 打印						√	√	√
（12）医疗设备上病人数据						√	√	√

二、美国 DMCA 技术措施访问计算机软件临时例外研究

本部分重点分析自 2003 年首次提出对计算机软件的使用适用例外规定以来最近的两次修改，即 2018 年和 2021 年涉及计算机软件访问例外的情形。

（一）“访问计算机软件”例外规定制定概述

在云计算、大数据和互联网综合技术呈指数级发展的时代，美国对计算机软件的保护和对互联网产业的促进提出了新的制度平衡需求。“访问计算机软件”例外的提出，旨在解决应用于计算机程序（软件）的技术措施（TPM）可能干扰合法保存等功能性使用行为的问题。现阶段，许多文化遗产机构拥有的大量具有历史或文化意义的计算机程序中都附加了各种 TPM，这些 TPM 将阻止上述机构对此类具有收藏和历史价值的程序进行访问、维护和妥善保存。[①] 但缺乏访问权限阻碍了对上述程序及有关内容做有价值的研

① SPN & LCA Class 9 Initial at 6－9.

究，因为其中许多材料是以过时的、较为脆弱的或在现在看来是可能给整个计算机系统的正常运行带来消极影响的不良格式进行存储的，所以禁止规避的 TPM 很可能导致历史记录中一些重要部分的永久性丢失。

在第七轮修改过程中，美国的软件保护网络组织（The Software Preservation Network，简称 SPN）和图书馆版权联盟（The Library Copyright Alliance，简称 LCA）提交了一份请愿书，建议允许“图书馆、档案馆、博物馆，以及其他文化遗产机构”在 TPM 环境下“为了保护软件和与软件相关的材料而合法访问获得软件”。[①] SPN 和 LCA 解释说，拟议的豁免旨在使文化遗产机构既能保存受 TPM 保护的计算机程序，又能保存以数字格式存储的“从属”材料——“书写、计算、计算机软件等”，这些数字格式在不运行底层程序的情况下无法访问。虽然对于这一提案，创作者联盟 II（Joint Creators II）和软件与信息产业协会（Software & Information Industry Association，简称 SIIA）等反对者认为在豁免的活动范围、可规避技术措施的作品类型和受益人范围等几个方面规定得过于宽泛，另外，几个相关产业代表美国娱乐软件协会（The Entertainment Software Association，简称 ESA，又称美国游戏业协会）、DVD 复制管理协会（The DVD Copy Control Association，简称 DVD-CCA）和负责内容分发和数字版权管理的标准许可机构联盟（Advanced Access Content System Licensing Administrator，简称 AACS LA）要求任何豁免都不包括特定类型的项目（分别是视频游戏、CSS 和 AACS 技术），但他们整体上并不反对对软件保护做出更进一步的豁免。美国国家通信部 NTIA 在拒绝将“其他文化遗产机构”列入受益人类别后，也整体支持了该项豁免。

到了 2021 年，相关规定更加具体。这次修改针对计算机程序分别规定了十多项例外，包括了无线网络连接例外，便携式移动设备、智能电视、语音助手、网络设备等的互操作例外，对机动设备、医疗设备和其他合法获得的设备的计算机程序进行诊断、修复、维修例外，为了进行安全调查例外等；还为访问或保存已被版权人等停止的服务器，经合法手段取得的“完整游

---

① SPN & LCA Class 9 Pet. at 2.

戏”计算机程序和针对操作视频游戏机的计算机程序设置了例外，也对为了操作视听游戏而为残疾人提供支持软件方面的例外等。但在一些具体情形下，上述例外的主体和行为方式、目的、范围等都有诸多限制：如针对过时的游戏，可以规避的主体包括在游戏版权方停止提供在线服务时的玩家或是其他主体；针对过时的其他计算机程序的主体，则包括图书馆、档案馆、博物馆等。可以规避的条件在于，如果是针对过时的游戏，则可以规避的条件在于目的是复制或是修复游戏以供本地游玩和以可玩形式保存已经不在市场上流通的游戏，如果是针对保存计算机程序和数字材料的例外，其主体不仅应符合图书馆、档案馆、博物馆等身份，还需再满足以下要求：有公共服务使命，会开放给公众和/或给非本馆研究人员，有提供专门服务的工作人员或志愿者，藏品计算机程序（视频游戏除外）合法取得，保存的计算机程序有合理的数字安全措施。

（二）“访问计算机软件”例外规则演进

“访问计算机软件”例外规定在 2003 年第一次确立，之后又经过了很多次修改，行政立法的修改在 2006 年、2010 年、2018 年、2021 年的修改时得到保留。对比各版本“访问计算机软件”例外规定，美国立法最新规定较前几次内容变化较大（见表 4－3）。

表 4－3　2003—2021 年“访问计算机软件”临时例外的文本变化

版本	文本内容	演变
2003 年	对于格式已经过时，防止因故障或损坏而访问的由软件狗①保护的计算机程序，可规避技术保护措施	首次确立
2006 年	对于格式已经过时，防止因故障或损坏而访问的由软件狗保护的计算机程序，可规避技术保护措施。如果软件狗不再生产，或者在商业市场上无法合理地进行更换或修理，则应视为已过时	对该类的描述进行完善，包括对构成“过时”软件狗的解释

① “软件狗”是一种连接到打印机的打印机端口或计算机的 USB 端口上以使安全软件功能正常运行的硬件。

续表

版本	文本内容	演变
2010年	对于格式已经过时，防止因故障或损坏而访问的由软件狗保护的计算机程序，可规避技术保护措施。如果软件狗不再生产，或者在商业市场上不能合理地更换或维修，则认为该软件狗已过时	较 2006 年版本无明显变化
2018年	合法获取的计算机程序（视频游戏除外），且在商业市场上不能够合理取得，仅用于合法保存计算机程序或依赖计算机程序作为访问条件的数字材料	主体范围缩小，客体范围扩大，可规避目的被限制
2021年	使无线设备能够连接到无线电信网络的计算机程序，使智能手机、便携式通用移动计算设备、智能电视、语音助手设备、路由器和专用网络设备、合法获得的机动陆地车辆或船舶能够执行合法获得的软件应用程序的计算机程序和实现互操作性。 包含在合法获得的设备中并控制其功能的计算机程序，该设备主要设计用于供消费者使用，当规避是允许诊断、维护或维修此类设备的必要步骤时。 在合法获得的医疗设备获系统以及相关数据文件中并控制其功能的计算机程序。 安全调查研究，指的是访问计算机程序仅仅是为了安全测试、调查，和/或更正安全漏洞，旨在避免对个人、公众造成任何负面影响的环境中进行此类活动。 合法取得的视频游戏或计算机程序，停止提供访问时的访问权限或保存	主体范围扩大，客体范围扩大，可规避目的的限制加强

从表 4－3 可知，2003 年计算机软件首次被美国国会图书馆纳入可规避的作品类型。只有授权用户才能规避软件狗计算机程序的技术措施，而规避目的只能是进行修复或更换以使软件继续工作运行，而且可规避的计算机软件范围仅限于格式已过时的由软件狗保护的计算机程序。2006 年、2010 年，美国国会图书馆沿用了 2003 年的例外，并对该类例外的描述进行了完善，包括对构成“过时”软件狗的解释，但并未对可规避的主体资格进行限定。2018 年可规避主体的范围被缩小：限定为图书馆、档案馆或博物馆，且对符

合资格的图书馆、档案馆或博物馆进行了限制。2018年对可规避的客体范围进行了扩大：规定可以对“合法获取的计算机程序（视频游戏除外），且在商业市场上不再能够合理取得的，仅用于合法保存计算机程序或依赖计算机程序作为访问条件的数字材料”的技术进行规避，无须考虑格式是否过时，也并非只对利用软件狗保护的计算机程序有效。2018年还对规避技术措施的目的做出限制：规避行为只能是图书馆、档案馆或博物馆出于合法保存计算机程序或依赖计算机程序作为访问条件的数字材料的目的而保存计算机软件，而不能出于任何直接或间接的商业目的，这使得规避行为受到了严格的限制。到了2021年，虽然例外的条款明显增多，但是由于为每一项例外都设置了明确而狭窄的适用主体和范围，有着严格的适用条件，因此，并不能肯定地说随着互联网产业的发展，临时例外的范围有一定的延伸。

（三）美国访问计算机软件例外规定解析

1. 规则剖析

依据分析法律规则逻辑结构的代表性学说“新三要素说”①，分别从法律规则的“假定条件”“行为模式”以及“法律后果”三个方面对2018年计算机软件例外规则②进行剖析。

首先是假定条件。假定条件是指适用规范的必要条件。③ 具体而言，就是例外规定的适用范围。对“假定条件”可着重从“主体的资格构成”和“规避行为的情境条件”两个层面进行解读，可适用的主体为“符合条件的

① 雷嘉．法律规则的逻辑结构［J］．法学研究，2013（01）．

② 2018年计算机软件例外规定，其条文内容译文如下：(i) 合法获取的计算机程序（视频游戏除外），且在商业市场上不再能够合理取得，仅用于合法保存计算机程序或依赖计算机程序作为访问条件的数字材料，由符合条件的图书馆、档案馆或博物馆合法获取，并且没有任何直接或间接商业利益，不在适格图书馆、档案馆或博物馆的实际场所外分发或提供时，允许以上符合条件的主体对附着在该类计算机程序上的技术保护措施进行规避。(ii) 就本条 (b)(13)(i) 节的豁免而言，图书馆、档案馆或博物馆如属下列情况，即被视为“合资格的”：(A) 图书馆、档案馆或博物馆的藏品向公众开放和/或定期提供给与图书馆、档案馆或博物馆无关的研究人员；(B) 图书馆、档案馆、博物馆有公共服务任务；(C) 图书馆、档案馆或博物馆训练有素的工作人员或志愿者提供通常与图书馆、档案馆或博物馆有关的专业服务；(D) 图书馆、档案馆或博物馆的藏品由合法获得和/或许可的材料组成；(E) 图书馆、档案馆或博物馆根据本条 (b) (13) 款所允许的活动实施合理的数字安全措施。

③ 覃斌武，刘聪．美国禁止规避技术措施例外制度评析（一）：移动通信设备越狱立法例考察［J］．图书馆论坛，2016，36（06）．

图书馆、档案馆或博物馆”。根据该法案的解释，图书馆、档案馆或博物馆若其藏品向公众开放和/或定期提供、有公共服务任务、有工作人员或志愿者提供专业服务、藏品由合法获得和/或许可的材料组成、实施了合理的数字安全措施，即被视为“符合条件”。主体限定规则为保护计算机软件产业历史，为未来计算机程序技术的发展提供了有价值的参考。“访问计算机软件”行为的情境条件则针对计算机程序（视频游戏除外）或依赖计算机程序作为访问条件的数字材料设计。美国国会图书馆采用了开放式的立法形式对计算机程序的种类预留了技术发展空间。“访问计算机软件”行为的限制，要求行为人只能是“为了合法保存计算机程序或依赖计算机程序作为访问条件的数字材料而提供的计算机程序（视频游戏除外）”。

其次是行为模式。在行为模式方面，因为访问计算机软件例外是 DMCA 第 1201 条下禁止规避技术措施例外中的一个规定，而并非是一个单独的法律规则，因此该例外的行为模式和法律后果的规定都比较简单。具体而言，访问计算机软件例外规定包含一定的授权性规范，体现在措辞上是“可为模式”，即“允许符合条件的主体规避附着在该类计算机程序上的技术保护措施”。同时，该条款还包含了不可为的禁止性规范，即不得以任何直接或间接的商业利益为目的，且该计算机程序不在其物理空间之外的范围发行或提供。

最后是法律后果。在法律后果方面，虽然在条文中没有对法律后果进行描述，但是从该条款属于授权性法律规范的角度看，可以看出该条款的法律后果为肯定性行为后果，该肯定性法律后果体现在对规避行为的保护上，即有资格的图书馆、档案馆或博物馆等三类主体可以实施规避技术措施的行为，该行为是合法的，若被提出版权法上侵权之诉则不会得到法律支持。

2. 博弈焦点

根据美国 DMCA 第 1201 条的规定，访问计算机软件例外规定在出台之前一定要经过的程序有提案、公开评论、公开听证等。在博弈过程中，软件保护网络组织、图书馆版权联盟和 ACT 应用协会（The App Association，简称 ACT）是最主要的支持者；DVD 复制管理协会、软件与信息产业协会、Joint Creators II 和软件联盟（The Software Alliance，简称 BSA）是该条款最主要的反对者。双方围绕“非侵权性使用”“不利影响”和“法定因素”三个焦点展开博弈，版权局结合各方提交的证据听取各方陈述后，逐一表达其所持支持、反对或中立的态度。

（1）非侵权使用。支持者提出了三个认定“访问计算机软件”行为不侵权的依据：①《美国版权法》第108条（c）图书馆和档案馆替换副本的例外；②合理使用原则；③《美国版权法》第117条（a）中有关计算机程序档案副本的例外规定。

其中过时格式副本替换和保存例外：《美国版权法》第108条（c）授权符合条件的图书馆或档案馆可以制作某个已出版作品的三份副本，但仅用于替换已损坏、变质、丢失或被盗的副本，或者在该作品的现有格式中已过时存储。[①] 该豁免提案的支持者认为他们寻求豁免的部分属于第108条（c）的范围，这个提议至少有两个反对者未提出异议。支持者表示，他们的保存工作包括将程序从存储器（如8英寸或5.25英寸软盘）旧格式迁移到现代系统，以“保留这些磁盘上的内容供将来访问”。此类存储格式明显符合“过时”的法律定义。不过，支持者们还指出：三份“副本”的限制不能充分满足现代数字保存实践的要求；第108条（c）规定不允许修改作品，但是在将程序迁移到新的存储介质时通常需要修改这些作品；第108条仅适用于图书馆和档案馆，不包括涉及软件保存的其他机构，如博物馆；该项例外并未涵盖具有合法保存需求的所有软件。他们还指出格式过时的概念不适合越来越多通过下载而不是物理媒体分发的程序，因此，他们敦促更广泛地定义作品类别，包括商业市场中不再可用的任何计算机程序，而不管这些程序的存储格式如何。[②]

基于合理使用的豁免：该提案的反对者们认为，不应将合理使用作为扩大第108条限制之外的豁免基础。他们指出，2003年和2006年的软件保护豁免仅限于格式过时的程序，版权局明确拒绝根据合理使用扩大这些程序的建议。[③]

---

① 17 U.S.C. §108（c）.

② 参见：邝雯玲．美国DMCA访问计算机软件例外研究［D］．湘潭：湘潭大学，2020.

③ Joint Creators II Class 9 Opp'n at 6 – 7（citing 2003 Recommendation at 54 – 55 and 2006 Recommendation at 29）；BSA Class 9 Opp'n at 5.

版权局没有重新审查这些决定的依据,[①] Joint Creators II 还主张，在国会根据版权局关于更新该条款的正式立法建议采取行动之前，建议豁免第 108 条的规定为时过早。[②] 在对 2003 年和 2006 年豁免的分析中，版权局认为虽然“超出 108 条范围的某些保存活动可能构成合理使用”,[③] 但不足以证明有必要在此基础上获得更广泛的豁免。正如 2003 年建议书中所解释的那样，“除非提出有关使用特定作品的特定事实以证明第 108 条（c）豁免不充分，并且根据第 107 条对这些特定事实进行分析以确定合理使用的可能性，否则在本规则制定过程中，超出了 DMCA 对第 108 条的修正”。[④] 然而支持者援引合理使用四要素的分析方法，提出了详尽的分析和实质性证据，证明第 108（c）条并未完全涵盖他们认为需要合法豁免的活动。[⑤] 他们认为软件迁移类似于 Connectix[⑥] 的活动，第九巡回法院认为复制游戏机固件使消费者能够在个人电脑上玩游戏是革命性的，因为它“为在新环境中玩游戏提供了机会”。支持者还援引怀特诉韦斯特出版公司（White *v.* West Publishing Corp.）一案，在该案中，法院认为将受版权保护的法律摘要纳入在线数据库中具有变革性，因为它有助于“创建一个互动的法律研究工具”。尽管 Joint Creators II 辩称，将电子游戏包括在内将损害这些作品的市场；ESA 认为许多标有“保存”的活动正在侵权或会促进侵权，如果机构可以自由地让公众在他们的场所玩这种游戏，那么重新发布经典电子游戏的现有市场可能会受到损害等。但是，版权局综合分析后最终考虑认可支持者的论点，即他们的活动可能是合理使用。

第 117 条（a）可能的非侵权用途例外：支持者提出豁免还应“包括根

---

① BSA Class 9 Opp'n at 5; Tr. at 206: 05 – 14 (Apr. 12, 2018) (Williams, Joint Creators II).

② Joint Creators II Class 9 Opp'n at 12 – 13; Tr. at 206: 20 – 207: 07 (Apr. 12, 2018) (Williams, Joint Creators II).

③ 2003 Recommendation at 54 – 55; accord 2006 Recommendation at 29 – 30. In fact, the Register noted in 2006 that “in such cases, the exemption for this class of works should also be available.” 2006 Recommendation at 30.

④ 2003 Recommendation at 55.

⑤ SPN & LCA Class 9 Initial at 10.

⑥ Connectix 是一家提供基于 windows 计算的虚拟软件的私营软件公司，创立于 1988 年。

据《美国版权法》第 17 编第 117 条规定可能非侵权的用途”。[①] 即第 117 条（a）（2）授权计算机程序副本的所有者“仅用于存档目的”制作或授权制作副本或改编本[②]。“受 TPM 保护的软件有许多用途，因为它们是第 117 条（a）（2）中的存档目的，因此具有非侵权资格，并且有必要复制，以消除损坏或破坏该软件的风险。”[③] 而以 SIIA 为代表的反对者们认为该条仅适用于副本的所有者，而不适用于被许可人，因为“大多数非基于云计算的软件都是经过许可的，而且不出售”；BSA 则认为，支持者所描述的副本不是第 117 节所涵盖的“备份”副本，而是“使用”副本。版权局最终认为正如支持者所正确指出的那样，这种调查具有高度的事实针对性，但取决于几个因素，[④] 支持者提出的论据不足以确定提议豁免的受益人是否有资格成为第 117 条所指的软件副本的“所有者”。

（2）不利影响。支持者认为此豁免是必要的，他们提供了大量证据表明，确保软件和依赖软件的材料仍可用于存档、保存、研究和教育目的，促进计算机程序作为“文化和科学产物”的新兴研究；如果没有豁免，这些材料中的大部分都可能永久丢失，要么是因为未来的系统无法运行，要么是因为存储在不断恶化的介质中，会造成极大“不利影响”。反对者中游戏业协会 ESA 也认为，豁免对于促进游戏保护是必要的（仅针对视频游戏）。经过博弈，对于这一点，支持者同意当前的视频游戏保存豁免应继续适用于基于服务器的游戏作为适度让步。在听取支持者和反对者的意见后，版权局做出了肯定支持者的决定，认为这些因素有利于要求的豁免。[⑤]

（3）法定因素。反对者认为，拟议的豁免将允许规避计算机程序和程序

① SPN & LCA Class 9 Initial at 17.

② 17 U. S. C. § 117（a）（2）.

③ SPN & LCA Class 9 Initial at 18.

④ 比如在第二巡回上诉法院，这些因素包括：a. 是否为该副本支付了实质代价；b. 该副本是否仅为买方的利益而制作；c. 该副本是否为买方的使用而定制；d. 副本是否储存在买方拥有的物业上；e. 创作者是否保留收回该复制品的权利；f. 无论双方关系是否终止，创作者是否同意买方有永久拥有和使用节目的权利；g. 买方是否有权随时丢弃或销毁该复制品。在第九巡回法院，软件用户是被许可人，而不是副本的所有者，其中版权所有者：a. 指明该用户获得了许可；b. 严重限制用户转让软件的能力；c. 施加显著的使用限制。

⑤ 参见：邝雯玲．美国 DMCA 访问计算机软件例外研究［D］．湘潭：湘潭大学，2020.

相关材料，这些材料被定义为“依赖计算机程序作为访问条件的数字材料”，该条款使提案的内容过于宽泛。例如，Joint Creators II 认为“这样的话几乎可以使用软件来访问每种类型的作品，它可以被解读为以保存目的而规避访问所有类别的受版权保护作品的技术保护措施”。他们强烈要求将计算机程序“相关材料”从豁免中删除。[①] 支持者解释说，豁免的目的是规避对计算机程序的访问控制，计算机程序是文学作品的子类别。[②] 支持者认为，在某些情况下，如机构企图绕过对计算机程序的 TPM 控制，而超出了对该基础程序的保护，涉及依赖于此类程序访问的其他数字材料，则适用这种豁免是必要的。版权局得出结论认为，以这种方式界定的豁免不大可能对相关材料的市场价值产生不利影响。该豁免并非旨在将该等材料的准许用途扩展至现有法律所准许的范围以外；它只会促进这些合法的使用，因为它们依赖于访问受 TPM 保护的单独程序。此外，这一类别仅限于不再具有商业价值的计算机程序这一事实，似乎可以将该豁免用于获取商业价值相关材料的风险降至最低。由于建议的豁免不太可能对建议类别的计算机程序的市场或价值造成不利影响，因此，最终考虑采纳“访问计算机软件”的例外情形。

三、美国 DMCA 语音助手设备越狱临时例外研究

人机交互的主要方式经历了鼠标键盘、图形界面、智能触屏阶段，区块链时代人工智能技术飞速提升，人机关系产生了深刻变化，聊天机器人和智能音箱等产品的出现则标志着自然语音交互时代的开始。智能语音助手，是指用户借助 AI 技术，通过智能对话实现操作功能，个性化解决用户求助的问题，以提高用户的工作、生活、学习效率。亚马逊公司于 2014 年 11 月 6 日首次推出智能音箱 Echo，并内置语音助手 Alexa，呼叫“Alexa”，可以实现点播歌曲、询问天气、创建任务提醒等功能。通过与 Alexa 对话还可操作各

---

① 参见：Class 09 Opp'n Joint Creators II at 3 – 4；Class 09 Opp'n SIIA at 3；Class 09 Opp'n ESA at 2 – 3。反对者们担忧对上述计算机程序材料的豁免，可能会扩张到任何机器可读的文字作品、视听作品、数据库等，即其他作品类别（computer program—dependent materials might be read to sweep in any category of copyrightable work，可被译为“类外作品”）。

② SPN & LCA Class 9 Reply at 3 – 4.

类智能家居设备，实现设置空调温度、调节灯光、提前让热水器升温等功能。2016 年谷歌公司发布的智能音箱 Google Home 亦内置语音助手 Google Assistant。使用者可以通过语音指令智能化操作 Google Home，实现获取流媒体服务、语音购物、操控任一具有联网功能的家居设备功能。2017 年苹果公司也推出了内置 Siri 语音助手的智能音箱 HomePod，用户可通过 Siri 获取时事新闻、交通热点等讯息，也可以通过语音指令控制电视、冰箱、门锁等。随着大数据时代语音交互技术的跃升，智能音箱以操作简便且更具个性化的交互方式给用户带来更流畅的产品体验，当用户养成语音交互的习惯之后，它再参与到家庭生活网络中，从“家庭语音助手”进化为“家庭助手”，甚至成为未来家庭机器人的雏形。

数字环境下，语音助手设备制造商通常采用技术措施来限制语音助手上的固件，阻碍其他竞争对手兼容其程序，获取垄断利益。技术措施阻碍兼容性，妨碍了消费者对设备的正常体验。软件自由保护协会（Software Freedom Conservancy，简称 SFC）和电子前沿基金会（Electronic Frontier Foundation，简称 EFF）提出基于应用程序越狱的豁免，需要专门针对语音助手软件的互操作性等问题提出对其中设置的计算机程序的豁免，最终得到了国会的认可。上一部分分析了美国对于计算机软件例外的规则，这一部分将基于其中一项具体例外——语音助手例外进行详细分析。美国 DMCA 语音助手设备越狱临时例外，是数字技术时代的前瞻性立法规定，为语音助手设备用户“越狱”行为合法化提供了法律支撑。

（一）语音助手设备越狱例外规则溯源

近年来，构建智能生活体系成为科技巨头的战略性布局，智能家居正在取代智能手机成为下一个未来场景，智能语音音箱的交互式功能成为万物互联的“枢纽”。面对如此有潜力的市场，语音助手设备制造商为了利益最大化，通常采用技术措施来限制语音助手上的固件，禁止安装、运行第三方 App，阻碍其他竞争对手兼容其程序，获取垄断利益。这种营销模式显然是为了锁定消费者，捆绑软件消费渠道，获取商业利益，而不仅仅是为了保护附着于智能语音助手及其相关程序中的软件著作权。为了解除这一不合理的限制，通过技术破解，用户可以获得更多权限对智能语音设备产品进行兼容性使用或个性化定制的“越狱”行为应运而生。“越狱”在移动通信领域属于中性词，指的是将用户从制造商人设置的技术措施中“解放”出来，自由安装第三方应用软件程序不受限制。由于“越狱”行为影响到版权企业的商业利益，相关利益方将“越狱”行为指控为版权侵权行为，引发极大争议。版权法禁止规避技术措施原是为了保护和鼓励创新，但制造商通过设置技术措施降低设备的兼容性，在产品进入市场后控制其使用方式，严重影响了消费者对其合法获得的产品的使用权。随着互联网经济的发展，在美国智能手机、移动通信设备越狱例外制度的实施引起较好的社会反响的情况下，出台语音助手越狱例外制度的需求日益紧迫。

1. 智能手机越狱例外的确定

2010 年 7 月美国国会图书馆首次颁布了智能手机越狱例外规则，行为人只要是出于让程序和系统兼容的目的，就可以规避智能手机上的技术措施，破解 iOS 操作系统而不被视为版权侵权行为。虽然苹果公司极力争辩道，允许用户破解 iPhone 技术措施会严重损害苹果公司版权利益，用户擅自“越狱”还会损坏手机硬件、影响软件升级、损耗电池寿命、导致设备易遭到病毒侵害等①。但美国版权局认为，苹果公司设置技术措施的初衷是为了捆绑软件消费渠道，锁定消费者，维护网络应用商业营销模式，并非出于版权保护目的，用户出于兼容性目的而实施的破解行为是公平合理的。由此智能手机“越狱”行为的合法性被正式确立，消费者可以自由安装软件程序，自愿选择移动电话运营商。在 2012 年 10 月 26 日公布的例外规则中版权局延续了手机越狱例外，用户下载未被苹果授权软件是合法行为。版权局认为使用者在手机上“越狱”不会损害权利人的版权利益和市场利益。不过经过反对者的努力，版权局认为，游戏主机设立越狱例外的方式并不可行，提案者将豁免范围扩展到平板电脑的请求不利于产业发展。

① U. S. Copyright Office. DMCA Section 104 Report [R/OL]. [2018 - 10 - 26]. http://www.copyright.gov/reports/studies/dmca/sec - 104 - report - vol - 1. pdf.

2. “越狱”例外范围的扩展

2015 年 10 月，美国国会图书馆继续沿用了智能手机越狱例外规定，还创新性地制定了移动通信设备越狱例外规则，行为人如果出于让手机或者移动通信设备互操作的目的就可以规避技术措施，自由安装或者删除手机或设备上的非授权软件。此次立法听证会上，对于是否要将移动通信设备纳入豁免范围中，以 EFF 为代表的支持方与以 BSA 为代表的反对方的辩论很激烈。国会图书馆基于防止巨头企业锁定销售区域、价格歧视或非法收集个人信息等原因最终确定了移动通信设备越狱例外，还对移动通信设备的概念进行了限定，不过规定不允许用户擅自破解笔记本电脑、游戏主机、电子阅读器等设备的系统。另外，2015 年美国国会图书馆还通过了一项智能电视越狱例外，条款限定了规避技术措施的主体只能是电视机主，排除了第三方代为越狱的可能；规避技术措施的目的不能是为了消费盗版软件，而只能是为了实现应用程序与固件的兼容性互操作。用户可以打造越狱之后的个性化智能电视，比如调整字幕大小、改变分辨率、提升电视性能，同时视障人士在安装辅助 App 后也可以享受到智能服务。但是该规则对用户隐私保护不彻底，是一种过渡性策略，2018 年智能电视越狱例外情形并没有得到延续。

3. 语音助手设备越狱例外的正式确立

作为新型智能消费设备，语音助手设备是高科技产业市场智能化转变的成果，因兼具趣味性和实用性而拥有庞大的用户群体。考虑到其通用性、设计和操作的基础都类似于智能手机和平板电脑等移动计算设备，并且同类型越狱例外规则实施效果较好，没有具体的证据证明破解语音助手设备会比破解其他通用计算设备带来更大的侵权威胁。2018 年美国版权局将面向家庭生活场景，以智能音箱为代表的语音助手设备越狱纳入例外范围。

（二）美国语音助手设备越狱例外规则解析

1. 条款解读

用法律规则逻辑结构的“新三要素说”分析 2018 年美国国会图书馆首次颁布的语音助手设备越狱例外规则，亦可从法律规则的“假定”“行为模式”以及“法律后果”三个方面展开。[①] 由于该例外规则的“行为模式”和“法律后果”较为简单：在“行为模式”方面，语音助手越狱例外规定属于授权性法律规范，而非禁止性规定或命令性规定，即允许行为人越狱，用户可以规避技术措施，在语音助手设备“越狱”；在“法律后果”方面，该条款设置的是肯定性法律行为后果，当规避主体实施符合规避行为的“情境条件”的行为时会受到法律保护，不属于版权侵权行为。所以本书主要把握法律规则的“假定”部分，即探索例外规则的适用前提，主要包括了“语音助手设备的界定”和“规避技术措施的目的”。

在广泛的语义范围内语音助手设备可以定义为包含固件访问控制的一系列个人计算设备，基本上囊括了由语音命令操作的任何家庭计算设备。智能语音助手主要有如下几种体现形式：纯软件，比如各类应用软件、移动 App 等在输入时支持语音形式，并可智能进行匹配、执行相关指令操作；纯硬件，比如各类智能音箱、车载终端、智能机器人等将语音控制作为必备的功能，成为一个能听懂“人话”的智能体；软硬件结合，比如智能搜索、自动驾驶、视频会议等系统，大多由前端设备、后端云服务、支持专家共同构成，对用户发出的任何语音进行实时语义分析。关于“语音助手设备的界定”，2018 年，美国版权局将 Amazon Echo、Google Home、Apple HomePod 等设备作为示范，最终将面向家庭生活场景，以智能音箱为代表的语音助手设备越狱纳入例外范围。这次立法程序，对语音助手设备的概念进行了严格限制。一些有争议性的设备被排除在语音助手之外，如视频游戏机、数字录像机、DVD 和蓝光播放器，以及其他并非主要通过语音接收用户输入的设备；并且设备不能访问盗版软件。而对于“规避技术措施的目的”，版权局明确限制

---

① 语音助手越狱例外具体规则：对于能使语音助手设备运行合法获得的软件应用程序的计算机程序，规避技术措施的唯一目的是实现这些应用程序与语音助手设备上的计算机程序互操作性，或允许从设备上删除软件。同时，规避并不是为了未经授权访问其他受版权保护的作品。该例外中的语音助手设备必须满足以下三个要素：第一，该设备用于接收用户语音输入；第二，该设备旨在运行各种软件而不是用来消费特定类型的媒体内容；第三，该设备主要放置在家庭或办公室。参见：U. S. A Copyright Office. Section 1201 Rulemaking: Seventh Triennial Proceeding to Determine Exemptions to the Prohibition on Circumvention [R/OL]. [2018 - 10 - 26]. https: //www. govinfo. gov/content/pkg/FR - 2018 - 10 - 26/pdf/2.

可规避的目的是实现应用程序与语音助手设备上的计算机程序互操作性或允许从设备中删除软件。①

2. 博弈焦点

美国语音助手设备越狱例外条款在制定过程中，行业协会、产业联盟、非营利性组织等都积极参与立法程序。语音助手越狱例外规则的支持方有电子前沿基金会（Electronic Frontier Foundation，简称 EFF）和旨在维护消费者权利的消费者联盟（Consumers Union）；反对方有联合创作者联盟②、致力于满足小企业应用程序开发人员和技术创新人员需求的应用程序协会（App Association），各方主要从非侵权性使用、不利影响和法定因素三个角度进行论证③。

（1）是否构成非侵权性使用。《美国版权法》有关非侵权性使用的条款有第 107 条的合理使用、第 110 条的教育性使用、第 117 条的计算机软件使用。关于语音助手设备越狱例外条款的辩论主要围绕第 107 条展开，双方根据合理使用的"四要素"分析越狱行为是否构成非侵权性使用。首先，使用的目的和性质是非商业性。EFF④ 引用了美国第九巡回法院对 Sega 诉 Accolade 案⑤和 Sony Computer Entertainment 诉 Connectix Corp 案⑥的判决，认为获取游戏机的兼容性信息，从而为其游戏开发兼容性软件是提升软件性能，拓宽软件市场和竞争力的必要手段，而实施反向工程技术来获取原告软件的兼容性信息这一手段是必要的。支持者进一步指出，越狱者复制和修改软件使之与其他独立创建的软件兼容，是为了更个性化地操作他们的设备，具有

① 参见：朱诗美．美国 DMCA 语音助手设备越狱例外规则研究［D］．湘潭：湘潭大学，2021.

② 由于电影协会（The Motion Picture Association）、录制音乐联盟［The Alliance for Recorded Music（ARM）］和娱乐软件协会［The Entertainment Software Association（ESA）］三个主体一般都共同提供建议，因此本书将三者并称为"Joint Creators and Copyright Owners"（联合创作者联盟），在后续的表格中，以"同 1 类"代表以上三公司的属性。

③ U. S. Copyright Office. Recommendation of the Register of Copyrights［R/OL］．［2018 - 03 - 14］．https：//www. copyright. gov/1201/2018/comments - 121817/.

④ EFF. Petition of Electronic Frontier Foundation［EB/OL］．［2017 - 12 - 18］．https：//cdn. loc. gov/ copyright /1201/2018/comments - 121817/class6/class - 06 - initialcomments - eff - ori - ascdi. pdf.

⑤ Sega *v.* Accolade［Z］977 F. 2d 1510，1514（9th Cir. 1992）.

⑥ Sony Computer Entertainment *v.* Connectix Corp［Z］203 F. 3d 596（2000）.

非商业目的；越狱还通过鼓励更多的软件开发和功能扩展，促进知识获取。版权局认为语音助手设备越狱使其固件可与独立创建的软件互操作是非商业性的，认同支持者的观点，第一个因素有利于合理使用。第二因素，作品的性质更多是功能性的。EFF 引用了 2014 年联邦巡回法院在 Oracle 诉 Google 案[①]中关于软件接口合理使用的裁决，指出计算机程序的某些要素是由效率或其他外部因素决定的，如果作品的性质使得作品中存在纯粹的功能性元素，那么有必要复制表达性元素[②]。版权局认为语音助手设备上的固件主要用于启动设备、控制硬件并允许运行其他程序，这与现有豁免范围内的智能手机和其他设备的固件功能相同，基于程序本质上是功能性的而非表达性的，认同第二个因素有利于合理使用。第三因素，使用作品的数量和性质，用户和开发人员为完成“越狱”而修改的代码部分数量极少，是必要且合理的。EFF 认为，对于越狱而言，必须复制和修改的代码数量因设备和固件而异。在大多数情况下，为了完成越狱而必须永久修改的固件部分只占整个代码的很小一部分。例如，iOS10.2 的 Yalu102[③] 越狱只涉及 8 兆字节的编码，这还不到 iOS 安装包大小的 1%[④]。只需最低程度的修改即可获得对 Amazon Echo 的 root 访问权限。虽然反对方没有对必要和合理的复制进行反驳，但版权局依然认为越狱通常需要完全复制固件，尽管这最终对固件所做的修改极少，但这一因素不利于合理使用，不过相关性有限。最后，考虑特定用途对市场或相关作品价值造成的直接伤害，以及未来类似用途可能造成的潜在伤害，“越狱”不会损害版权作品的市场价值。EFF 认为语音助手设备的固件与设备共同出售，而非单独出售，因此越狱不会影响设备固件的销售。反对方创作者联盟则提出越狱会导致用户在设备上安装盗版应用程序，并允许未经授

---

① Oracle America Inc. *v.* Google LLC. [Z] 750 F. 3d 1339, 1375 (Fed. Cir. 2014).

② 第二个法定因素，版权作品的性质，反映了并非所有版权作品都享有同等程度的保护。版权法对原创的保护不包括作品背后的思想，也不包括作品的功能和事实方面。

③ Yalu 102 [EB/OL]. [2017-12-15]. https://github.com/kpwn/yalu102 (Beta 7).

④ TINARI G. No, iOS 9 Probably Isn't Too Big for Your iPhone [EB/OL]. [2015-09-16]. https://www.cultofmac.com/389120/ios-9-not-too-big/.

权访问，侵犯版权作品①，破解语音助手固件以安装未经授权的软件也可能会破坏产品的安全性。版权局认为反对者没有提出令人信服的证据，而且在之前的临时例外执行评估报告中，亦未发现任何证据表明越狱可能会取代相关设备的固件销售，也没有证据表明把豁免范围扩大到语音助手设备，会得到不同的结论，因此该因素有利于合理使用。

（2）是否符合法定因素。需要考虑的法定因素主要有：关于版权作品的可用性，非营利档案、保存和教育用途作品的可用性，对批评、评论、新闻报道、学术或研究的影响和对市场或价值的影响等方面。本部分分析主要集中在双方激烈讨论的以下方面：关于版权作品的可用性，支持方 EFF 认为，越狱语音助手设备不会对有版权的固件和应用程序软件的可用性产生影响，也不会导致受版权保护的娱乐媒体的侵权。反对者质疑越狱对于促进新应用程序开发的必要性，如应用程序协会以 Raspberry Pi 和 Arduino 为例②提出考虑到可用于编程的低成本开源硬件的可用性，没有必要采取规避措施。对此，EFF 用苹果 Home Pod 目前不允许安装第三方应用程序进行了反驳。由于构建一个实现语音助手功能的设备需要大量硬件，以及做很多组装和编程工作，其成本可能超过语音助手设备的价格，版权局最终认为访问控制阻止了消费者使用第三方应用程序，授予豁免亦并不妨碍设备或运行设备所需的受版权保护固件的使用或开发。对批评、评论、新闻报道、学术或研究的影响，支持方认为，使用访问控制来限制使用应用程序的设备制造商通常会根据其内容排除第三方应用程序，例如，如果应用程序包含冒犯性的、令人不快的内容，苹果将不会批准在其应用程序商店出售这些应用程序③。这意味着在 iOS 设备上安装此类应用程序需要“越狱”。制造商有时也会应政府的要求阻止安装应用程序，越狱语音助手设备将允许用户安装、使用、学习和评论软件。版权局认为该因素在某种程度上有利于越狱豁免。对版权作品市场或价值的

① Joint Creators. Comment Regarding a Proposed Exemption Under 17U. S. C. § 1201 [EB/OL]. [2018-02-12]. https://cdn. loc. gov/copyright/1201/2018/comments-021218/class6/Class_06_Opp'n_Joint_Creators_II. pdf.

② Raspberry Pi 和 Arduino 是开源硬件平台，广泛应用于电子产品开发。

③ App Store Review Guidelines [EB/OL]. [2017-12-15]. https://developer. apple. com/ app-store/review/guidelines/.

影响问题，EFF 认为，允许用户越狱语音助手设备不会对此类设备上固件的实际市场产生负面影响，相反，允许开发者为设备创建新的应用程序，会使得这些设备以及受版权保护的固件对消费者产生更大的吸引力，增加了设备及其固件的价值，并鼓励了更大范围的应用程序的开发。但反对方指出，越狱可能会使语音助手设备访问盗版内容，Joint Creators 提出的证据表明，通过 Cydia 可以广泛获取 Spotify 和 Pandora① 的盗版版本，以及其他提供未经授权访问创造性作品的应用程序。他们认为，设备的越狱导致了这些非法平台的可用性和对其的使用，这些平台对娱乐行业将会造成重大伤害。版权局的结论是，没有证据表明先前的越狱豁免损害了智能手机或通用移动设备的固件市场，语音助手设备也同样如此，第四个法定因素充其量是中性的。EFF 还指出了值得考虑的其他因素，对安装和删除软件的访问控制有时会用于反竞争目的。②

（3）是否造成不利影响。EFF 指出第 1201 条（a）（1）禁止规避的诸多不利影响。首先，禁止规避限制了语音助手设备的功能。虽然 Amazon Echo 的应用程序开发人员可以让设备读取从互联网编译的信息，但他们不能改变文本的读取速度。亚马逊技能开发人员在 Alexa 上进行创新的能力都是亚马逊赋予的，在没有越狱权限的情况下，开发者如果想给应用程序增添一些互动功能，唯一的选择是制作第二个应用程序并让用户安装，因此用户必须安装多个应用程序。通过越狱获得设备的 root 访问权限，可以让用户享受更多功能。iPhone 的许多流行功能在被苹果采用之前，都是在越狱手机上才有的功能。其次，禁止规避限制了用户对其隐私的控制。语音助手设备一般通过互联网将音频命令传输给制造商的服务器，还可能向制造商报告其他敏感信息，包括来自智能家居设备的数据。虽然制造商提供了基本的隐私保护工具，如禁用麦克风的按钮，但越狱允许用户安装防火墙软件来阻止特定信息的传输，还使得用户可以调整 GNU / Linux 权限，如在一天中的特定时间关闭麦克风或摄像头，并根据用户的选择标准限制对特定应用程序或硬件功能的访

① Cydia 是一个针对越狱设备的在线应用程序商店，Spotify 和 Pandora 都是流媒体音乐服务平台。

② 参见：朱诗美．美国 DMCA 语音助手设备越狱例外规则研究［D］．湘潭：湘潭大学，2021.

问。最后，禁止规避导致语音助手设备过早被淘汰。当前的语音助手设备主要通过连接到制造商的服务器，从而进行语音识别和信息检索，一旦制造商关闭其服务器或停止支持特定的设备或型号，即使设备硬件具有更长的使用寿命，该设备也将被淘汰。“越狱”允许用户重新使用已过时的设备，避免制造商进行不必要的软件更新，或重新配置设备以连接到新的服务器。Joint Creators 认为禁止规避会对非侵权用途产生重大不利影响，同时存在规避的替代方案，比如一些语音助手设备制造商允许为设备开发独立的应用程序，第三方开发人员无须本地支持即可创建应用程序。EFF 反驳道，用户需要能够选择性地限制它们的功能，比如限制语音识别、各种无线接口和非常私人的数据传输的范围，这些功能主要存在于制造商的服务器上，仅通过第三方应用程序无法实现。版权局最终认同支持者提出的不利影响。

四、利益平衡视角下技术措施相关规则制定参与主体考察

在技术措施的相关立法中，版权人的利益往往受到高度重视。虽然这是版权产业繁荣发展的必然趋势，但是也不免会矫枉过正，压缩公众利益，比如合理使用的空间，对于整个社会长久的利益平衡产生不利影响。理论和实践存在冲突，参考西方先进国家的立法经验和立法标准，可为我国立法提供借鉴。为了完善我国版权立法，有必要参考他国的例外制度，比如美国的 DMCA 技术措施例外制度就是一个很好的参考。美国 DMCA 技术措施例外制度对利益平衡的调整在世界范围内属于领先水平，缓和了版权人与社会公众之间的矛盾，其临时例外制度中有关“越狱”的立法内容，也为世界各国做出了立法探索的贡献。中国也存在与美国相似的市场情况，为了在充分保护权利人利益的同时尽量维持市场稳定和产业发展，减少司法等救济成本，一旦权利人采取的技术措施跨越了版权基础保护的边界，将对利益平衡机制造成极大破坏，所以有必要参考国外法律规定，为我国制度构建提供支撑。然而在具体的立法过程中，如何去确定社会和市场的需求，这就需要广泛的参与主体共同论证，去寻找一个最为适合的阶段性平衡点。以利益平衡为视角分析制定技术措施相关规则的既有参与主体，可以适当参考美国 DMCA 禁止规避技术措施临时例外规则 2021 年第八次修改参与主体相关数据的统计分

析。调查美国行政立法的具体程序及其参与各方主体，统计分析有关主体的组织性质、产业类型，揭示美国版权利益各方背后的利益，分析其利益出发点，找到实现制度平衡可能需要考虑的因素，可为我国著作权法有关技术措施规避条款的立法过程提供些许参考。以期积极促进我国著作权修法主体多元化，令新法能够结合学者调研成果和行业主体诉求，更好地维护版权人利益的同时，积极提升社会共同福祉。

（一）临时例外修法参与主体情况调研

为了能够引入豁免，美国联邦法典第1201条（a）（1）规定任何豁免都必须基于“特定类型的作品”，此外，也可以参考使用用户类型来细化类别。除此之外，需要考虑两大因素，即2个支持者证明条件和5个法定因素——支持者至少提交证据证明2个条件：受规避禁令影响的使用是或可能是非侵权的；作为控制访问受版权保护作品的技术措施的结果，该禁令正在或在未来三年内可能对这些使用造成不利影响。第1201条（a）（1）列出5个法定因素：①受版权保护作品的可用性；②作品可用于非营利性档案、保存和教育目的；③禁止规避技术措施对著作权作品的批评、评论、新闻报道、教学、学术、研究的影响；④规避技术措施对著作权作品市场或价值的影响；⑤馆长认为适当的其他因素。而每一次建议都会包含2种内容：①延续现有技术措施禁止规避临时例外的请求[①]；②更新现有技术措施禁止规避临时例外的请求[②]。美国版权局网站有针对第八次技术措施临时例外规避2种情况参与各方主体的文档记录。笔者并未统计分析延续旧有临时例外的申请主体，为呈现新的技术发展趋势和利益代表，笔者在下文中仅统计了第二种情况即请求更新现有临时例外的有关主体。

美国2021年第八次更新有关临时豁免的讨论涉及17类，都符合上述“2+5”的条件。在17项提议的豁免中，有6项寻求扩展现有豁免，7项提议全新的豁免，4项同时包含扩展和新的豁免。其中第2类“视听作品用于电子文本压缩”，第4类“视听作品用于直播录制”，第6类“视听作品用于

① 参见https：//www.copyright.gov/1201/2021/petitions/renewal/，第8次延续豁免请求书网页。

② 参见https：//www.copyright.gov/1201/2021/petitions/proposed/，第8次更新豁免请求书网页。

云端空间转换”，在经过听证后不被纳入新一轮技术措施规避临时例外的讨论。而在考虑了记录中的证据、评论方的论点和法定目标后，版权登记处建议国会图书馆馆长考虑豁免其余几类（第 1 类：视听作品用于批评与评论目的，第 3 类：视听作品用于无障碍使用目的，第 5 类：视听作品用于保存目的，第 7 类：视听作品和文字作品用于文本数据挖掘目的，第 8 类：文学作品用于无障碍使用目的，第 9 类：作为文字作品保护的医疗器械设备数据，第 10 类：计算机程序解锁连接到无线网络，第 11 类：计算机程序的越狱，第 12 类：计算机程序出于维修目的，第 13 类：计算机程序出于安全研究目的，第 14 类：计算机程序和电子游戏用于保存目的，第 15 类：计算机程序：3D 打印，第 16 类：开源计算机程序用于版权侵权调查目的，第 17 类：所有作品类型的无障碍使用）加以限制，并指定了某些类别和使用目的的作品①，以便在未来三年内，令进行非侵权使用的人能够规避有关技术措施。

笔者下面针对 17 类豁免议案中的提出延续现有豁免以及提议扩展、提出全新豁免的支持者和反对者主体进行整理，梳理分析其组织性质和背后所代表产业利益。鉴于调查的对象主要涉及美国法人，其本质都是非政府组织，因此，在分类中定义为 NGO 的条件限定为获得了联合国经济及社会理事会咨商地位的国际非政府组织，其余主体分类都采用美国非营利组织的分类体系。

1. 视听作品：批评与评论（Audiovisual Works—Criticism and Comment）

延续临时例外建议：关于视听作品用于批评、评论、教育目的，多个个人和组织请求更新豁免，涵盖电影的短片用于各种教育和衍生用途。教育工作者和学生依赖数字媒体的摘录进行课堂演示和完成课程作业，倘若不存在此项合理使用或者临时豁免，会影响视频论文或者多媒体领域的批评和建议。② 关于视听作品用于 MOOC，杨百翰大学等 30 个请愿者，申请更新 MOOC 中电影教育用途的豁免，教师可以继续依靠豁免来开发、提供和改进

① 参见：表 4－1。

② 这里的“和学生依靠内容完成有关作业”大致等同于我国为教学目的的合理使用制度。

MOOC，以及增加电影领域 MOOC 的数量并开展研究。我国《著作权法》暂未有直接针对 MOOC 开发的有关规定。关于视听作品在数字媒体计划中的使用，图书馆版权联盟和 Renee Hobbs 请求更新在图书馆、博物馆和其他组织提供的非营利性数字和媒体素养计划中用于教育用途的电影的豁免，国会图书馆支持了这一请求。[①] 关于视听作品用于电子书，多名请愿人联合寻求延长在非小说类多媒体电子书中使用电影节选的豁免，而国会图书馆也支持了这一请求。关于多媒体电子书的使用在我国《著作权法》中没有相关规定。关于现有视听作品用于电影制作，多个主体申请延长用于纪录片或其他电影的豁免，[②] 这些电影的使用是基于模仿或作品本身所具备的历史意义。该项豁免得到了继续延长。关于非商业用途的视听作品，再创作组织 OTW 等申请继续延长该类作品的临时豁免，因为该类作品高质量的音频，是非商业混音公司 Vidder 等的使用素材。[③]

新的或扩大的临时例外：允许某些用户出于教育目的规避访问控制，以批评的目的使用 DVD、蓝光光盘和数字传输视频上的电影节选和评论。支持方的观点：OTW 提议的豁免旨在消除多重限制，包括要求用户在规避之前考虑屏幕捕获技术是否是可行的替代方案。Brigham Young University 和 Brigham Young University – Idaho（两个高校，简称 BYU）提议的豁免将允许学院、大学雇员、学生或幼儿园到 12 年级（K – 12）教育工作者或在教育工作者直接监督下行事的学生进行规避，并将显著改变当前有关豁免的规避目的。教育者联盟提出允许“在线学习材料的教育者和准备者”在在线学习平台上使用规避。三个提案都试图从现有的豁免中删除对屏幕截图的引用。此外，OTW 和教育者联盟试图使短视频能豁免，BYU 提议豁免长视频。这些提案有效解决了支持者认为会受到 TPM 不利影响的电影的几种非侵权用途。反对者联合创作者联盟和 DVD 复制管理协会，以及数字版权管理的标准许可机构联盟认为屏幕捕捉技术已经改进并且在某些情况下仍然是一种适当的替代方案。联合创作者联盟还辩称，教育者联盟提议将豁免范围扩大到“在线学习材料的

---

① 大约对应我国图书馆等主体馆藏的合理使用条款。

② 大概等同于我国在作品中适当引用他人作品的合理使用条款。

③ 我国暂时未有类似条款，最接近的应该是以个人学习研究欣赏为目的的合理使用。

教育者和准备者”，这可能允许企业规避并威胁到许可剪辑的市场。联合创作者联盟更是认为：BYU 提议的空间转移复制方面的豁免虽然迎合了教育机构的需求，但是这类豁免将对权利持有人公开表演或以其他方式传输电影副本的流媒体和下载服务的合法收入产生负面影响，由于很多视频网站本身已经提供给学生相关视频服务，而现有的录屏技术也已经可以解决其他相关问题，应无需在这个方面寻求临时豁免的突破。

法律最终规定，根据目的分为两类：出于批评或评论目的，包括将电影用于制作纪录片、公益性广告和非小说类电子书；出于教育目的，包括：大学教师、学生，大学以下学历学校的教师以及在教师监管下的学生，根据教师指示的上述机构的员工，进行电影研究或其他需要仔细分析电影和媒体摘录的课程，向正式注册的学生提供大规模的开放式在线课程（MOOC）的教师和图书馆、博物馆和其他具有教育使命的非营利实体提供的非营利数字和媒体素养计划的教育工作者和参与者，只能用录屏技术进行电影复制授课。其中，新增了在此类教育机构的教职员工的指导下以教授课程为目的的员工这一主体。①

分析小结：通过分析相关主体（见图4－1、图4－2）及性质，支持者包括教育性非营利机构、非政府组织以及医学教育公司，其成员大都是相关大学或者是有关学者，其目的主要都是为了将视听作品用于学术研究以及知识传播。而反对者们的主体性质是商业联盟和非营利公司，其成员都在现有产业界具有相关利益，甚至在有关产业具有领先市场地位和经营优势的营利性公司等，由其所代表的利益出发，笔者推断，其反对观点的主要出发点还是担忧相关豁免使用会影响到其产品和盈利。其中最为特殊的是支持者中的图书馆版权联盟，其成员构成最为复杂，既代表公众利益、作者利益，也代表了如今版权产业既得利益者的声音，但尽管如此，其仍旧站在了支持临时豁免一方。

---

① 原文为“employees acting at the direction of faculty of such educational institutions for the purpose of teaching a course”。

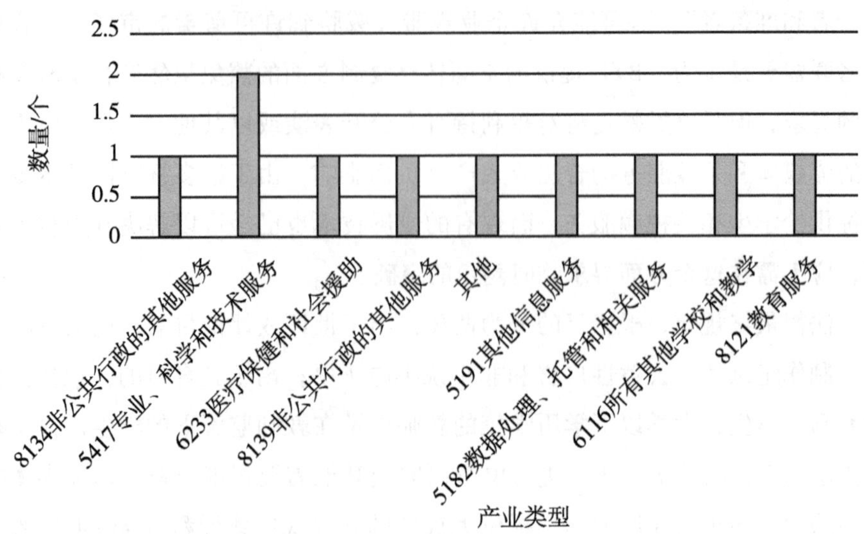

图 4-1　支持者产业类型数量

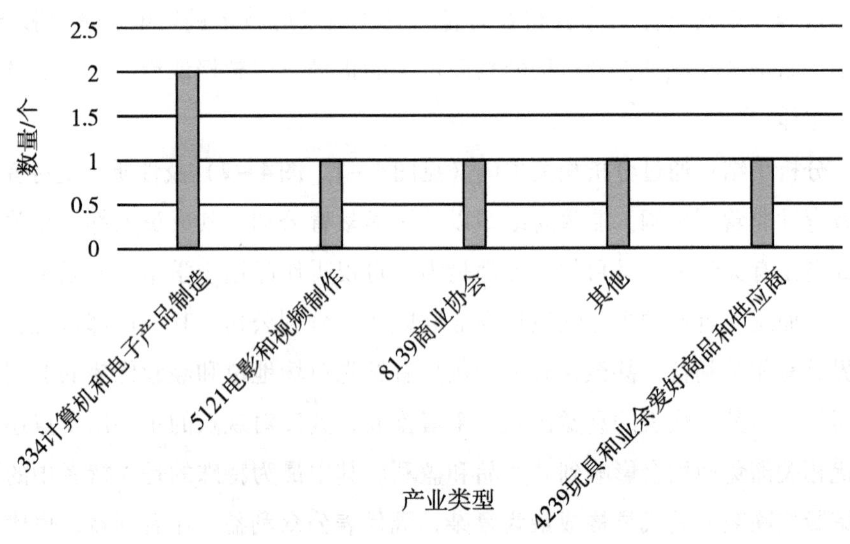

图 4-2　反对者产业类型数量

2. 视听作品：文本（Audiovisual Works—Texting）

该类别未被加以考虑，请愿人没有提供法律论据或证据来支持其请愿，也没有参加公开听证会。请愿人未能解释提议的用途如何不侵权以及为什么需要豁免。

支持者是数据处理公司，其申请豁免的出发点主要还是方便其业务的开展，无法代表公众利益，因此该项豁免申请未获支持。

3. 视听作品：无障碍版（Audiovisual Works—Accessibility）

延续临时例外建议：多个组织申请更新对电影无障碍使用的豁免，以便由残疾人服务办公室或教育机构的类似单位为残疾学生提供字幕和/或音频描述。支持方强调了“随着新冠疫情发展，教育机构转向在线学习以及教职员工对数字多媒体的使用增加”的需求，国会图书馆表示可以作为是否需要对现有第 3 类豁免进行延伸的基准。

新的或扩大的临时例外类别指定：支持者试图扩展当前豁免的几项规定，以便为残疾学生在电影中添加字幕或音频描述。主要是要求将教育机构的残疾教职员工涵盖为受益人，明确允许重复使用以前修复的材料，允许在对无障碍材料的具体请求之前进行主动修复。联合创作者联盟和 DVD CCA、AACS LA 提出了反对意见。但最终支持者的所有请求都获得了支持。

法律最终规定：新添主体包括残疾人服务办公室、幼儿园到十二年级（K－12）教育机构、学院或大学及其他单位通过从事和/或负责提供无障碍服务的有关人员和由经认可的非营利教育机构的教职员工和在这些机构教职员工的指导下行事的员工。

分析小结：支持者是法律诊所以及代表视觉障碍者的有关非营利性协会，倡导将有关视听作品用于视觉障碍者学习，而反对者则担忧相关视听作品在用于盲人学习的过程中会导致市场受到损害。该项请求获得了支持，而法律最终规定的有关主体范围有所扩大，除却原来的教职员工，还扩大到了接受指导的员工。和第一类型相同，即代表作者、公共利益以及版权商利益的图书馆版权联盟仍是支持方，对该项临时豁免提出了延续、扩大申请。

4. 视听作品：直播录制（Audiovisual Works—Livestream Recording）

该类别未被加以考虑，请愿人没有提供法律论据或证据来支持其请愿，也没有参加公开听证会。请愿人未能解释提议的用途如何不侵权以及为什么需要豁免。

未获支持的理由和第 2 类相同。提出豁免要求的是一家新兴体育视频转播公司，其理由更多是基于其本身市场利益，而非公共利益之考量。

5. 视听作品：保存（Audiovisual Works—Preservation）

延续临时例外建议：支持者为使图书馆、档案馆和博物馆能够保存和替换已经在市场上不再合理可用的 DVD 或蓝光光盘上存储的电影（包括电视节目和视频），要求这些作品的副本可规避 TPM。建议包括：允许符合条件的机构复制损坏或变质的光盘以及尚未开始变质的光盘，制作电影的实体或数字副本，并在该机构的处所外提供任何数字副本。反对者们认为这将使机构能够将其电影收藏空间转移并推出在线流媒体服务，存在后续泄露导致版权侵权的风险。

法律最终规定：当 DVD 或蓝光光盘损坏时，图书馆等不以取得商业利益为目的主体，经过努力无法通过其他渠道取得有关作品，且不在限定场所之外分发或提供的前提下，能够将有关视听作品保存。而图书馆等主体需要符合以下要求：①馆藏向公众或研究人员开放；②承担公共服务；③有专业的工作人员或志愿者；④馆藏都通过合法手段取得；⑤采用了相应的数字安全措施。

分析小结：支持者是相关图书馆所组成的世界范围内的 NGO 图书馆版权联盟，请求豁免的理由是在获得有关载体存在障碍时，图书馆符合一定限制条件，为保存视听作品而对技术措施进行规避。反对者同样是担忧作品在保存时可能存在侵权风险。最终，代表知识传播与自由的具有公益性质的图书馆的请求获得了支持，但为了平衡权利人利益，对于主体规定了极为严格的资质限制条件。同第 1 类分析一样，仍旧是图书馆版权联盟代表公众利益发声。

6. 视听作品：空间转换（Audiovisual Works—Space—Shifting）

支持方 Sola Byte Corporation，从事计算机系统设计服务；反对方 Joint Creators and Copyright Owners 和 Software and Information Industry Association①等娱乐、消费和商业软件行业的行业协会、公民和社会组织，代表现有作品版权人利益，全球 800 多家技术、数据和媒体公司协会。此类别未获认可，

① 美国软件与信息工业协会，是美国软件和数字内容产业的贸易协会，是由 Software Publishers Association（SPA）和 The Information Industry Association（IIA）合并而成。

请愿人未能提供法律论据或证据来证明空间转移是非侵权用途。此外，请愿人没有参加公开听证会以支持其请愿或澄清拟议的豁免是否会扩展到商业服务。请求豁免主体的出发点是为了自身业务的方便，没能代表公共利益，反对者也都是为了自身作品利益而反对，最终也未被纳入考量。反对者中的美国软件与信息工业协会的产业分类是公民和社会组织，但因其所代表的是现有产业既得利益者，因此其秉持了反对意见。

7. 文本和数据挖掘（Text and Data Mining）

7（a）电影：文本和数据挖掘（Motion Pictures—Text and Data Mining）

7（b）文学作品：文本和数据挖掘（Literary Works—Text and Data Mining）

延续临时例外建议：作者联盟、美国大学教授协会和 LCA 支持者们联合提交了一份提议，提议允许对存储在 DVD 或蓝光光盘上或可供数字下载的电影和文学作品规避 TPM，以使研究人员能够执行文本和数据挖掘 TDM 技术，以达到学术研究和教学目的。反对者们认为数据挖掘研究会干扰文学作品和电影收藏的许可市场，并且研究人员在语料库中查看全部作品的能力会产生替代使用的风险。支持者认为现有豁免无法满足需求，可以多添加一个限制：进行规避的人查看或收听语料库中受版权保护的作品的内容仅出于验证研究结果的目的，而不是出于作品的表达目的。

法律最终规定：针对以电子方式分发的文学作品（不包括专门为文本和数据挖掘目的而编译的计算机程序和汇编），隶属于非营利性高等教育机构的研究人员或该机构的学生或信息技术人员在该研究人员的指导下可以进行规避，目的是仅用于在文学作品语料库上部署文本和数据挖掘技术学术研究和教学。限制包括：获得副本合法；仅是为了验证研究成果目的而查看语料库；采取技术措施防止研究人员恶意下载并传播。此外，最终规定也详细定义了高等教育机构的概念。

分析小结：有关研究者为对文字作品、视听作品进行文本挖掘实现研究和教育目的，助力于知识流通，而请求能够规避现有作品技术措施进而挖掘文本有关信息。反对者则仍旧是现有版权人利益的代表，除此之外，美国版权协会也表示反对，立场与其组织的设立宗旨有所不符。由此可见，此处美国版权协会并非代表着研究者利益，更多的是为美国出版商们的利益而发声，其目的并非为了知识的增长而是财富的保存。

8. 文学作品：无障碍版（Literary Works—Accessibility）

延续临时例外建议：多个组织请求更新以电子方式分发的文学作品（即电子书）的豁免，以便与盲人、视力障碍者或印刷品阅读障碍者的辅助技术一起使用。

新的或扩大的临时例外类别指定：支持者试图修改当前对电子书可访问性的豁免，以符合美国《马拉喀什条约实施法》最近对版权法的修改，主要包括将受益人类别扩大到《美国版权法》第 121 条中定义的“合格人员”（eligible-persons），将豁免范围扩大到以前出版的音乐作品、音乐作品表演的录音制品等。

法律最终规定：针对防止启用朗读功能或干扰屏幕阅读器或其他应用程序或辅助技术的电子文学作品、音乐作品等，相关主体在向权利人支付市场价的报酬后，可以规避。（不包括音乐作品表演的录音，除非当且仅在录音为有声读物或电子书的一部分时。这种模式类似于我国的法定许可。）

分析小结：有关视觉障碍方面的临时例外，提出建议的多为代表盲人的非营利组织，此外也有提供作品储存服务的主体，而反对者仍旧是现有版权人的利益代表们。此外，需要注意的是，提供作品保存服务的主体尽管能够规避有关技术措施进而将相关作品纳入馆藏之中，但也因缺乏版权人许可，这些保存的作品无法供社会公众阅读。作品只是从作者、出版商流向存储机构，而仍旧未能流向读者。［美国作家协会（the Authors Guild）诉讼过 Hathi Trust，指控其大规模侵犯版权，美国联邦法院于 2012 年 10 月对美国作家协会做出裁决，认定 Hathi Trust 使用 Google 扫描的书籍是美国法律规定的合理使用。第二巡回法院认为：提供搜索和视障人士的可访问性是服务变革性和合理使用考虑因素。］

9. 文学作品：医疗器械数据（Literary Works—Medical Device Data）

延续临时例外建议：Hugo Campos 请求更新关于访问网络医疗设备上的患者数据的豁免，指出患者需要继续访问其医疗设备的数据以管理他们的健康。其本人是一名需要访问医疗设备输出数据的患者，也是研究互联网医疗设备联盟的成员。现有豁免可作为评估是否对第 9 类进行扩展的基准。

新的或扩大的临时例外类别指定：支持者试图扩大当前豁免的几项规定，允许规避医疗器械上的 TPM 以访问其数据输出，这包括取消目前对“完全或部分植入”设备的豁免限制，允许授权的第三方代表患者进行规避，将豁免扩大到非被动监测，删除规避不违反其他适用法律的条件。上述请求都获得支持。

法律最终规定：患者本人或者患者代表人，有权访问患者自己的医疗设备或监控系统生成的数据汇编所形成的文学作品。但这不能成为避风港规则和行政免责适用理由。

分析小结：支持者有患者以及学者的双重身份，而反对者是医疗器械商们，从双方所持观点来看，支持者的意见从需求出发，具有正当性，而反对者更多是从获得数据可能会对其设备使用安全造成影响的角度出发进行反驳，反驳力度不够有说服力。

10. 计算机程序：解锁（Computer Programs—Unlocking）

延续临时例外建议：多个组织申请更新对运行手机、平板电脑、移动热点或可穿戴设备（如智能手表）的计算机程序的豁免，以允许将新设备或旧设备连接到替代无线网络。例如：废料回收工业公司协会（Institute of Scrap Recycling Industries，简称 ISRI）就表示，无线运营商锁定了设备以防止它们被用于其他承运人，导致其成员在使用二手设备时存在障碍。

新的或扩大的临时例外类别指定：支持者 ISRI 请求将现有的解锁豁免扩展到：①为笔记本电脑添加新的设备类别；②从当前豁免中删除列举的设备类别并允许解锁所有无线设备。电机和设备制造商协会提出了唯一的反对意见，反对扩大豁免以允许解锁采取了蜂窝网络连接互联网的机动车辆或其他交通工具。而注册机构证据证明许多不同类型的无线设备共享相同的无线调制解调器，而解锁这些调制解调器能够构成合理使用。

法律最终规定：规避使无线设备能够连接到无线电信网络的计算机程序，目的仅仅是为了连接到无线电信网络并且这种连接取得了该网络运营商的授权。

分析小结：从支持者和反对者身份来看，都是一方利益的代表，一方代表设备二手市场，一方代表设备制造商，但从公众利益出发，出于可回收利益以及环境友善度考量，支持者的请求获得支持。而我国在这方面暂时还缺乏有关规定，相关产业主体和消费者可以深入研究提出有关建议。

11. 计算机程序：越狱（Computer Programs—Jailbreaking）

延续临时例外建议：多个组织请求更新对运行智能手机、平板电脑和其他便携式通用移动计算设备、智能电视或语音助手设备的计算机程序的豁免，以允许设备与软件互操作或删除软件应用程序（“越狱”）。就智能电视而言，软件自由保护协会（SFC）就声称其审查了主要智能电视制造商（Sony、LG、三星等）的产品，表明如果是在没有豁免的情况下，应用于列举产品的 TPM 将对消费者非侵权用途产生不利影响。

新的或扩大的临时例外类别指定：支持者（EFF）提议的豁免将涵盖主要目的是运行从互联网流式传输视频以在屏幕上显示的应用程序的设备，并且不会扩展到 DVD 或蓝光播放器或视频游戏机。而国会图书馆的版权登记处（简称登记处）的意思是：禁止规避可能会阻止用户在路由器和其他网络设备上安装免费开源软件（FOSS），越狱路由器和其他网络设备很可能符合合理使用的条件。

法律最终规定：由个人携带的智能手机和便携式通用移动计算设备、智能电视（包括互联网电视、运行从互联网流式传输授权视频的软件应用程序的设备）、语音助手设备、路由器和专用网络设备四类客体，能够实现互操作或是删除自带软件。

分析小结：支持方仍旧是 2 家非营利组织，一家代表的是开源软件免费使用者的利益，另一家关注互联网公民言论自由和权益。反对者则是软件公司、DVD 关联商家等组成的商业协会。而也因为对公众利益证明的正当性，该项豁免得到了支持。

12. 计算机程序：维修（Computer Programs—Repair）

延续临时例外建议：多个组织请求更新对控制机动车（包括农用设备）的计算机程序的豁免，以用于诊断、修理或修改车辆功能。例如，电机和设备制造商协会（MEMA）表示，在过去三年中，豁免有助于保护消费者的选择和市场竞争，同时降低知识产权风险。汽车保养协会（ACA）表示，倘若不继续该项豁免，车辆制造商为控制对车辆软件的访问而部署的软件保护措施将会使得汽车不能获得协助消费者维护、修理和升级车辆人员的帮助。关于智能手机、家用电器和家庭系统的维修，多个组织申请更新对控制智能手机、家用电器或家庭系统的计算机程序的豁免，以诊断、维护或修理设备或系统。例如，电子前沿基金会（EFF）和 iFixit 等声称，设备的制造商会继续实施技术措施阻止合法的维修、维护和诊断。

新的或扩大的临时例外类别指定：EFF 以及 iFixit 和维修协会联合寻求合并和扩大现有的两项豁免，以涵盖所有设备和车辆，并允许对所有设备进行“修改”。同时 Public Knowledge 和 iFixit 联合申请维修视频游戏机中的光驱并更换此类设备中损坏的硬件时可获得豁免。登记处建议扩大对某些类别设备的诊断、维护和维修的现有豁免，以涵盖主要为消费者使用而设计的任何支持软件的设备。对于视频游戏机，登记处的结论是，仅对光驱的维修豁免。支持者就合并两项现有维修豁免的提议还包括用以下方式有效扩大现有豁免：①不再将类别限制为“机动陆地车辆”，类别包括船舶；②取消豁免中的其他限制，包括用户遵守其他法律。这获得了登记处的支持。Summit Imaging 公司和 Transstate Equipment 公司请求免除出于诊断、维护和维修目的而在支持软件的医疗设备和系统上规避 TPM 的行为。因为针对这项豁免，第八次更新增加了新的临时例外。

法律最终规定：相关主体为对车辆或船舶功能进行诊断、维修或合法修改的目的，能够规避车辆船舶的计算机程序（通过单独订阅服务访问的程序除外）。不能成为避风港规则和行政免责适用理由。对消费者所购买的设备中的计算机程序，规避是对此类设备进行诊断、维护或修理的必要步骤。其中，“维护”是对设备进行维修，以使其按照其原始规格工作；“维修”是将设备恢复到其原始规格的工作状态。其中对于视频游戏机，“维修”仅限于维修或更换游戏机的光驱，并且需要恢复任何被规避或禁用的技术保护措施。与医疗设备有关的计算机程序，为进行诊断、维护或修理的目的可以规避。

分析小结：支持本次修改的既有医学影像设备的公司，又有关于设备维修的非营利组织，也有代表设备维修厂商利益的商业联盟，其所代表的产业利益也多种多样。反对者亦然，既有公司又有商业联盟，而且设备制造、维修领域的都有，还包括医学影像设备公司。可粗略判定不同商事主体在有关技术措施利用方面的利益多少存在差异。

13. 计算机程序：安全研究（Computer Programs—Security Research）

延续临时例外建议：多个组织和安全研究人员请求更新豁免许可规避，以进行善意的安全研究。例如，民主与技术中心（CDT）和美国的 J. Alex Halderman、计算机协会的技术政策委员会都强调需要发现和检测投票机和其他选举系统中的漏洞。

新的或扩大的临时例外类别指定：支持者请求允许规避计算机程序上的 TPM 以进行善意安全研究，并将豁免明确扩展到隐私研究。登记处不支持扩大到明确涵盖隐私的相关研究，但建议取消规避不违反“其他法律”的条件，澄清豁免不提供免除其他法律责任的安全港。

法律最终规定：为了保障设备的安全或者是相关用户，而进行安全调查研究的有关人员出于善意安全研究目的，可以规避合法取得的计算机设备上的计算机程序。同时，相关情形不能成为避风港规则适用理由。

分析小结：支持方是大学学者和非营利组织，其所代表的也是科研利益、公众自由和技术发展。反对者则是都为商业行业协会，其所代表的主要是技术软件公司，属于既得利益者。

14. 计算机程序和视频游戏的保存（Computer Programs Preservation and Video Games Preservation）

14（a）计算机程序：保存（Computer Programs—Preservation）

14（b）电子游戏：保存（Video Games—Preservation）

延续临时例外建议：软件保存网络 SPN 和 LCA 请求更新对计算机程序（视频游戏除外）的豁免，以便图书馆、档案馆和博物馆保存计算机程序和计算机程序关于视频游戏的相关材料，SPN 和 LCA 请求更新对已停止外部服务器支持的视频游戏的保存豁免。图书馆、档案馆和博物馆需要豁免来继续保存和管理可玩形式的视频游戏。

新的或扩大的临时例外类别指定：支持者试图取消保存的计算机程序或视频游戏不得在机构的物理场所之外分发或提供的要求。同时将视频游戏临时例外范围扩大到和软件豁免范围一样大。反对者联合创作者联盟和娱乐软件协会反对取消场所限制。大多数争论都针对视频游戏类，认为会对旧有的视频市场造成冲击。登记处认为软件外部访问并非侵权，但需要添加限制，一次只能有一个用户在有限的时间内访问该作品。而关于视频游戏的请求未被允许。

法律最终规定：已被版权人停止提供在线服务的电子游戏为了恢复个人对本地游戏的访问或是图书馆等在以非商业目的保存游戏的情况下，可以对电子游戏实施技术措施规避。图书馆、博物馆、档案馆为后续利用保存计算机程序或数字材料（除私人学习、学术或研究目的），需一次性提供给一个用户。

15. 计算机程序：3D 打印（Computer Programs—3D Printing）

延续临时例外建议：Michael Weinberg 请求更新对运行 3D 打印机的计算机程序的豁免，以允许使用替代原料。

新的或扩大的临时例外类别指定：支持者就“feedstock”（原料）替换为“material”（材料）一词，和依赖微芯片“microchip - reliant”一词的使用提出建议。但这些都并非实质性修改。

法律最终规定：操作 3D 打印机的计算机程序采用技术措施来限制材料的使用，而完成规避的目的仅仅是为了使用替代材料，而不是为了访问设计软件、设计文件或专有数据。

分析小结：支持者是个人，但其身份是纽约大学法学学者，也是开源硬件协会（非营利组织）的执行董事，其是为公共利益发声。本项延续性例外无反对方。

16. 计算机程序：版权许可调查（Computer Programs—Copyright License Investigation）

新增临时例外建议：支持者申请一项新的豁免，允许调查特定计算机程序是否包括 FOSS（开源）。反对者反对豁免应用于广泛的设备类别，并要求将 DVD 和蓝光播放器、视频游戏机、机顶盒和车辆排除在外。最终登记处就该项例外设置的限制包括：首先，调查的目的必须仅限于调查计算机程序是否可能侵犯 FOSS，并且用户必须真诚、合理地相信调查的必要性。其次，规避必须由有权提出违反许可索赔或侵犯版权索赔的一方进行或在其指示下进行。再次，根据豁免制作的计算机程序的副本，或运行该程序的设备或机器，不得以有助于侵犯版权的方式使用。最后，应将视频游戏控制台排除在可以规避 TPM 的设备类型之外。

法律最终规定：为调查对免费和开源计算机程序的潜在侵权，可规避计算机软件的技术措施。其中有 4 个条件：①设备必须合法有效；②规避行为是善意的；③不违反其他法律；④程序副本及设备不会有助于版权侵权。其主体是为了调查开源程序侵权行为的版权人或是被授权人；另外，还要求设备是排除视频游戏机外的设备。

分析小结：支持者是关于软件自由使用的非营利组织，而反对者全都是商业联盟、行业协会，代表版权人利益。探究一软件是否能够开源使用是有利于公众利益的，而现有版权人为维护自身垄断权益必定会将其作品尽可能排除在外。

17. 所有作品：无障碍使用（All Works—Accessibility Uses）

新增临时例外建议：基于《马拉喀什条约》在美国的生效，该项例外的支持者认为，有必要进行广泛的豁免，以防止残疾人在出现新的可访问性问题时每三年被迫再次应对一次临时例外程序。其只提交了关于“使残疾人能够使用替代输入设备玩视频游戏”的有关证据。反对者认为法规没有授权图书馆员有共享特定属性的所有作品类别进行规避的豁免，因为豁免后形成的副本可能会被进一步分发给没有残疾的个人。

法律最终规定：允许规避计算机程序形式的视频游戏上的技术措施，以合法获得的物理物品或下载格式呈现，并在通用计算机上运行，其中规避的唯一目的是允许身体残疾的个人使用软件或硬件输入方法，标准键盘或鼠标除外。

分析小结：提出临时例外豁免建议的都是非营利组织，要不就是专门为视障人士服务的组织，要不就是一些相关专业组织，而其目的都是为了保障残疾人士的受教育权和获得知识自由权。反对者是美国出版商的集合代表，主要还是考虑其市场受损风险。

（二）第八次例外参与讨论主体分析结果评议

美国最新确定的临时例外条款共有 21 项之多，很多条款都是 2018 年例外的延续，也有些条款是基于前述例外或者规则，考虑可操作性的拆分，以下对参与了临时例外条款修改程序的，尤其是有争议的各方主体的大致情况进行总体分析。①

经统计，共计有 59 次支持，支持者组织类型占比见图 4－3。由最终统计数据不难发现，占比最大的是：第 501 条（c）（3）非营利组织，占比高达 46%（实质上占比可以达到 60% 以上，包括个人、其他组织、NGO 在内）。而第 501 条（c）（4）美国版权协会占比 13%。此外，在其他组织之中，有分布式组织这一新兴组织形式出现，可以研究学习。由此可见，在美国对技术措施临时例外有需求且能发声的更多的还是代表社会公众利益的非营利组织。②

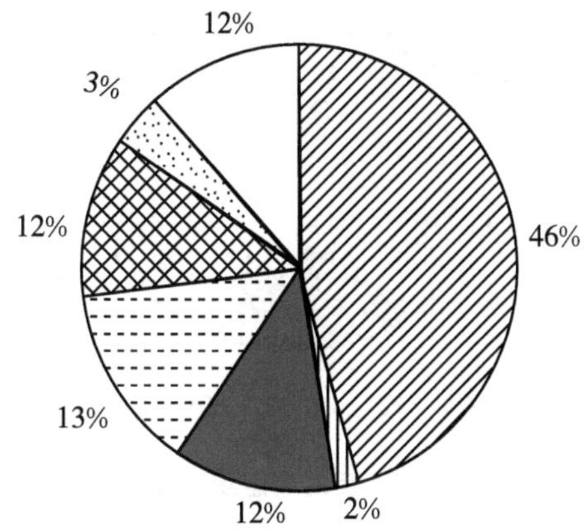

- 501（c）（3）
- NGO
- 其他组织（法律诊所、学术组织、非营利性公司、数字图书馆、分布式工作组织等）
- 501（c）（4）
- 公司
- 501（c）（6）
- 个人［大学本质属于501（c）（3）］

图 4－3　支持者组织类型占比

① 支持者和反对者存在一个主体多次支持、多次反对情况，因此选择重复计数。主体总数的准确度有待考察，前期于官网搜集参与主体信息时可能存在错计、漏计情况，但数据误差都较小，对最终统计结论不会产生较大影响。

② 在美国，免税公司一般都是非营利公司（non-profit corporation），《美国税法典》第 501 条（c）给予其税务豁免，所以，非营利公司也通常被称为“501（c）公司”。

经统计，共有67次反对，反对者组织类型占比见图4－4。其中第501条（c）（6）商业协会占比最高，公司和其他组织紧随其后共同占比9%，而第501条（c）（4）美国版权协会只占有1%。实际上DVD CCA、The Motion Picture Association、ARM、ESA 4个商业联盟主体几乎在每一个类型中都表达了反对意见，其成员都是现有版权市场的领头企业或是有关作品作者。与支持者类型占比对比，可发现公共利益和版权人利益长期存在着对抗局面。

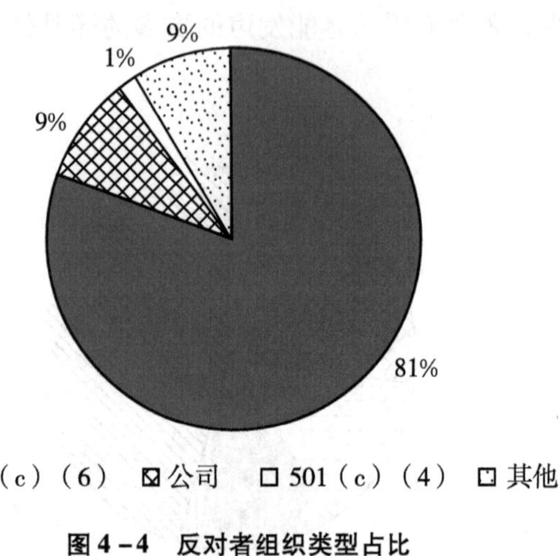

图4－4 反对者组织类型占比

（三）对我国著作权法有关条款制定程序的建议

1. DMCA技术措施临时例外条款修改过程启示

通过上述详细分析和探讨可知，在美国DMCA历次临时例外的确立过程中一般都遵循以下程序：第一步，在《联邦政府公报》上刊登公告；第二步，接受社会公众的书面意见；第三步，将书面意见汇总归类并公之于众；第四步，召开听证会，由例外提案的提议者和反对者发表意见，并传唤证人，收集证据材料；第五步，美国版权局会同商务部负责交通信息事务的副部长形成草案，然后将草案公之于众，并根据需要重复进行第二步到第四步事宜；第六步，最终通过立法提案并刊登在《联邦政府公报》。在这个过程中，例外提案的支持方必须承担举证责任，证明该例外使用为非侵权性使用，以及禁止规避技术措施会产生不利影响，且证据必须是可信的、可检验的、实质性的。其中，非侵权性使用有很多种类，包括《数字千年版权法》第107条的合理使用、第 110 条的教育性使用、第 117 条的计算机软件使用。参考美国行政立法程序，我国可以学习参考有关过程文件的公开方式，将有关主体声音和观点集合公开，形成过程文本，这将有利于公众学习相关观点或者提出不同意见。

2. 对我国《著作权法》修改流程的建议

原国家版权局局长宋木文老师文章提及，在二十世纪推动我国第一次《著作权法》修改的要素主要来源于三个方面：一是集中反映在全国人大代表、全国政协委员在两会期间所提“议案”与“提案”中；二是政府主管部门如国家版权局以及国家司法机关如最高人民法院，从执法实践中感受到难题和法律缺失而要求修改法律；三是国家立法机关的专门委员会，如管理《著作权法》修改的全国人大教科文卫委员会，在执法检查以及听取政府主管机关和国家司法机关的工作汇报后，认定修改法律的必要性和紧迫性。在他看来，国家版权局与全国人大教科文卫委员会的互动极为重要。而上述主体中的有关个人和领导实质上是我国《著作权法》修改的核心推动主体。尽管立法前期有相关部门到各地进行调研，但实际上产业的声音还是略显弱小，具体表现有两点：修法的主要动力仍旧是来源于中国加入 WTO 的压力而被动修法；对高新技术的著作权保护重视不够，对发展迅速的数据库、互联网没有制定必要的法律规范。

而中国文字著作权协会总干事张洪波曾指出，第三次《著作权法》修改是由兼任中国文字著作权协会、中国作家协会副主席的国务院干事推动。受国家版权局委托，中国社会科学院知识产权中心、中国人民大学知识产权学院和中南财经政法大学知识产权研究中心分别起草了三个专家建议稿，送审稿分别于 2012 年 3 月和 7 月向社会公开征求意见建议，相关部门组织了多场征求意见座谈会、修法说明会、新闻发布会，实地走访多家单位。随后，又于 2014 年 6 月就送审稿向社会公开征求意见，2017 年 5 月至 8 月，全国人大常委会开展了《著作权法》执法检查。2018 年 12 月至 2019 年 1 月，司法部将修改后的修正案草案定向发给中央有关部门、高校科研机构、有关人民团体、著作权集体管理组织和有关专家学者征求意见。自 2020 年《〈著作权法〉修正案草案》呈送国务院后，后续召开了十场大型座谈会，又有两次公开征求意见：2020 年 4 月，全国人大公布第一次审议稿，公开征求社会公众意见（收集 5 万多名网友约 16 万多条建议）。2020 年 6 月 16 日，全国人大宪法和法律委员会、教科文卫委员会，全国人大常委会法工委联合召开座谈会，听取中央有关部门、人民团体、著作权集体管理组织、企业和专家对吸收了公众意见后的草案的意见。2020 年 11 月 2 日，全国人大常委会法工委召开评估会，邀请部分全国人大代表、著作权人、专家学者、地方著作权主管部门、著作权集体管理组织和相关企业代表。

当然，以上关于我国《著作权法》整体修改有关参与主体的描述，与本书上面提及的单一法律规则“技术措施临时豁免例外制度”的体量相差甚远，但其中的有关主体性质却有一一对应的特征。尽管我国著作权法修法过程的公开信息不多，仅从上述有关资料也已经可以知晓：首先，参与修法的有关主体主要是高校学者、著作权管理组织以及相关协会，而相关企业的声音有多少不得而知。其次，修法的过程信息公开不充分，代表各方利益的主题观点和立场未形成公开文件以供学习研究。最后，从文本上来看，代表公共利益的学者和立法专家们，代表作者利益的组织和协会，以及立法中有关的主体的声音都在法律文本中得以体现，而作为作品传播者的大型企业似乎没有很好地把握住自己的发言权，而在文本层面似乎初步实现了著作权法保护公共利益、作者利益的目标。但仔细观察产业现实不难发现，由于相关大型企业已经掌握了发声渠道和作者的作品权利，已经逐步发展为当今时代实质性的版权主体，而其掌握的技术优势和市场地位更是会对社会公众享受作品权益造成一定程度的阻碍，这时倾听其他相关类型企业的声音，了解其诉求和技术现状，进而提出有关的限制条款，可能更有利于实现文化版权产业激励经济的作用，并平衡各方利益。

第五章　区块链时代中国版权技术措施保护制度设计依据

区块链技术经过了近十年的发展，为全球政治经济和文化产业发展带来了巨大影响。区块链作为一种新兴技术逐渐展现出相较于传统版权技术措施的特殊优势，成为互联网环境下的版权技术措施的重要辅助手段。区块链时代为版权人带来巨大红利的同时，版权人为了保障自身利益，利用新的技术对自己的作品进行了严格的技术措施保护，造成了一定的利益失衡。2013 年 6 月 17 日至 28 日，世界知识产权组织外交会议在西非国家摩洛哥的马拉喀什召开，会议通过了《马拉喀什条约》。传统版权制度的法律价值在于确立作者的权益在版权法中的首要和核心地位，① 而该条约打破了世界知识产权立法史上注重保护权利人利益的传统，将目光更多地投向公共利益领域，由此成为迄今为止首部版权领域的人权条约。利益平衡是现代著作权立法的基本精神，也是著作权法修改和著作权制度设计的指南。② 因此，结合我国的条约义务，协调区块链技术变革带来的利益失衡就成为了科学合理地设计制定区块链时代中国版权技术措施保护具体制度条款的依据。

一、区块链时代版权技术措施保护制度与利益平衡问题

对著作权进行保护的正当性，无论是基于道德值得理论，还是激励理论，通常都始于这样一个假定，即著作权法应当保持创作了创造性作品的权利人

① 王迁．论《马拉喀什条约》及对我国著作权立法的影响［J］．法学，2013（10）．

② 雷群安．版权作品权益分配的利益平衡理论再思考［J］．韶关学院学报（社会科学版），2004（05）．

的利益和需要获得作者智慧果实的公众利益之间的平衡。[①] 随着对著作权理论的深入研究，既有的个人和公众利益平衡规则已经无法全面地解决出现在版权产业的问题，在区块链技术飞速发展的时代背景下，著作权产业发展迅速，知识产权运营模式层出不穷，在著作权作品的商业化利用中涉及的利害关系人主体类型逐渐复杂化，相关权利人的比重逐渐变大，而广大公众在很多方面的利益则被边缘化。在区块链时代新的利益平衡原则所需平衡的主体至少应包含著作权人及其相关权利人、版权运营方、互联网平台、使用者和社会公众等多重主体。在大数据时代，区块链技术的运用不断创新和完善，数据的传播和共享也更为广泛、便捷和高速，网络服务提供者在市场上的地位和影响力也大幅提升，区块链技术的应用带来新的版权利益格局，打破了传统版权领域既有的利益平衡局面。我们需要结合新的时代背景，探索区块链时代著作权利益平衡的新格局，完善新型著作权利益平衡机制，旨在重新协调著作权利益格局中各主体的权利义务，保障合理合法利益需求，促进整个著作权领域各类产业的稳健发展和各方利益的均衡实现。[②]

（一）利益平衡原则之于技术措施保护

1. 技术措施保护的技术特征

技术措施是一种科技手段，是权利人保护自身所拥有的智力成果的一种新型方式，技术措施保护常常能够实现“全有全无”式权利保护的技术特性。这里的“全有全无”是指技术措施不具有人类思维，该技术本身融合了计算机软件技术、密码学等大量新兴技术，因此无法判断使用者对作品的使用行为是合理或非法，至少到目前为止，技术措施还没有发展到能够自动识别使用者是否进行合法使用的程度。技术措施一旦被版权人或相关权利人运用到数字化作品中，便发挥其特有的功能，阻止任何人未经授权实施使用作品、接触或访问作品等行为。比如针对设置了“接触控制措施”的作品，任何人要想正常阅读、欣赏作品都须经过权利人授权，或者需要自行跨越技术措施的

---

① 冯晓青．著作权法的利益平衡理论研究［J］．湖南大学学报（社会科学版），2008（06）．

② 参见：蒋风采．网络著作权利益平衡机制的解析与完善［D］．广州：华南理工大学，2013．

障碍，否则无法接触作品。[①] 可见，当技术措施所实现的"全无全有"的保护方式被运用到作品保护上之后，他人想要对作品进行合理使用，或是进行符合例外规定情形的利用，都无法避开技术措施这个"锁"，都将被挡在门外。版权人利用技术措施将作品严格控制于自己手中，一方面确实是阻止了许多侵害版权行为的发生，有效保障了版权人的私人利益；但另一方面也过滤掉了法律所允许的合理使用、法定许可等需求，使传统版权法上的利益平衡生态格局在数字环境下无法建立。

在互联网领域，我国现行《著作权法》第49条为接触控制或者控制访问及用于版权保护的两类技术措施均提供了比较完整的保护。其中，"用于防止、限制"未经授权的"浏览、欣赏作品、表演、录音录像制品"的技术措施，属于接触控制或者控制访问的技术措施；而"用于防止、限制"未经授权的"通过信息网络向公众提供作品、表演、录音录像制品"的技术措施，则属于版权保护技术措施。[②]

2. 利益平衡原则的哲学基础

平衡状态是指接近于稳定的状态，物理上存在物体不受外力时最终会保持静止或者匀速直线运动的现象，化学上也存在酸碱相互混合最终会变成中性的水的反应，所谓平衡就是每一方都同时达到最大目标而趋于持久存在的相互作用形式。世间万物都在追求一个相对平衡的状态，在经济社会中，各主体之间的利益也无时无刻不在追求着这种平衡，在利益权衡和取舍中寻求"共赢"。[③]

按照"劳动财产权"学说，利益平衡的前提是财产的获得与私有，建立在人生而平等这个观念和真理上，每个人都有权通过自己诚实而又勤恳的劳动获得财产及其相关利益，当个人将劳动加入某共有资源中，他就可以占有该共有。洛克提出只要人们使任何东西脱离自然所提供的某物所处的状态，那么人们已经在那个东西中加入了自身的劳动，加进去了自己的某种东西，

① 参见：蔡桂平．技术措施保护与合理使用的协调研究［D］广州：华南理工大学，2019.

② 王迁．版权法对技术措施的保护与规制研究［M］．北京：中国人民大学出版社，2018：9.

③ 罗伯特·考特，托马斯·尤伦．法和经济学［M］．张军，等，译．上海：三联书店上海分店，1991：22.

因而使它成为个人的财产，但是同时每个人也不能浪费资源，要留有足够的同样好的东西给其他人所共有①。著名经济学家萨伊认为："所生产出来的价值，都是归因于劳动、资本和自然力的作用和协力。"② 由此可见，如果想真正理解利益平衡本质的含义，就不能片面地看待劳动，而这里的劳动在著作权法领域特指创作者的创作过程，其创造智力成果的过程结合了脑力劳动、身体劳动，还有其经济成本和科学技术。

按照"精神权利"学说，利益平衡探讨的领域不应局限于有形财产上的利益，还包含精神领域的权利。康德提出的"自由意志论"认为："任何东西，只要我根据外在自由法则把它置于我的强力之下，并把它作为我自由意志活动的对象，就有能力依照实践理论的公设去使用它。而且，我依照可能联合起来的共同意志的观念，决定把一物变成我的，那么此物就是我的。"③ 黑格尔在康德的基础上建立了唯心主义精神哲学，他认为"人的自由头脑可以将才能、学识、天赋等体现于某种外部事物，并将它们'物质化'。所有权之所以合乎理性不在于满足需要，而在于扬弃人格的纯粹主观性"。作品相比起其他有形财产，有着较强的个人思想烙印，打上个人人格印记的产品，是人格的体现，自然法应该予以保护。④ 当知识转化为财产带来巨大的经济利益后，就会促使国家不断建立相应的制度来保护这种经济利益。康德、黑格尔的学说为现代著作权精神权利的构建提供了理论基础。

按照"激励理论"，必须赋予创造者一定的排他性权利，以刺激其不断地投入新的智力性、创造性的劳动，以产生更多的知识产品，为社会整体带来更大的利益。⑤ 激励理论认为，建立知识产权制度就是通过经济利益激励人们的创造热情，从而在整体上为社会带来某种福利。⑥ 激励理论从社会整

---

① 洛克．政府论：下［M］．叶启芳，瞿菊农，译．北京：商务印书馆，1964：17－50.

② 萨伊．政治经济学概论［M］．北京：商务印书馆，1963：75.

③ 康德．法的形而上学原理：权利的科学［M］．北京：商务印书馆，1991：55－57.

④ 黑格尔．法哲学原理［M］．范扬，张企泰，译．北京：商务印书馆，1961：50.

⑤ 又称"功利主义学说"，POSNER R. Economic Analysis of Law［M］. 6th edition，Gaithersburg，Md：Aspen Publishers，2003：9－18. 涉及著作权问题的"功利主义学说"参见：LANDES W，POSNER R. The Economic Structure of Intellectual Property Law［M］. Cambridge：Harvard University Press，2003. 又见：熊琦．著作权激励机制的法律构造［M］．北京：中国人民大学出版社，2011.

⑥ 李扬．知识产权的合理性、危机及其未来模式［M］．北京：法律出版社，2003：16－116.

体利益的角度为著作权利益平衡提供了理论支撑，并且为财产权适用到著作权这一创造性表达领域提供了正当性，相比前两个学说有着更多维度的思考，特别是引入社会大众利益的衡量。著作权制度中的权利配置，不仅涉及作品的创作，更关乎作品的投资、利用与增值。① 因此，多大程度的“激励”是适合的这一问题已经成为著作权政策与学理的核心之一。②

综上，“劳动财产权”说阐明的是，既然人类可以通过劳动获得社会共同资源中的财产权利，那么个人财产权利的保护和行使就必须保证其他个人通过劳动创造财富的可能，相当于把社会中的每个人当作是一个纯粹的点，考虑自身这个点的时候，要考虑到除此以外的所有点，点与点之间是绝对分离又相互联系的状态。“精神权利”学说说明的现象是在经济社会中，应当充分保护能为社会带来经济利益的对象，相比“劳动财产权”说，“精神权利”说更强调个体思想和能力上的差异，同时也不否认社会格局中能带来经济利益的对象绝不止一个。然而“激励理论”强调对智力性创造活动成果的保护是促进整个社会进步的前提，相比前两个学说更具历史眼光，切入角度更加宏观，将利益的考察点放大为人类历史长河，从而为利益平衡过程提供了重要的理论参考依据。

（二）利益平衡原则视角下技术措施保护与合理使用

著作权合理使用是指，在法律规定的条件下，不必征得著作权人的同意，也不必向其支付报酬，基于正当目的而使用他人著作权作品的合法行为，该行为不得与作品的正常使用相冲突，也不得不合理地损害著作权人本应享有的合理利益。③ 吴汉东将理论界对合理使用性质的界定总结为三种：一是“权利限制说”，即将合理使用看作对专有权利的限制；二是“侵权阻却说”，即认为合理使用是违法阻却事由；三是“使用者权利说”，即认为合理使用是使用者依法享有的利用他人作品的一项权利。其中，“侵权阻却说”与

① SMITH H. Intellectual Property as Property: Delineating Entitlements in Information [J]. The Yale Law Journal, 2007, 116 (08): 1747.

② 冯晓青. 著作权法之激励理论研究：以经济学、社会福利理论与后现代主义为视角 [J]. 法律科学, 2006 (06).

③ 冯晓青. 知识产权法前沿问题研究 [M]. 北京：中国人民公安大学出版社, 2004: 95.

“权利限制说”是从不同方面认定合理使用的性质，是一种法律抗辩，“使用者权利说”则将合理使用视为使用者的权利。然而，通常情况下“使用者权利说”是难以成立的：在法律上，权利应与义务相对应，承认特定民事主体享有权利就必然意味着其可以请求相应的民事主体履行为一定行为或不为一定行为的义务。[①] 如果认为合理使用是使用者的“权利”，使用者就可以请求权利人提供作品，以实现对作品的“合理使用”，而权利人则有义务配合和满足其请求。显然使用者一般不能因为要实现自己的合理使用而迫使权利人交出其享有著作权的作品。因此，合理使用并不是一项“权利”，而是在特定条件下为某种行为的自由。它意味着使用者可以依法不经权利人许可，以特定方式利用作品，而权利人对此必须容忍。因此使用人在已合法获取作品的情况下，只要符合合理使用的条件，即可不经权利人许可以复制或传播等方式利用作品。区块链技术措施通过控制对作品的访问或对作品的各种使用（包括复制、分发、表演、展示）来实现对版权的强保护。无论数字化内容是否享有版权，区块链技术措施都可以实施技术措施或运行“虚拟围栏”。区块链技术措施是在数字环境中权利人对其作品的个人审查机制，区块链作为审查机制的建立者能否在设置技术措施时足够“克制”，答案并非显而易见。区块链技术措施的前置性导致权利人有滥用权利的倾向。并且，技术措施的设置对使用场景、使用期间和使用目的在所不问。然而，作品使用者的利益却可能因具体的使用场景而不同，要求版权人为其利益的让步程度也会随之不同，这无疑导致技术措施保护与以合理使用为代表的版权限制制度之间的矛盾。

1. 技术措施保护与合理使用的冲突

版权法之所以禁止规避技术措施，是因为在网络环境下获取、复制和传播作品变得更便捷，版权法下常规的救济手段往往是事后救济，故允许版权人通过技术措施对其进行事前“保护”，并禁止他人任意规避。[②] 对作品施加

---

① 吴汉东．著作权合理使用制度研究［M］．北京：中国政法大学出版社，2005：111．

② 董慧娟．慕课教学与版权法技术措施保护间的冲突与对策［J］．贵州师范大学学报（社会科学版），2022（01）．

技术措施进行保护更像是版权人保障其作品版权不受侵犯而采取事先预防的私力救济方式，而版权法禁止对技术措施的规避，其本质是对这种私力救济的法律认可。从这一点可以看出，版权法其实是默认权利人事先建立起“堡垒”，之后如果有人侵犯了该“堡垒”，便认定为侵权，如果有人利用技巧绕开了“堡垒”的防御，那么版权法就会给予权利人“通缉”行为人“暗度陈仓”行为的权利，这对版权人而言意味着双重保护。可以推断，技术保护措施将挤压互联网领域数字形式作品合理使用的空间，也将降低知识的传播频率和效率。公平、正义是整个合理使用制度的基础，其意在协调创作者、传播者、使用者三者的利益关系。在作品中划出有限的范围，供非版权人无偿使用，虽使自己受益，但并未损害创作者，因而在此情形下每个成员的欲望都得到最大的满足。①

技术措施以一种“全有全无”的方式运作，其本身并不能分辨出哪些作品利用行为属于合理使用，只能根据预先设定的条件阻止所有未经许可的行为，因此基于合理使用目的的接触、复制、使用等行为也会被不可避免地阻止。② 可以说从源头上限制了公众合理使用作品，更可能出现因噎废食现象。要么作品不能够为社会充分地使用，要么社会将为此支付非必要的成本，从而造成社会资源的浪费。③ 还有，由于技术措施并非与作品相伴而生，故而现有立法设置的合理使用条款只能针对作品的使用而不能针对技术措施，即合理使用作品的前提是须先取得合法接触作品之权利，而一旦作品设置了接触控制措施，则合理使用不再适用。④ 这是一个明显的逻辑漏洞，合理使用对于“接触控制措施”而言，它的存在使得行为人无法“接触”作品，使得后续的“合理使用”受到了阻碍。虽然“合理使用”是对侵权的一种抗辩，其不构成合法规避“接触控制措施”的理由，但是，因为“接触控制措施”所构筑的版权“屏障”，阻碍了后续制作者和广大公众接触相关的版权作品，

① 吴汉东．著作权合理使用制度研究［M］．北京：中国政法大学出版社，1996：10.
② 王迁．技术措施保护与合理使用的冲突及法律对策［J］．法学，2017（11）.
③ 费安玲．防止知识产权滥用法律机制研究［M］．北京：中国政法大学出版社，2009：9.
④ 王立民，黄武双．知识产权法研究：第5卷［M］．北京：北京大学出版社，2008：4.

增加了其获取相关作品的难度和成本，事实上为著作权人设置了“接触权”这一新的权利内容。①

随着技术的不断发展，版权人施加于作品上的技术措施，有时很难区分其是接触控制措施抑或是版权保护措施，往往一项技术措施兼具接触控制和版权保护两种功能，两种技术措施合二为一，变得难以区分，这也为司法实践埋下隐患。版权人面对新的传播技术的冲击，在现有法律制度允许的情况下，纷纷采取更为严格的技术保护措施，这进一步限制了社会公众获取信息，将社会公众与作品予以隔离。② 即使基于合理使用的目的规避了技术措施，行为人也会因为规避了该技术措施中所包含的接触控制功能而面临被诉风险，这就使得版权人具有了滥用技术措施规则的便利。这样妨碍了社会公众从作品中汲取相对优质高端的思想和知识，造成了权利人强势的利益格局，如果该问题不得到实质解决，将会造成版权产业的恶性循环，导致利益平衡局面无法被修复。上述矛盾天然存在，细分表现为以下两个方面。

（1）接触控制措施与合理使用之间的矛盾。在版权法上将“接触控制措施”与“版权保护措施”相并列，本身就说明“接触控制措施”并非直接用于保护版权。③ 版权法的立法目的之一就是通过设定著作权给予著作权人对未来经济收益的预期，来刺激人们进行创作和投资。④ 在区块链技术较为成熟的信息化时代背景下，消费者已经可以摆脱纸质书籍、磁带、光盘等有形载体的限制，通过互联网来直接“接触”到特定作品的内容。在传统互联网时代，用数字化方式来传播作品会使得版权人对作品的控制变得十分困难，因为作品的载体属于无形物，为此版权人往往需要花费更多的时间成本和金钱成本来控制作品未经许可的传播和利用，于是接触控制措施的独特价值就体现了出来。接触控制的技术措施像是版权人给自己的作品“上了一把锁”，对方若是没有支付合理对价就无法得到“解锁”的权限，因此也无法接触到

---

① 熊琦．论“接触权”：著作财产权类型化的不足与克服［J］．法律科学（西北政法大学学报），2008（05）

② 夏劲钢．开放获取版权保护模式中国化探析［J］．贵州师范大学学报（社会科学版），2020（06）．

③ 王迁．版权法保护技术措施的正当性［J］．法学研究，2011（04）．

④ 曾斯平．著作权激励的限度与著作权制度的完善：基于行为经济学的分析［J］．贵州师范大学学报（社会科学版），2020（06）．

作品。这让版权人将控制作品的权利又拿回自己的手中，更好地保证其通过作品获取经济收益。看似接触控制措施带来了一定优势，但其制度缺陷也很明显，特别是其与合理使用形成新类型的冲突。在传统互联网时代，未经权利人许可浏览、欣赏作品、表演、录音录像，由于不涉及复制权等专有权利，并不构成侵权行为，这意味着权利人无法凭借复制权等专有权利阻止他人未经许可“接触”作品。而他人在“接触”作品也就是获得了作品内容之后，为个人学习、研究或欣赏而使用作品，如复制作品片段，又可以构成合理使用。接触控制措施的目的并不在于遏制未经许可复制作品等对专有权利的侵权行为，而是为了防止未经许可“接触”数字化作品而使权利人丧失本应取得的收益。如《美国版权法》第 504 条对侵犯版权专有权利的民事责任和刑事责任做出了规定，第 1203 条又对直接规避“接触控制措施”和提供规避手段的民事责任和刑事责任进行了规定，只有“版权人”（含专有被许可人）才能对侵权人提起诉讼；而第 1203 条规定，“任何因他人违反第 1201 条而受损害的人”均可对违法者提起诉讼。

从版权人设立接触控制措施本身的目的来说，这种技术措施更多的是防止人们未经许可获取或接触作品，而这种仅仅接触作品的行为并不会必然侵犯版权人的专有权，只是会使他们失去本能取得的某些经济收益。加之接触作品与后续利用作品是两个独立的行为，合理使用仅能在版权侵权范围内进行主张，是一种可用于阻却侵权认定的“特权”。只有发生特定侵权行为后，才有主张合理使用的可能。因此，单就规避接触控制措施这一行为来看，它并不是一种侵犯版权的行为，而仅是一种违法行为。而合理使用是侵犯版权的抗辩理由，并不是一项积极权利，即并非请求权，仅意味着对作品的特定利用无须经过权利人许可，并不意味着对作品的获取也可以是免费的。因此，从合理使用的性质来看，它并不构成规避“接触控制措施”之行为的免责理由。[①] 基于同样的理由，对于提供规避手段的行为也不能基于合理使用而免责。否则，只要规避手段的提供者辩称其是为了使不具备技术能力的人对作品进行合理

---

① BASLER W. Technological Protection Measures in the United States, the European Union and Germany: How Much Fair Use Do We Need in the “Digital World”? [J]. The Virginia Journal of Law and Technology, 2003, 8: 19.

使用，其就无须承担责任。因此，并不能为合理使用而规避接触控制措施，两者之间的冲突是客观存在的：对作品以复制等方式加以合理使用的前提是能够获取作品内容，即“接触”作品。而“接触控制措施”则使未经许可者（如未付费者）无法“接触”作品内容，这就从根本上扼杀了对作品进行合理使用的前提。

（2）版权保护措施与合理使用之间的矛盾。版权保护措施保护的是作者对作品享有的专有权利，也就是制止未经许可对作品以复制或传播等方式进行利用的权利，当他人以合理使用抗辩其规避版权保护措施的行为时，仍要具体分析版权人是否在该作品上施加了接触控制措施。因为对规避版权保护措施能够主张合理使用抗辩，并不等于规避接触控制措施也必然合法。简而言之，相比起接触控制措施，版权保护措施情形下，合理使用可以构成对侵犯专有权利之诉的抗辩理由。且“版权保护措施”并非用于制止他人未经许可“接触”作品内容，因此只要相关作品没有同时受到“接触控制措施”的保护，规避者就能以阅读等方式“接触”作品。行为人在可以以阅读、欣赏等方式“接触”作品的情况下，对作品进行合理使用不但不会侵犯专有权利，也不会损害权利人在版权法中的正当利益。

因此，对于直接规避“版权保护措施”的行为，如果行为人是出于对作品合理使用的目的，且对作品的后续利用行为也确实构成合理使用，则该直接规避行为应当免责。虽然我国《著作权法》对规避接触控制措施与规避版权保护措施的行为在一般情况下都加以禁止，但是在讨论为他人提供规避“版权保护措施”的技术手段这一情形时，不能一概而论。首先，第一种情况直接规避“版权保护措施”的行为人与对作品实施复制等后续利用行为的人是同一人。直接规避行为与后续利用行为是基于同一目的实施的，如果后一行为是“合理使用”，没有理由认为前一行为应当受到禁止。其次，第二种情形是在对社会不特定公众采用“版权保护措施”这一规避手段时，提供者与对作品实施复制等后续利用行为的人并非同一人。不特定的公众在获得规避“版权保护措施”的手段之后，可能会对作品进行合理使用，但也有人会借此实施侵权行为。因此即使提供者确实希望帮助他人实现对作品的合理使用，合理使用也不能成为该行为的免责理由，否则禁止提供规避手段的条款就会失去意义。但是，在立法未禁止直接规避“版权保护措施”的国家，合理使用可以构成直接规避版权保护措施的免责理由，但现实中有能力自己规避“版权保护措施”的人是少数，所以技术措施与合理使用仍然存在冲突。

2. 技术措施保护例外制度在合理使用领域的不足

立法者发现了上述问题，于是研究并推出了技术措施保护例外制度，2020 年《著作权法》针对技术措施保护和合理使用的冲突问题做出了回应，但是基础的制度设计并未产生重大变化，基本上就是将《信网条例》和《软件条例》中间的相关条款整合后上升为法律而已，该制度的局限性在于，行为人可以“名正言顺”穿越“堡垒”的情形太少了，不能满足现实的需求。因此并没有完全解决两者的冲突问题。

（1）规避例外制度与教学和科研类合理使用条款对应分析。详尽分析《著作权法》第 24 条关于合理使用的规定以及第 50 条关于禁止技术措施保护规避例外的规定，并将两者进行一一比对，可以更好地得出在目前法律规制的不足之处。首先，《著作权法》第 24 条第 1 款第 6 项的合理使用情形对应第 50 条第 1 款第 1 项的情形，两个规定的前提条件相同，即为学校课堂教学或者科学研究，但是差异在于，此处明确了是合理使用研究、翻译、改编、汇编、播放或者少量复制的行为，相较来说行为限制明确。传统版权时代下已经形成较为稳定的利益平衡格局，该条款在近几次著作权修改中也没有涉及修改，可推定为成熟法条。但是第 50 条第 1 项关于禁止技术措施规避例外的规定，相比起合理使用第 6 项的规定，范围限缩明显，特别是所加入的重要条件“该作品无法通过正常途径获取”。“正常途径”的正常程度是什么？显而易见，该规定为法律原则性、兜底性规定，该处例外制度对公众实际使用作品来说，可能并没有实际性的帮助。

然而近年来，线上教学、线上会议已成为一种常态化教学或交流模式，尤其是跨国学术交流，线上方式甚至是唯一可选方案。在传统的教学方式中，学生与老师同处一个空间进行面对面交流，对老师和学生的时间与空间的同步性要求很高，而“线上教学”模式可以克服这一困难，不要求时间、空间上的同步性，从而具有明显的优势。同时，就主体而言，传统的“教学、科研人员”，在慕课模式下也有所不同，例如，参与慕课制作或传输的人员不再拘泥于“教学”或“科研人员”的特定身份。慕课模式虽然能在促进世界范围内知识传播与教育资源平衡方面发挥积极作用，但因其突破了传统的课堂教学的诸多特点，与当前禁止规避技术措施的例外情形不符合，使得慕课的制作者或传播者可能面临被诉侵权的风险。① 我国现行法律制度下的相关条款对慕课模式也并未做出相关回应，在涉及判定相关慕课课程或慕课教学能否适用禁止规避技术措施的限制与例外条款时，可能会因不匹配而导致其无法适用例外规定，令慕课的制作与传输面临较大的侵权风险。以上说明，新型的授课条件令旧时《著作权法》第 24 条第 1 项变得模糊，网络授课的空间形式令合理使用的适用采用了类似推定的形式，如果说网络授课还属于合理使用情形之一，不足以让学术界和实务界产生较大的争议，那么新的《著作权法》第 50 条第 1 项禁止规避例外制度的设置，使网络授课面对的冲击是空前巨大的，可以说在我国历史上该情况和矛盾是不曾出现过的。网络授课的模式在面对传统合理使用规则时，有超过其范围的可能性，面对技术措施，现有法定禁止规避例外情形的不足导致该问题的复杂程度更上一个台阶。受教育权包括两个基本要素：一是公民均有上学接受教育的权利；二是国家提供教育设施，培养教师，为公民受教育创造必要机会和物质条件。如某一个人没有受教育的机会，无法上学，他就丧失了受教育权；如果缺乏教育的物质保障或法律保障，公民的受教育权也可能落空。参加教育教学计划安排的各种活动，使用教学设施、设备、图书资料，是现今实现受教育权的重要途径，但是面对技术措施的层层封锁，以及禁止规避例外制度范围设置的缺陷，现今网络授课的教师和学生都存在无法及时使用网络图书资料、教学设备的情形，这将降低了法律制度对受教育权的保障作用，这是一个较为严重的利益失衡状态。②

（2）规避例外制度与人权保障类合理使用条款对应分析。《著作权法》第 24 条第 1 款第 12 项的合理使用情形对应第 50 条第 1 款第 2 项的规定，规

① 董慧娟．慕课教学与版权法技术措施保护间的冲突与对策［J］．贵州师范大学学报（社会科学版），2021（01）．

② 邹琳，陈基晶．慕课教育的合理使用问题研究［J］．知识产权，2015（01）．

避例外制度也是加了“该作品无法通过正常途径获取”这一限缩条件，这一组对比是关于阅读障碍者阅读权利的探析。根据生活实践经验，阅读障碍者在同等条件下获取作品的难度是明显大于正常人的，法律如此规定，会导致现实中真正可以为阅读障碍者扫清技术措施的情形少之又少。

第 24 条第 1 款第 7 项合理使用对应了第 50 条第 1 款第 3 项的规避例外，这种例外情形适用于执法活动、情报活动和其他政府活动。这个例外能够实现保障个人信息和人身安全的重要价值。按照美国立法初衷进行分析，联邦政府、州政府或政府分支机构的官员、探员或雇员，或根据与其签订的合同开展工作的人员，从事经合法授权的调查活动、保护性行动、信息安全活动或情报收集活动，可以直接规避“接触控制措施”。其中，“信息安全活动”是指为了发现和解决政府计算机、计算机系统或计算机网络中的问题而进行的活动。行为主体为联邦政府、州政府或政府分支机构的官员、探员或雇员。而我国进行执法、司法、监察行为时，也会出现运用某作品时遇见技术措施的情形，因此立法者于 2020 年《著作权法》修改之际将该情形列入五种例外之中。根据法条字面意义分析，两者表述差距不大，不同的是，第 24 条第 7 项侧重于表述范围——合理使用范围内，而第 50 条第 3 项侧重于表达国家机关的重点行为。关于第 50 条第 1 款第 4 项和第 5 项的规定，与合理使用制度的法律规定没有明确的对应关系。因此针对第 4 种例外情形和第 5 种例外情形，可用利益平衡的视角探索其规定机制是否存在问题。

我国禁止规避技术措施的例外类型太少，而且规定的范围过于狭窄，并没有将图书馆等机构基于保存版本需要而访问计算机软件纳入禁止规避技术措施的例外之列。虽然《著作权法》第 24 条第 1 款第 8 项早就规定了图书馆、档案馆、纪念馆、博物馆、美术馆等为陈列或者保存版本的需要，可以复制本馆收藏的作品。但是该规定仅允许图书馆等机构复制本馆收藏的作品，范围过窄，并且仍未给予图书馆等机构破解技术措施的例外。图书馆、档案馆对保存资料和保障公众的基本信息获取权起着至关重要的作用。因此，如果图书馆、档案馆在穷尽其他方法之后，还无法通过获取并复制来保存版权作品，可以考虑给予其破解技术措施的例外。①

（3）现有安全测试规避例外制度与合理使用制度的冲突分析。第 4 种例外，要对计算机、计算机系统或计算机网络的安全状态进行测试，以发现、查找或更正其中的安全性漏洞和薄弱环节，就需要进入该计算机、计算机系统或计算机网络，并调用其中的软件。但这些软件往往受“接触控制措施”保护。如果要在未经软件权利人许可的情况下调用这些软件，势必需要直接规避“接触控制措施”。对此，美国《数字千年版权法》规定：为进行安全测试而直接规避“接触控制措施”并不构成违法，只要该行为本身并不构成版权侵权或其他违法行为，包括 1986 年颁布的《计算机欺诈和滥用法》中所规定的情形。但规避者是否有资格享受免责，还要考虑下列因素：①从安全测试中获取的信息是否仅用于提高计算机、计算机系统或计算机网络操作者或所有者的安全保障能力，是否直接将该信息与该计算机、计算机系统或计算机网络的开发者进行了分享。②对于从安全测试中获取的信息，其使用或保存方式是否会为版权侵权或其他违法活动，如侵犯隐私或为破坏安全技术提供便利。该情形可能存在的问题，正如上文讨论过的，技术措施无法分辨人的主观因素，因此无法仅仅根据人的行为判断出其究竟属于技术措施规避行为还是属于技术措施规避例外的行为，如果没有详尽的细则或者考量标准，会导致该领域的软件资源无法被最大程度地使用，势必会造成资源的浪费，最终将导致整个社会的计算机及其系统或者网络安全的发展受到影响，往深层次思考，这会间接影响到信息自由权。

（4）现有加密和反向工程研究规避例外制度与合理使用的冲突分析。软件加密和反向工程研究，是对现有的软件目标代码进行分解，利用反汇编、反编译技术回溯源代码，进而分析软件的原理、流程、算法、结构等软件开发方法。加密和反向工程与技术保护措施是互相对立的矛盾体。如何调和两者的关系，充分发挥著作权作为利益平衡手段的作用，成为了大家关注的一

① 肖冬梅，方舟之. 美国禁止规避技术措施例外制度的缘起、演进与启示［J］. 图书馆论坛，2016，36（06）.

个焦点问题。[①] 我国现有法律规定的第 5 个例外，加密和反向工程是打破可能产生的利益失衡状态的一种有效手段。当事人在通过实施加密和反向工程获得软件创作的原理、思路时，很可能突破前文所述的技术保护措施。如果加密和反向工程合法，可能大大削弱技术保护措施的实际作用，损害软件权利人的利益，打击他们的创作热情；但如果针对"技术保护措施"的加密和反向工程研究行为被认定为非法行为，则会阻碍软件使用人获得软件创作的原理、思路，从而使软件权利人对不受著作权法保护的功能性概念、想法获得事实上的垄断，这不利于软件产业的发展，也违背著作权法的宗旨。规定加密和软件反向工程不受技术措施限制，但软件反向工程本身不得针对技术措施，损害版权人利益，在著作权法层面上确认了加密和软件反向工程的合法性，否定了禁止加密和软件反向工程条款，但是加密和反向研究例外存在的问题主要在两个方面。

一方面，软件所有者、委托开发者可以作为加密和反向研究者主体，在学界中能够达成共识，但是软件实际占有者、使用者能否作为加密和反向工程行为主体，学界并不能达成统一，法律规范也没有具体解释。在北京沙驼石化诉徐权等侵犯软件著作权纠纷案[②]中，法院提出了软件反向工程合理使用的三个必要条件：反向工程实施者具有合法用户身份，反向工程的目的具有非营利性或为公共利益需要，反向工程实施者不存在"实质性侵权"。这三个条件只是必要条件，非充分条件，是否构成合理使用还需个案分析。[③] 但从这三个条件中可以看出，并未明确排除软件合法占有者。

另一方面，能否通过合同条款约定禁止加密和反向工程行为，值得广泛探讨。加密和反向工程的前提是该主体以合法方式获得计算机软件，这种合法方式在通常情况下都需要获得软件权利人或者其授权的主体的同意。这就意味着软件权利人可以通过在相关协议中加入"禁止加密和反向工程条款"，规避加密和反向工程抗辩，而由于技术秘密带来的市场地位优势，这种做法

---

① 郭广平，冯岩岩．计算机软件反向工程的合法性研究［J］．湖北经济学院学报（人文社会科学版），2007（09）．

② 参见：北京市海淀区人民法院（2006）海民初字第 16187 号民事判决书。

③ 许欣．软件反向工程法律问题研究［D］．广州：广东财经大学，2018．

基本不会受阻。这样一来，加密和反向工程抗辩可能彻底失去了意义。有学者认为，计算机软件权利人设置禁止计算机软件加密和反向工程条款实际上就是一种“私人造法”行为，它所创设的权利超出了著作权法所规定的范围，而且通过这种合同的普遍化使用或者公示而演变成一种具有绝对效力的类物权。郭力诉微软中国公司软件许可使用合同纠纷案①中，法院认为：我国现有法律对禁止加密和反向工程条款的效力并无明确规定，根据“法无禁止皆可为”原则，被告设置禁反条款的行为属合法行为。有学者认为《德国著作权法》明确了被许可人为获得程序兼容性而进行反汇编的权利，进行加密和反向工程研究就是法定的权利，一般情况下不支持以软件许可合同来规避成文法。在我国新著作权法实施之后，计算机软件加密和反向工程被明确列为禁止规避例外的一种情形，软件权利人是否还能在意思自治的前提下设置禁止加密和反向工程条款，由于还未有确实案例产生，司法实践情况还未可知。②

（三）利益平衡原则视角下技术措施与法定许可的冲突

著作权法定许可是指根据法律规定，可以不经著作权人的许可，以特定方式使用已发表的作品，但应尊重著作权人的其他权利并向著作权人支付使用费的制度。法定许可制度也适用于邻接权。对于一些以营利为目的的作品，适用法定许可可能更能让权利人满意，因为相比合理使用而言，法定许可制度可以为其带来一定的报酬。法定许可的范围，相比起合理使用的范围更小一些，现行著作权法及相关条例明文规定包括：教科书使用的法定许可、报刊转载的法定许可、制作录音制品的法定许可、通过网络向农村提供作品的准法定许可，以及广播电台、电视台的法定许可和制作、提供课件的法定许可。法定许可和技术措施的主要冲突大体上与合理使用和技术措施冲突相类似，但禁止例外规则在法定许可领域依然存在特有的不足之处。

1. 技术措施与制作和提供课件法定许可的冲突

最容易与技术措施规避出现冲突的是提供课件的法定许可，也就是法定

① 参见：北京市第一中级人民法院（2006）一中民初字第 14468 号民事判决书。

② 许欣．软件反向工程法律问题研究［D］．广州：广东财经大学，2018.

许可的第一种类型和第五种类型——教科书使用的法定许可以及制作和提供课件的法定许可。第一种法定许可的制度设计目的在于促进我国科学、文化和教育事业发展，该种法定许可也适用于邻接权。① 第五种类型法定许可规定在《信网条例》第 8 条，这一规定是为了适应互联网环境，实现与编写教科书的法定许可相似的立法目的，均是为了促进科学研究、文化教育的发展，直接关系到公民的受教育权。② 但该类型的法定许可被限制在了更小的范围的，即为九年义务教育或国家教育规划。在教科书使用的领域，合理使用的范围明显要大于法定许可：首先，两者能够合法引用的范围不同，合理使用只允许少量使用，而法定许可允许使用的比例要大很多；其次，合理使用所引用的必须是已经发表的作品，法定许可则可以包括未发表的作品；再次，合理使用一般是非复制使用，而法定许可使用却可以出版、发行；最后，合理使用不需在著作权人没有声明不得使用的前提下进行，而法定许可必须有该前提。通过对比分析，可见在教科书使用上，法定许可的范围更窄，条件较为苛刻，但是相比起合理使用其权限更大，支持商业性利用等行为。因为其对受教育权、信息自由权的影响相比起合理使用更大。同时，上文讲到了现今网课盛行，而在授课过程中，电子版的教材以及课件的重要性显而易见，教师在授课过程中会经常使用电子板书为学生授课。

合理使用制度更适合免费、非商业性使用的领域，而法定许可制度则在一定程度上体现了相对公平的补偿机制，因此，法定许可制度为解决实现公民受教育权中的相关版权问题提供了另一条道路。不过，该条款将远程教育局限于“九年制义务教育或者国家教育规划”的范围内，对相关内容的提供也限制于“课件”范围内，有诸多限制条件。随之而来的问题在于，在法定

---

① 《著作权法》第 25 条第 1 款：为实施义务教育和国家教育规划而编写出版教科书，可以不经著作权人许可，在教科书中汇编已经发表的作品片段或者短小的文字作品、音乐作品或者单幅的美术作品、摄影作品、图形作品，但应当按照规定向著作权人支付报酬，指明作者姓名或者名称、作品名称，并且不得侵犯著作权人依照本法享有的其他权利。

② 《信网条例》第 8 条：为通过信息网络实施义务教育或者国家教育规划，可以不经著作权人许可，使用其已经发表作品的片断或者短小的文字作品、音乐作品或者单幅的美术作品、摄影作品制作课件，由制作课件或者依法取得课件的远程教育机构通过信息网络向注册学生提供，但应当向著作权人支付报酬。

许可领域外的付酬机制和法律救济机制的缺失，使得著作权人的获酬规定形同虚设。[①] 鉴于此，创作者会为了自身经济效益，在作品上设置更多的技术措施以对个人作品进行保护，这样会导致从事“九年义务教育或者国家教育规划”工作的主体在符合法定许可的情形下，无法及时使用高水平创作者创作的高水平作品，因此无法将其智力成果运用到线上的九年义务教学活动当中。

2. 技术措施与出版社、图书馆法定许可空间的冲突

报刊转载的法定许可和制作录音制品的法定许可也是值得详细讨论的内容，该项中受到技术措施影响最大的主体当属出版社和图书馆等机构。前文阐释过智能合约的作用与价值，而在区块链时代背景下，技术为出版社和图书馆带来福利的同时，基于智能合约的预先设定和区块链技术的高度安全和稳定属性，它们在法定许可领域也丧失了许多应有的法定权利。出版社和图书馆是社会知识、信息、文化的记忆装置、扩散装置，出版社和图书馆的功能受阻，是导致公众信息自由权和受教育权受损的一个重要方面，是版权利益失衡的重要表现。

传统互联网时期，出版社和图书馆依据法定许可条款，绕过著作权人的许可环节，直接支付费用使用著作权作品，可以提高作品的传播效率，增强信息服务效益。法定许可条款的设置是激励出版社和图书馆等文化行业机构发展的制度选择。但是，以有偿许可利用为目标的著作权智能合约的运行，直接把法定许可使用排除在作品使用方式之外，让出版社和图书馆所享有的法定许可权利可能无法行使。即使让出版社和图书馆行使法定许可权利，在智能合约下也仍然受到限制。例如，出版社和图书馆为了“扶助贫困”使用的作品，必须是“中国公民、法人或者其他组织已经发表的种植养殖、防病治病、防灾减灾等与扶助贫困有关的作品和适应基本文化需求的作品”，即出版社和图书馆所使用和传播的作品必须是特定的、符合法律规定的。如果著作权人依靠智能合约交易的对象是数据库等汇编作品，则可能把“种植养殖、防病治病、防灾减灾”与“航空航天、天文地理、机械制造”等作品打包交易，由于出版社或图书馆在智能合约中没有“反要约”的空间，也就没

① 郭少飞．区块链智能合约的合同法分析［J］．东方法学，2019（03）．

有机会要求著作权人分类提供。① 再者，由于修改区块链上作品的内容和形式必须得到51%以上用户的认证才能进行，出版社和图书馆要求著作权人将特定的作品从汇编作品中分离、单独提供几乎无法实现。如果把汇编作品"一揽子"传播给农村地区的贫困人口，则又超出了法定许可的范围，出版社和图书馆就会陷入侵犯著作权的境地。目前，国内的"亿书""版权家""影联""蚂蚁"等著作权运营系统，仅仅以有偿协议许可设计交易模式，致使出版社和图书馆的合理使用和法定许可使用等法定权利难以行使。美国的Media Chain 著作权交易系统通过上传更多其获取的开放资源供图书馆免费使用，试图弥补图书馆受限制的法定权利，但这也难以掩盖著作权智能合约设计上缺少图书馆著作权法定权利运行空间的事实。②

根据上述分析，可以看出虽然表面上是在讨论技术措施与法定许可对出版社和图书馆的影响，但实际上讨论的是技术措施禁止规避例外制度不足的问题，法定许可的不足还涉及广播电视台、互联网平台等传播者法定许可的空间被挤压的情形，因为新的著作权法关于禁止规避例外的规定并没有解决上述问题。

（四）区块链时代技术措施禁止规避例外制度完善之初步建议

随着社会生活水平的提高，社会公众开始了精神文化层面的追求，关注自身文化水平的提高，对文化产品的需求也日益扩大。不再满足于新闻类事件，对更多元化、多方位、多层次、多学科、多领域的知识产品的需求日益提升。网络技术快速更新换代，版权人维护版权的技术措施也日益精进，大多使用技术措施的版权人禁止未经许可的主体接触其作品，所以大多数普通公众无法接触到设置技术措施的作品。而避开技术措施或者破坏技术措施的行为，不仅存在技术上的难度，也是法律不允许的，所以保护版权的技术措施实际上阻断了公众对文化的需求，从公共利益角度来讲，现阶段版权人采取的技术措施违背了公共利益，在一定程度上阻碍了社会文化的交流和进步。

---

① 吉宇宽．区块链下智能合约对图书馆著作权利益的限制与改进策略［J］．国家图书馆学刊，2020（06）．

② SAVELYEV A. Copyright in the Blockchain Era：Promises and Challenges［J］. Computer Law & Security Review，2018（06）：550－561.

1. 区块链时代技术措施禁止规避例外制度完善路径之探索

美国禁止技术保护措施的例外制度在设置方式上采取了开放式的规定，在一般例外的基础上还附加了临时例外制度。可见其在倾向于权利人利益的立法导向上仍然规定了一般例外机制来平衡经济技术发展过程中带来的版权人和使用者之间的利益矛盾。我国禁止规避版权技术保护措施例外机制的立法模式亦可按照一般例外和临时例外相结合的模式来设计：法律规定一般例外，并授权国家版权局根据法律规定定期发布临时例外。而从我国对技术保护措施的规定来看，属于对技术保护措施的强保护，并且规定得较为简单、笼统、模糊，对规避版权技术保护措施的例外和限制规定也相对较少，并且没有一个平衡技术和版权发展过程中产生的矛盾的机制。从我国的版权管理部门来看，我国有专门的版权管理机构，其对于版权人和使用人而言是处于中立地位的，能够客观地为平衡各方利益提出对策。并且我国有大量版权行业的专业人才，有足够的能力判断新技术对版权产业发展的影响。从我国版权产业发展的现状来看，我国目前还属于版权进口型国家，国内版权产业正快速成长，信息网络传播技术发展迅速，建立灵活的临时例外机制能够及时应对我国飞快发展的网络技术对版权产生的不利影响。[①] 美国版权法把法律对规避行为的普遍禁止、法律规定的一般例外和行政立法临时例外三者结合起来，即结合“因素主义”与“规则主义”，这样的立法模式可以兼顾法律的灵活性和稳定性，平衡版权人和社会公众之间的利益，[②] 具有实时性和及时性的优势，但是美国协调技术保护措施与合理使用中的定期公布例外机制更多是偏向权利人的。这种烦琐、复杂的立法方式与我国目前的立法体制也是难以兼容的。[③] 鉴于“因素主义”立法模式也存在弊端，因此我国应该确定一般例外立法模式，不能一味地照抄照搬国外的立法模式，要结合我国著作权产业和知识产权发展状况综合考虑立法模式。

在确定一般例外和临时例外的模式下，需要继续讨论的是实务中出现的

---

① 程智慧．禁止规避版权技术保护措施例外制度［D］．湘潭：湘潭大学，2019：34.

② 刘聪．美国 DMCA 禁止规避技术措施临时例外制度研究［D］．湘潭：湘潭大学，2017：37.

③ 王迁．版权法对技术措施的保护与规制研究［M］．北京：中国人民大学出版社，2018：351.

例外情形应该被纳入原有的五项例外，还是需要创设新的临时例外。以利益平衡原则为视角进行剖析，可发现合理使用与技术保护措施之间的矛盾是显而易见的，而且其情况类型较多。除了合理使用中的三种情形（教科书、阅读障碍者、国家机关使用）在新修改的《著作权法》第50条得到了明确回应，其他的合理使用类型会因为法律规定的空白而导致其遇见技术措施时束手无策。虽然实务上关于此方面的案例不多，但是从理论上以及未来区块链技术发展的前景来看，未来两者的冲突一定是呈现加剧趋势的。因此，现有的五项例外规定是不足以满足现实需要的。而针对法定许可，图书馆等具有公益性质的主体因为区块链技术本身特性导致其本身具有的法定权利无法得到较大程度的实现，同时，《著作权法》第50条基本没有关于法定许可领域的正面回应，但是实务上却出现了因为技术保护措施导致公众受教育权和信息自由权受损的情形，权利人拥有了更多的法律筹码保护自身权利，公众和使用者却因为法律的缺位导致自身无法及时获取到有价值的信息，所以拓宽禁止规避的版权技术保护措施范围是必要的。

2. 拓宽版权技术保护措施禁止规避例外范围的必要性

数字时代，版权人对自己作品实施的技术保护就已经限制了作品流通，侵犯了著作权法对公共领域留下的空间。区块链时代，技术的飞速进步使得技术措施保护更为严密且公众难以掌握破解手段。

版权产业依靠著作权相关法律保护而生产运营具有版权的产品，涉及科学、文学、艺术领域，现在也包括依靠互联网等信息技术生产和传播的具有版权属性的产品。版权产业的核心在于创作作品，命脉在于管理和传播，基础在于版权保护。版权产业的健康发展需要激励创作、保护版权、运用和管理版权，而版权保护技术的研发应用是完善版权产业管理体系的重要支撑。可见在数字时代，相比通过司法手段或者行政手段维权，针对版权最便捷、有效、全面的维权方法是技术保护措施，相关权利人通过对版权对象设置技术保护措施就可以阻止任何人未经允许的访问、接触、使用行为，属于一种事前的防御性救济行为，避免了大量的行政和司法等事后救济行为，节省了维权成本和时间，有助于权利人将时间和精力放在创作、运营等版权产业的发展上。因此，对于技术措施和合理使用的冲突应当重新进行平衡。但是技术保护措施在保护版权权利的同时，也会存在过度保护版权的现象，比如计算机软件中反向工程是软件更新换代的重要途径，而计算机软件技术保护措施中并未将反向工程行为纳入禁止规避技术保护措施例外的范围，那么规避技术保护措施的行为就是违反版权法的，这明显不利于计算机软件的研发和升级。再比如利用现有作品创作新的作品是版权产业发展、增加和开发版权价值的重要表现，未经版权人许可授权的再次创作行为是违反著作权法的，但是这些非法演绎的作品本身具有一定的独创性，构成著作权法保护对象要件，属于著作权法保护的客体。有些视频或新闻平台会与版权人联合，实施技术保护措施，屏蔽侵犯第三方版权权利的作品上传、传播。在由用户生成内容并在互联网传播、共享信息的环境下，作品的创作不断更迭，作品的传播速度非常之快，传播时长也在缩短，对作品过多的技术保护不仅消磨了社会大众的创作积极性，而且降低了作品价值，抑制了更多版权产品的出现，更是对版权产业发展的阻碍。同时，技术保护措施会成为权利人的“挡箭牌”，会造成权利的滥用，在实务中还会出现如下问题：

（1）造成相关市场的垄断。随着科学技术的发展，为了获取更大的利益，大多数的厂家在生产过程中，为了控制运行情况选择计算机程序，但是需要有配件的“参与”，比如空调需要和遥控器进行配对，才能够达到调节温度的目的。为了挤压竞争对手的市场，不让消费者从竞争对手那里购买低廉的配件，厂商会在产品和配件上采取特殊的技术措施，这样他们生产出来的产品才能够在特有的程序的作用下，由配件发出指令，使产品发挥作用。如果竞争对手把技术措施破解，研究出了配件，能够控制产品，他们就会以破坏技术措施为由将其诉于法院。比如在“精雕案”中，原告开发了一款雕刻数控系统，只有原告精雕公司生产的雕刻机能够读取输出的加密文件。被告凯奈公司开发了一款能够接收原告生产的软件输出数据文件的软件，破坏了原告垄断市场的计划。因此，原告以凯奈公司破坏其技术措施为由诉至法院。这里提到的技术措施指的不是版权法提到的合法的技术措施，而是超出了法律允许范围的技术措施的滥用行为，为了一己私利垄断配件市场，限制竞争。

（2）不涉及版权保护的捆绑销售。在当今社会生活中，我们不难发现很多商家都利用“接触控制措施”将两个及以上的产品捆绑在一起，打包卖给用户。例如，中国联通与苹果手机合作后，不想让用户在选择联通套餐后，还同时使用电信和移动电话卡，联通就使用技术措施，把苹果手机和联通服务结合，苹果用户如果在订购联通套餐后，还是使用电信和移动电话卡，手机就会被自动锁定。

（3）出现控制不合理的跨境营销划分区域的技术措施。在市场上有一些“接触控制措施”的作用并不是为了保护版权人的专有权利，而是用于实现对产品销售区域的划分，并实现相关的价格歧视。这类技术措施使得在某个区域购买的产品在另一个区域的设备上无法使用，比如在香港购买的 DVD 不能在内地的播放机上播放，而且同一种商品在不同区域的售价是不同的。所以这种技术措施也防止了低售价区域的产品流入高售价区域。这种技术措施保护的就不再是版权法上的正当利益，而是商家的商业模式——不同区域的设备销售价格不同①。《著作权法》的目的不是保护商业模式，因此，在划分销售区域时，采用接触控制措施是不合理的。

基于上述实务问题和理论分析，笔者认为禁止规避技术保护措施例外制度的范围随着科技的发展和法律制度的不断完善，其范围应该是更为科学化、扩大化的。而且基于技术保护措施和合理使用的冲突、技术保护措施和法定许可的冲突以及实务出现问题的现实，现有五种例外规定不能满足现实需要，况且笔者上面谈到的垄断市场、捆绑销售、划分销售区域等情况，也不是合理使用和法定许可制度可以解决的，基于利益平衡原则考虑，扩宽禁止规避例外范围是必然选择，同时配套机制的设立也十分重要。

3. 在利益平衡原则指导下增加禁止规避例外情形

从我国现有的规定来看，我国著作权法保护的技术措施是控制访问的技术措施和控制使用的技术措施，禁止的规避行为既包括对控制访问技术措施的直接规避和提供规避技术、工具的行为，又包括对控制使用的技术措施的直接规避行为和提供规避技术、工具的行为。我国对于技术措施的著作权法保护非常严格，与欧盟的保护水平相似。而如前述分析，我国现有的版权产

---

① 参见：王迁．版权法对技术措施的保护与规制研究［M］．北京：中国人民大学出版社，2018．

业和版权相关技术的研发也相当有限，因此，应当对禁止规避技术措施的例外情况多加规定。具体应该从以下几个方面增加：

（1）补充数字环境下现有合理使用相关情形。在传统的纸质传播时代，社会公众拥有较为宽松的合理使用环境，但是在数字时代，社会公众的合理使用权益因权利人设置技术保护措施而受到阻隔。所以应当适当吸收合理使用制度中的具体情形。对于版权保护措施，如前所述，直接规避行为与后续利用行为是基于同一目的实施的，如果后一行为是“合理使用”，没有理由认为前一行为应当受到禁止。因此，可以将合理使用的情形加入禁止规避例外的情形，以保证合理使用制度与禁止规避例外的协调性。具体而言，应当承认，增设一般性条款可以使得合理使用制度更具有弹性，可以更好地适应社会技术快速变化发展的现实对法律制度的需求。此外，可以通过增设概括式的兜底条款，以防范因列举式立法的不周延给公众的使用利益带来障碍和损害。[①] 但同时有学者认为，概括式的立法模式还不适应当前我国的知识产权发展状况，以一般性条款限定合理使用范围的时机还不够成熟。不论是国际公约设定的“三步检验法”，还是《美国版权法》第 107 条规定的“四要素标准”，在实践中都可能导致法官自由裁量范围过大、裁量标准不统一等问题。因此，将合理使用情形纳入例外情形不是一劳永逸的选择，立法上若还存在临时例外，司法上还要处理法官是否有过多自由裁量权的情况，因此配套机制以及监管机制急需出台，这是下面章节阐述内容，本章不展开讨论。

（2）明确智能设备操作系统必须无障碍使用。智能设备已经融入生活，智能设备制造商、智能设备操作系统研发商之间的市场竞争会导致消费者对智能设备的操作体验和便利下降。比如与中国联通合作制造的手机不能使用移动公司的通信网络，这是联通与手机制造商、软件操作系统提供者对特定类型的设备终端设置了技术保护措施，消费者对自己享有所有权的智能手机不能进行完全的利用。而这种技术保护措施并非针对智能手机操作软件，而是通信网络运营商之间的竞争导致的。这种情况下的操作系统应该允许被规避。

① 王诗慧．区块链视角下技术措施保护与合理使用的协调研究［D］．湘潭：湘潭大学，2021：31.

（3）充分保障阅读障碍人士对作品的利用。这不仅是对阅读障碍人士而言的，还包括面向阅读障碍人士提供作品的营业者，这里的营业者既包括商业性的营利性机构，还包括非商业性质的公益机构和政府机构。因为：①受益人士直接规避技术保护措施是有难度的，并且不易操作。向阅读障碍人士提供作品的营业者有规避的能力，有实现这一目标的经济基础。②合法规避的主体除了非营利性质的公益机构和政府机构，还有营业性机构。原因在于，对于非营利性公益团体转换、生产适合阅读障碍人士阅读、欣赏的作品格式，没有市场激励机制，无法广泛挖掘适合阅读障碍人士阅读的作品。将营利性机构纳入合法规避技术保护措施的行为主体，有助于市场竞争主体投入充分资金和人力资源转换适合阅读障碍人士阅读作品格式，有助于激发市场主体对该行业的研究和利用，更多、更全面的作品可以被阅读障碍人士获取。

上述这些例外应当体现在我国的相关法律中，以具体的规定回应网络信息时代数字作品传播导致的著作权相关权利人与使用者、社会公众之间的利益失衡。[①]

4. 利益平衡视角下对技术措施实施行为的适当规制

从前文对五种类型的技术措施实施行为产生问题的分析中，不难发现"接触控制措施"比"版权保护措施"产生的问题更多，所以我们在设计规制办法的时候就需要有偏重，有取舍，对"接触控制措施"的实施行为进行较强的规制，对"版权保护措施"的实施行为的规制则较为简单。

（1）不禁止直接规避"接触控制措施"。"接触权"，或者"技术措施权"不是版权法规定的专有权利，是学者在研究技术措施性质时得出的概念。合理使用也不是一项积极的权利，只是侵权"阻却理由"，使用人不能以"合理使用"为借口，要求权利人免费向其提供作品或其他受保护的客体。权利人不能过度挤压合理使用的空间。随着信息网络的发展，现在的创作投入的成本更小，更加便利，所以相应地，版权人也应该为公众提供更多的便利，有更大的包容度。如前文所说，合理使用并不能作为直接规避"接触控制措施"的免责事由，所以合理使用与禁止直接规避"接触控制措施"

① 参见：蔡桂平．技术措施保护与合理使用的协调研究［D］．广州：华南理工大学，2019.

之间存在冲突。“接触控制措施”的直接作用并不在于直接保护版权，防止侵权行为，而在于使权利人能够从接触了其作品的消费者那里获取经济利益。但是实施规避行为后使用者一般用作个人阅读、欣赏，并且具备较高的技术能力，能够破解“接触控制措施”的使用者是少数，所以这一行为对权利人利益的影响是比较小的。同时，私下的规避行为是比较隐蔽的，权利人很难发现，更无从追究。综上所述，即使不禁止直接规避“接触控制措施”，权利人在版权领域的合法权益受到的损害也不会过大，同时还能为公众的合理使用留下必要的空间。

（2）合理设计禁止提供规避手段的条款。该措施对两种类型的技术措施均适用。我国《著作权法》第 49 条和《信网条例》第 12 条都明确禁止提供规避手段。正如第三章所分析的，如果允许以帮助他人合理使用为由向公众提供规避手段，那么将严重影响权利人的利益，过于偏向公众，使得技术措施形同虚设，所以在设计该条款时，应明确禁止向公众提供技术措施的规避手段。但在设计该条款时应该加入特殊条款，即如果有人的确在对作品进行合理使用时受到了技术措施的阻碍，可以向有能力提供技术措施规避手段的人做出书面申请，从而获得该技术措施的规避手段。但明知或应当知道申请内容虚假，仍然提供规避手段的，该规避手段的提供者应承担违法责任。这样，合理使用就不至于因为对技术措施的保护而难以实现，同时，合理使用又不至于被滥用，从而使利益平衡得以维持。

（3）增加技术措施采取者披露信息的义务。“接触控制措施”会限制消费者对作品的接触，这冲击了消费者的知情权，所以相比于“版权保护措施”的采取者，“接触控制措施”的采取者多了一项披露作品内容的义务。因此，“接触控制措施”的采取者披露信息的义务就包括两个方面的内容，分别是披露作品内容的义务和披露技术措施具体信息的义务，而“版权保护措施”的采取者披露信息的义务就仅仅指披露技术措施具体信息的义务。其中就作品内容而言，“接触控制措施”冲击消费者知情权，技术措施采取者应当向公众披露其作品的内容，可以通过技术措施采取者为消费者提供咨询服务这一方式。因为只要有“接触控制措施”的存在，消费者就注定无法在得到授权之前接触到作品的内容，那么怎么尽可能地保障消费者的知情权呢？

如果仅仅是加一段产品介绍可能还不够，还需要权利人为消费者提供咨询服务，帮助消费者了解产品是否符合他们的需求。当然，这一措施是否在实际情况中使用还需更深入地研究。就技术措施本身的信息而言，两种技术措施均适用此规制办法。技术措施采取者应当向公众提供其作品采用的技术措施的性质、功能和效果等信息，以此来保证客户对版权技术措施有一定的了解，并将其作为选择产品的考量因素之一。因为产品上的技术措施代表着该产品的限制，也就是用户使用的限制，用户大多偏向自由度大的商品，而权利人常常竭尽全力地吸引商家而不是将作品与消费者隔绝，所以他们可能不会自觉披露技术措施的信息。明确赋予版权人信息披露的义务，规定版权人采用技术措施限制用户访问或者使用作品时，应当在销售以前明确告诉消费者如何能够知悉作品包含的主要思想和信息、该被采用的技术措施的具体类型和主要功能，以避免消费者遭受不必要的损失。

（4）明确技术措施采取者的法律责任。法律应当规定当技术措施引起不当后果时，技术措施的采取者要承担相应的法律责任。比如某些施加了技术措施的软件能收集使用者的行为偏好、个人信息等，这对用户的隐私和信息安全构成了严重的威胁。法律就应当规定当版权人未事先告知用户并取得其同意就收集用户信息时，用户有权要求其停止侵权行为、赔礼道歉，如有损失有权要求赔偿等。在版权人取得用户同意收集信息后又违背承诺，公开或为其他目的利用取得的用户信息时，用户同样有权要求其承担相应的民事责任。①

（5）建立“法定许可使用通知模式”。如果使用者能够以法定许可形式使用作品，在使用作品之前应向著作权人提交“法定许可使用通知”。可将“法定许可使用通知”部署在区块链上，让著作权人阅读，点击同意后自动触发授权作品，从而实现作品向所需人提供。使用者在获得法定许可使用作品之后，可以按照设置好的期限向著作权人支付费用。同时，可以在著作权法中设立法定许可程序条款，从而在智能合约模式下为前文阐述的诸如图书馆合理使用和法定许可使用作品提供充分的法律依据。② 依照新增的著作权

① 周学敏．版权法上技术措施的滥用与对策［D］．重庆：西南政法大学，2008：21.

② 吉宇宽．区块链下智能合约对图书馆著作权利益的限制与改进策略［J］．国家图书馆学刊，2020（06）.

法的程序性条款规定，国家知识产权管理机构直接在区块链下的数字著作权交易系统行使有关作品的使用情况、费用收取、保管和分配等方面的监管职能，司法机构也可以直接介入合理使用和法定许可适用过程，依靠区块链技术特征实现对作品使用的司法监督。①

二、利益平衡视角下“阅读障碍者”例外规则的义务落实

《马拉喀什条约》已经在中国生效，但中国版权技术措施相关规制条款，不论是现行《著作权法》还是《信网条例》，都与该条约之规定稍有冲突，也未能契合中国作为发展中成员国之最适当标准。《马拉喀什条约》第7条规定了关于技术措施的义务，要求缔约方保证在禁止规避技术措施时，不能妨碍受益人享受条约所规定的著作权限制与例外。在我国正式批准加入《马拉喀什条约》前，对于第7条规定的技术措施义务进行了转化，增设了现行《著作权法》第50条第1款第2项的规定。现从利益平衡视角分析《马拉喀什条约》关于“阅读障碍者”技术措施规避例外的规定，以提出具体的完善及优化建议。

（一）《马拉喀什条约》概述

1. 缔约背景及中国的制度需求

版权的强保护将威胁到公众的言论自由权、信息获取权、受教育权等，而这一冲突，在一些特殊领域则显得极为突出。根据世界卫生组织2014年的一份事实情况说明书，预计全世界有285万人存在视力障碍，其中大约有90%居住在发展中国家。且患有视力障碍的人当中，年龄超过50岁的人的比重高达82%，随着人口的老龄化，视障人士所占比重将越来越大。而与此同时，大约只有不到7%的出版作品被制作成无障碍格式版以供视障人士使用。在经济不发达的国家情况更为严峻，这就使得一大批有视力障碍的人在获取知识与信息时受到了极大的阻碍。随着时代的发展，人权保护成为一个呼声越来越高的议题，与之相应，视障人士的权利保护也受到了越来越多的关注。

---

① 熊琦．著作权法定许可的误读与解读兼评《著作权法》第三次修改草案第46条［J］．电子知识产权，2012（04）．

为了使视障人士享有与正常人一样的获取知识、受教育等权利，相关组织和维权人士做出了巨大努力，以推动知识产权这个为私人权利而生的领域给予社会公共利益更多的关注。目前的窘境主要是由无障碍格式作品制作成本高、跨境交换难等问题引起的。如果著作权人能够适当放弃自己的部分权利，给视障人士一些例外条款，那么情况会得到很大的改善。因此，为盲人、视力障碍者或其他印刷品阅读障碍者获得已出版作品提供便利的《马拉喀什条约》便应运而生了。《马拉喀什条约》的技术措施义务条款意在维护和保证无障碍格式版本作品的制作，为其制作主体提供获取作品的便利。而我国作为人口大国，具有较大基数的应受益群体。根据中国残疾人联合会的数据，2010 年年末我国残疾人总人数 8502 万人，其中视力残疾者 1263 万人。如此庞大的视力残疾群体，却面临着匮乏的阅读资源。

笔者对中国盲文图书馆提供的服务进行统计，发现其主要提供的服务包括有声读物、电子书、电子盲文、视频课程、大字本读物、口述影像等。以视频公开课为例，全馆可以检索到 12 个哲学视频、9 个经济学视频、10 个法学视频、22 个教育学视频、26 个文学视频、17 个历史视频、10 个理学视频、17 个工学视频、8 个农学视频、144 个医学视频、14 个管理学视频、7 个艺术学视频、167 个心理学视频、82 个中小学视频以及 20 个其他视频课，所有的公开课不超过 600 个视频。电子书共计 432 本，其中生活类电子书和人物传记类电子书仅有各 1 本。有声读物共计 5574 个音频，根据网站的播放量可知，对于文学类以及生活类有声读物的需求量较大。电子盲文图书共计 5000 种，下载图书后可通过“点显器”进行摸读或直接转换为语音听读。人文社科类大众期刊总计 3300 余种，包括为全盲读者提供的纯文本版和为低视力读者提供的图文原貌版。截至 2014 年年底，大字本图书共计 338 种 5260 册，是视力部分受损的低视力群体最有效的阅读形式之一。作为帮助盲人聆赏影视艺术的重要文献载体，无障碍影视音像资料共计 118 部。视力残疾者群体能够获取的阅读资源非常有限，且许多资源已经非常老旧。在口述影视领域，其所能接触的影视资源相较于视力正常者所能获取的影视资源可谓是沧海一粟，无障碍格式版本作品的现有数量根本无法满足其阅读需求。因此，落实《马拉喀什条约》技术措施义务条款在我国具有重大社会意义，有助于解决我国视力残疾群体的作品获取问题，保障我国视力残疾群体的基本阅读权利。

2. 签署的历史进程与主要内容

（1）《马拉喀什条约》签署的历史进程。2004 年 10 月，经智利代表提议，为“教育、图书馆和残障人士而设的著作权及相连权的限制和例外”议题列入 WIPO 版权及相关权常设委员会第 12 届例会的议程。[①] 需求更为迫切的发展中国家首先对版权立法传统提出挑战。由于孕育著作权的发达国家注重维护著作权人的利益，而视障人群较多的发展中国家则坚持适当的例外条款应当被允许，私人权利应当对公众利益做出一定的让步；因此，各方之间的谈判与协商之旅尤为漫长。

自 2009 年起，WIPO 版权及相关权常设委员会每年举行两届的会议均将该条约作为重点讨论议题。2011 年 6 月 15 日至 24 日，在日内瓦举行的第二十二届 WIPO 版权及相关权常设委员会会议提出关于阅读障碍者限制与例外国际文书的提案。2013 年 2 月 18 日，WIPO 发布“促进视障者信息获取的著作权例外”的条约草案，4 月 20 日最终确定条约内容。2013 年 6 月 17 日至 28 日，世界知识产权组织在摩洛哥马拉喀什召开会议。然而，直到会议开始，双方在一些关键性问题上的分歧仍未消除，会议的前四天基本未取得任何实质性进展，最后还是在世界知识产权组织的斡旋下，双方才不得不各退一步，在预定时间内对所有问题达成了共识。2013 年 6 月 28 日，包括中国在内的 51 个国家签署了该条约。

条约需在 20 个《马拉喀什条约》第 15 条所规定的有资格的有关方交存批准书或加入书 3 个月之后方可生效。在世界盲联等有关组织的努力推动下，自 2016 年年底加拿大正式批准该条约后不久，该条约正式生效。截至 2017 年 3 月，共有印度、萨尔瓦多、阿拉伯联合酋长国、乌拉圭、马里、巴拉圭、新加坡、阿根廷、墨西哥、蒙古国、韩国、澳大利亚、巴西等 26 个国家批准通过该条约，中国已于 2021 年 11 月正式批准该条约。

（2）《马拉喀什条约》“四个定义”与“三个例外”。条约由序言、22 条

① 徐轩．图书馆印刷品阅读障碍人士版权例外研究：《马拉喀什条约》述评及对中国图书馆界的建议［J］．图书情报工作，2013，57（22）．

正文条款以及 13 条脚注构成，主要包括“四个定义”——受益人、作品、无障碍格式版、被授权实体以及“三个例外条款”——无障碍格式版本的制作与传播、无障碍格式作品的进出口（包括数字化传输与网上下载）以及规避技术措施。

①“四个定义”。“受益人”是整个条约服务的对象、客体，是最基本的概念之一。条约将受益人定义为以下三类人群：a. 盲人；b. 有视觉缺陷、知觉障碍或阅读障碍的人，无法改善到基本达到无此类缺陷或障碍者的视觉功能，因而无法以与无缺陷或无障碍者基本相同的程度阅读印刷作品；c. 在其他方面因身体残疾而不能持书或翻书，或者不能集中目光或移动目光进行正常阅读的人。由此可见，受益人的范围远不止盲人，甚至是视力障碍者，并且，在第 3 条脚注中还特别注有关于第 3 条第 2 项的议定声明：此处的措辞不意味着“无法改善”必须使用所有可能的医学诊断程序和疗法。比如，任何不能用矫正性镜片来改善其视力状况的视障人士均可被视为该条约所规定的受益人。以往的国际条约以及国内立法等大多只将受益人的范围局限于盲人，扩至视力障碍者已是一大进步，该条约对受益人的定义彰显了国际社会维护弱势群体之人权的决心。

条约中的“作品”指的是《伯尔尼公约》第 2 条第 1 款所指的文学和艺术作品，形式为文字、符号和（或）相关图示，不论是已出版的作品，还是以其他方式通过任何媒介公开提供的作品。另外，在第 1 条脚注中还特别指出该定义包括有声形式的此种作品，如有声读物。需要注意的是，像电影这样的有声作品是不属于该范畴的，而嵌入有声形式作品中的文本则属于该范畴，如教育性的多媒体光碟。

“无障碍格式版”指的是采用替代方式或形式，让受益人能够使用作品，包括让受益人能够与无视力障碍或其他印刷品阅读障碍者一样切实可行、舒适地使用作品的作品版本。该作品应为条约规定的受益人专用，这是平衡著作权人私人利益与公共利益的体现；同时，制作无障碍格式版本应尊重原作的完整性，但可适当做必要的修改以及为受益人需求而做部分修改。

“被授权实体”是指得到政府授权或承认，以非营利方式向受益人提供教育、指导、适应性阅读或信息渠道的实体。第 2 条脚注特别指出可以包括接受政府财政支持，以非营利方式向受益人提供教育、指导培训、适应性阅读或信息渠道的实体。其主要包括对象为受益人、非营利性质以及提供指定服务等要素。①

②“三个例外条款”。“可选择适用的商业途径获取例外”指无须经过著作权人的许可即可制作与传播无障碍格式版是条约目的得以实现的重要要求。但考虑到各地的立法传统等差异，允许各国或地区采取因地制宜的立法措施。需要注意的是，该条款并不一定要求在不能通过商业途径获取的情况下才有效，因为如果加入商业途径获取的限制，将对受益人的权益产生较大损害。具言之，即使某一无障碍格式版作品能通过商业途径获取，由于每一个具体的受益人对版本种类的要求不同，该版本不可能满足每一个具体的受益人的需求。例如，一个以盲文形式制作的无障碍格式版本，并不能使一个没有双手无法感知盲文的受益人满足其阅读要求。同时，考虑到信息时代的特性，无障碍格式版的传播应包括数据网络途径。

“跨境交换例外”是条约的一个主要目标。由于视障人士大多是发展中国家的公民，而无障碍格式版的制作成本又较高，因此，视障人士能获取的无障碍格式作品十分有限。而反观发达国家，因其经济发展水平较高，福利制度也较为完善，其无障碍格式版作品不仅数量可观，而且种类也相当齐全。正是因为这种供需不平衡的情况，跨境交换才显得尤为必要。条约的第 5 条对跨境交换做出了具体规定，要求缔约方在国内法中为其制定例外条款，以便无障碍格式版作品可以由一个被授权实体向另一缔约方的受益人或被授权实体发行或提供，但是要求其不能与作品的正常利用相抵触，也不能不合理地损害权利人的合法权益，且无障碍格式版作品不能用于受益人以外的目的。无障碍格式版的跨境交换对于避免重复制作相同的制品以节约资源以及维护全球范围内视障人士的权益有着重要的意义，对于解决发展中国家视障人士的“书荒”问题也有着积极的影响。

---

① 中国人大网．中华人民共和国全国人民代表大会常务委员会公报：全国人民代表大会常务委员会关于批准《关于为盲人、视力障碍者或其他印刷品阅读障碍者获得已出版作品提供便利的马拉喀什条约》的决定［EB/OL］．［2022－11－15］．http：//www. npc. gov. cn/npc/c30834/202110/9c54f1c172574463a6d2 6665fbbd4b9e. shtml.

"技术措施"是指权利人在数字时代保护自己利益的技术性手段，例如密码、序列号、防复制技术和内容扰乱技术等。随着互联网时代的到来，全球各个领域内都发生了广泛的信息化、数字化现象。因此，新时代的著作权受侵害的可能性大大增加，采取必要的技术措施成为多数权利人的选择。条约第 7 条规定指出，受法律保护的技术措施并不妨碍受益人享受本条约规定的限制与例外，即被授权实体或受益人等在制作无障碍格式版作品时可采取适当的规避技术措施。

（二）《马拉喀什条约》技术措施义务条款

1. 技术措施禁止规避例外条款概述

《马拉喀什条约》在第 7 条中规定，缔约各方应在必要时采取适当措施，确保在其为制止规避有效的技术措施规定适当的法律保护和有效的法律救济时，这种法律保护不妨碍受益人享受本条约规定的限制与例外。其为各缔约方设定了关于技术措施的义务，而各缔约方的普遍做法是在其国内法中规定禁止规避技术措施的例外。以我国为例，我国现行《著作权法》增设了针对阅读障碍者的禁止规避技术措施例外，解决了技术措施和获取作品之间的矛盾。

条约表明，被授权实体需要向受益人提供相应的服务，包括发行和提供无障碍格式版作品等，是最主要的规避技术措施的主体。在域外，被授权实体主要包括图书馆、公益组织与协会、文化部门与残疾人部门、残疾人委员会等政府机构或非营利组织。① 而我国并没有直接引入被授权实体这个概念。

2. 《马拉喀什条约》规范与修法前中国版权技术措施规制条款之冲突

中国 2010 年《著作权法》第 22 条第 12 项规定：将已经发表的作品改成盲文出版，可以不经著作权人许可，不向其支付报酬，但应当指明作者姓名、作品名称，并且不得侵犯著作权人依照本法享有的其他权利。第 48 条第 6 项规定：未经著作权人或者与著作权有关的权利人许可，故意避开或者破坏权利人为其作品、录音录像制品等采取的保护著作权或者与著作权有关的权利

---

① 王迁，陈绍玲．落实《马拉喀什条约》背景下"被授权实体"的协调保障机制研究［J］．中国出版，2021（23）．

的技术措施的（法律、行政法规另有规定的除外）属于侵权行为，应当根据情况，承担停止侵害、消除影响、赔礼道歉、赔偿损失等民事责任。2013 年修改的《信网条例》第 4 条规定：为了保护信息网络传播权，权利人可以采取技术措施。任何组织或者个人不得故意避开或者破坏技术措施，不得故意制造、进口或者向公众提供主要用于避开或者破坏技术措施的装置或者部件，不得故意为他人避开或者破坏技术措施提供技术服务（法律、行政法规规定可以避开的除外）。同时，《信网条例》第 12 条第 2 项还规定：不以营利为目的，通过信息网络以盲人能够感知的独特方式向盲人提供已经发表的文字作品，而该作品只能通过信息网络获取，可以避开技术措施，但不得向他人提供避开技术措施的技术、装置或者部件，不得侵犯权利人依法享有的其他权利。可见，现行中国的法律制度框架下，如果基于制作传统版权媒介的盲文作品而规避技术措施可适用合理使用的规定而不承担侵权责任，而在互联网环境下的技术措施规避行为若要符合合理使用的情形还应有个前提，即该作品只能通过信息网络获取。

最后一个版本的著作权法修改草案之送审稿则在其第 43 条依然只是将“已经发表的作品改为盲文出版”列入合理使用的范畴；其第 71 条第 2 项则规定：不以营利为目的，以盲人能够感知的独特方式向盲人提供已经发表的作品，而该作品无法通过正常途径获取时可以避开技术保护措施，但不得向他人提供避开技术保护措施的技术、装置或者部件，不得侵犯权利人依法享有的其他权利。虽然著作权法修改草案送审稿将“盲文”改为了“以盲人能够感知的独特方式向盲人提供已经发表的作品”，已经是立法的一大进步，但是其依然规定了“该作品”必须“无法通过正常途径获取”。

但是《马拉喀什条约》对于可不经许可而制作的作品范围的规定并不仅限于盲文，还包括其他无障碍格式版；其规定的“受益人”不仅是盲人，还有其他视觉、知觉和阅读障碍者等；该条约还规定了跨境交换例外和可选择适用的商业途径获取例外。而这些规定都是中国 2010 年《著作权法》及相关法律规范不曾涉及的。若中国不对相关法律规范再次酌情进行调整，则很难达到《马拉喀什条约》成员方最低义务标准的目标，可能会与大量加入了该条约的发展中国家逐渐脱节，无法走向共同发展的道路。

（三）我国对技术措施义务条款的转化及不足

1. 2020 年《著作权法》修改前的相关规定

在 1991 年实施的《著作权法》中，对于视力残疾群体也设定了著作权限制与例外，在当时的合理使用条款中，规定了“将已经发表的作品改成盲文出版”的情形，这与《信网条例》针对盲人群体的合理使用条款相契合，但其并没有针对视力残疾群体的禁止规避技术措施例外的规定。尽管我国法律已经为盲人群体设定了相应的著作权例外与限制，但《马拉喀什条约》规定的著作权限制与例外的受益人包括盲人、视力障碍者或其他印刷品阅读障碍者，且对于技术措施设定了相应的义务。

2013 年《信网条例》规定了针对盲人群体的著作权限制与例外，其在第 6 条规定，“通过信息网络提供他人作品，属于下列情形的，可以不经著作权人许可，不向其支付报酬……（六）不以营利为目的，以盲人能够感知的独特方式向盲人提供已经发表的文字作品”。而对于禁止规避技术措施例外，其在第 16 条中规定，“属于下列情形的，可以避开技术措施，但不得向他人提供避开技术措施的技术、装置或者部件，不得侵犯权利人依法享有的其他权利……（二）不以营利为目的，通过信息网络以盲人能够感知的独特方式向盲人提供已经发表的文字作品，而该作品只能通过信息网络获取”。由此可见，2021 年修法前的《著作权法》还无法达到《马拉喀什条约》的最低标准。

2. 2020 年《著作权法》禁止规避技术措施例外条款的规定

为了与《马拉喀什条约》接轨，我国在 2020 年对《著作权法》相关条款进行了修改，在第 50 条增设了禁止规避技术措施的例外，规定“下列情形可以避开技术措施，但不得向他人提供避开技术措施的技术、装置或者部件，不得侵犯权利人依法享有的其他权利：……（二）不以营利为目的，以阅读障碍者能够感知的无障碍方式向其提供已经发表的作品，而该作品无法通过正常途径获取”。这些修改更好地保障了视力残疾群体的权利，实现了对《马拉喀什条约》技术措施义务条款的立法转化，从而为我国正式批准加入条约提供了有利条件。

（1）设定规避行为的前提。现行《著作权法》对于技术措施的规避行为进行了相应的限定，要求其不以营利为目的，转化成无障碍格式的作品必须是已经发表的作品，该作品无法通过正常途径获取，这充分体现了该法条对于著作权人与阅读障碍者的利益考量。技术措施规避例外条款意在保障阅读障碍者等群体的利益，因为如果需要将著作权法所保护的作品进行转换，则需要经过著作权人的许可，这无疑增加了该群体的阅读成本。而现实情况是，受益人群体属于弱势群体，其平均收入水平也低于社会平均水平，而阅读的高成本会加大其获取知识信息的阻碍，无法满足受益人的基本阅读需求。联合国《残疾人权利公约》以及《世界人权宣言》都表明，盲人、视力障碍者和阅读障碍者具有平等的受教育、就业以及获取信息的机会。[①] 禁止规避技术措施例外条款有利于阅读障碍者获取作品，减轻阅读障碍者群体的经济负担。但对于著作权人来说，禁止规避技术措施例外是对作品排他性权利的一种限制，正如冯晓青教授所言："知识产权法本身是作为平衡知识产权人的垄断利益与社会公共利益而做出的制度设计，旨在激励知识创造和对知识产品需求的社会利益之间实现理想的平衡。知识产权人的私权利益与公共利益之间的利益平衡，是知识产权法律制度的基石。"[②] 因此，从利益平衡的角度出发，在对著作权进行限制时，也会对于该限制进行反限制，在技术措施规避例外条款中则体现为对规避行为的前提限制。

（2）限制无障碍格式版作品提供对象。现行《著作权法》对于无障碍格式版本作品的提供对象也进行了相应的限定，要求只能提供给阅读障碍者，符合《马拉喀什条约》第2条对于无障碍格式版本作品受益群体的要求，体现了对于著作权人利益的考量。在大部分发展中国家，无障碍格式版本作品数量远远不够，所以《马拉喀什条约》规定被授权实体可以规避技术措施，为受益者提供无障碍格式版本作品，增加无障碍格式版本作品的数量。但这同样也与著作权人的利益相冲突，将作品转换成无障碍格式版本作品后，被授权实体无法完全控制无障碍格式作品在市场上的流转，进而会有损著作权

---

① 联合国《残疾人权利公约》第3条。

② 冯晓青．利益平衡论：知识产权法的理论基础［J］．知识产权，2003（06）．

人的合法权利。因此，我国在进行立法转化时，要求无障碍格式版作品只能提供给阅读障碍者，这有利于从源头上控制转化格式后的作品在市场上的流通，降低非受益群体获取无障碍格式版本作品的可能性，有利于维护著作权人的专有权利。这些转化都体现了我国对于阅读障碍者与著作权人等群体的权利保护以及利益衡量，但可规避主体的定义、无障碍格式版的作品类型、阅读障碍者的范围以及正常途径获取的适用情形还有待进一步明确。

3. 现有法律法规条款中立法转化的不足

在条约的国内法转化过程中，我国《著作权法》并未对可规避主体、无障碍格式版的作品类型、阅读障碍者的范围以及正常途径获取的适用情形进行明确，在实践过程中不利于限制与例外权利的行使。为了更好地落实《马拉喀什条约》技术措施义务条款，有必要在《著作权法实施条例》中对禁止规避技术措施例外条款的定义与适用情形进行明确。

（1）可规避主体无定义。在《著作权法》的规避技术措施例外条款中，对于可以规避技术措施提供无障碍格式版本作品的主体并未做出明确的规定，只对其规避行为做出了限定，但由于可规避主体无定义，无法确定可规避主体的构成要件，不能确定可规避主体是否需要政府授权，是否需要具备相应的资质，也无法判断其是否与《马拉喀什条约》中被授权实体的概念相一致。可规避主体定义的缺失会导致可以实施规避技术措施行为的主体模糊不清，无法判断其行为是否属于禁止规避技术措施例外的情形，不利于实践中该条款的履行。

（2）无障碍格式版的作品类型无规定。按照我国《著作权法》对于作品类型的规定，作品类型主要包括文字作品，口述作品，音乐、戏剧、曲艺、舞蹈、杂技艺术作品，美术、建筑作品，摄影作品，视听作品，工程设计图、产品设计图、地图、示意图等图形作品和模型作品，计算机软件，符合作品特征的其他智力成果。但我国对于无障碍格式版本的作品类型并没有相应的解释说明，那么在实践过程中无法判断是否可以对于该类型作品进行技术措施规避，不利于具体规避行为的落实。

（3）阅读障碍者的范围不明确。阅读障碍者是我国在对《马拉喀什条约》进行立法转化时增设的新概念，而在条约中，可以接受无障碍格式版本作品的受众不仅仅包括阅读障碍者，还包括盲人、视力障碍者或其他印刷品阅读障碍者。而我国仅仅提到了阅读障碍者，且并没有对阅读障碍者的概念做出解释。那么无法从现有法律的文义解释直接判断我国《著作权法》中的“阅读障碍者”与《马拉喀什条约》中的“阅读障碍者”定义是否一致，就只能通过立法意图以及现状进行推定。但这种推定如果交由法官进行自由裁量，则具有较大的任意性，不利于标准的确定与完善，不利于法律的稳定性。阅读障碍者的范围直接指向了可以接受与使用无障碍格式版本的对象范围，如果不能确定阅读障碍者的范围，那么在实践中则无法判断某行为人是否属于可以接受与使用无障碍格式版本作品的受益主体。所以有必要在《著作权法实施条例》中对“阅读障碍者”进行明确规范。

（4）正常途径获取的情形不确定。技术措施规避例外条款将可规避主体的规避行为做了充分的限定，这些限定包括不以营利为目的，转化成无障碍格式的作品必须是已经发表的作品，该作品无法通过正常途径获取。其中对于“营利目的”以及“已经发表的作品”，其定义在《著作权法》中早有规定，但“无法通过正常途径获取”缺少相应的解释说明。正常途径获取的情形并不能通过简单的文义解释来加以确定，在其他相关的法律法规中也并没有规定正常途径获取的情形。无法通过正常途径获取作为实施规避技术措施行为的前提，如果不对正常途径的情形加以定义会导致无法对行为进行明确的定性，不利于判断行为是否侵权。

（四）从利益平衡角度进行优化路径构想

《马拉喀什条约》的技术措施义务条款涉及多方主体，包括第 3 条规定的受益人，第 2 条规定的被授权实体、作品的著作权人、非受益者群体等，主体之间的利益平衡是解决条约落实问题的必要考量因素。

1. 明确可规避主体的定义

《马拉喀什条约》第 2 条将技术措施规避主体限定于“被授权实体”，这一概念与我国可规避主体的概念相对应。因此，应当对被授权实体的相关规定进行分析，并参考域外转化的经验，从利益平衡的视角明确可规避主体的定义。

（1）可规避主体与被授权实体。“被授权实体”是指得到政府授权或承认，以非营利方式向受益人提供教育、指导培训、适应性阅读或信息渠道的实体。条款对被授权实体做了进一步限定，要求其需要得到政府授权或承认、非营利、仅针对受益人提供无障碍格式作品，这些限定体现了条约对于著作权人利益的考量。我国在进行立法转化时，并没有直接引入“被授权实体”这个概念，没有对可规避技术措施的主体做具体的解释与说明，但对规避行为在非营利、提供对象方面做了与条约相同的限定，只是并未规定可规避主体需要得到政府授权或承认。

域外对于“被授权实体”的转化也不尽相同。美国将被授权实体定义为“专门从事盲人或其他视障者的教育、培训、阅读或信息获取等特殊需求服务的非营利组织或政府机构”；[①] 日本对被授权实体的定义为“按照政令从事视觉障碍者福利事业的主体”[②]；英国要求被授权实体需要获得许可才能从事相应活动，并限定为“教育机构、非营利机构等许可机构”。[③] 对于被授权实体的定义都离不开对受益人与著作权人利益的考量，我国对可规避主体进行解释时，同样也应当考量双方主体间的利益平衡。

（2）利益平衡视角下明确定义。可规避主体的定义的明确，势必会对受益群体以及著作权人产生一定的影响，如果可规避主体的范围过大，不利于著作权人对作品排他性权利的行使，且会导致无障碍格式版本作品的流通不便于管理与控制，损害著作权人的合法权利。而范围过小，则会影响盲人等群体的受教育权、表达自由以及信息自由，在无障碍格式版本作品本就稀缺的情况下，没有足够的可规避主体制作无障碍格式作品供其阅读，将无法满足其阅读需求。

所以在进行定义的确定时，应当兼顾盲人等受益人群体的利益以及著作权人的利益。对于受益者群体而言，美国哲学家罗尔斯曾在其书《正义论》中提到的两个公平原则，即效率原则与差别原则。效率原则要求平等地分配基本的权利和义务，差别原则坚持每个人都要从社会基本结构允许的不平等

---

① 《美国版权法》（2007 年）第 121 条。

② 《日本著作权法》（2009 年）第 37 条。

③ 《英国版权法修改法案》（2014 年）第 31 条。

中（如财富与权利的不平等）获利。针对先天因素引起的社会不平等，应使最少受惠者的利益最大化，即通过给予弱势群体相较于普通群体更多的优待以达到公平原则所追求的实质平等。① 因此，针对我国无障碍格式版本作品的数量稀缺的基本情况，应当提供禁止规避技术措施例外以增加无障碍格式版本作品的数量，保障阅读障碍者群体的基本阅读权利。但也需要考量著作权人的利益。我国已经对规避行为在三个方面做出了限定，要求其不以营利为目的，转化成无障碍格式的作品必须是已经发表的作品，该作品无法通过正常途径获取，但这些限制无法对无障碍格式版本作品在市场上的流转进行控制，如果不对可规避主体进行管理与监督，可能会对著作权人的利益造成影响。因此，我国应当在《著作权法实施条例》中对可规避主体进行限定，明确可规避主体的范围，为可规避主体设定相应的门槛。条约规定的被授权实体应当获得政府授权或承认其具有一定的可行性，经过授权会更利于管理与监督。我国应当规定可规避主体需要获得授权，有关机构需要对有关组织或机构进行审查，为有能力制作无障碍格式版本作品的组织或机构授权，并为获得授权的主体设定相应的义务，可参照条约第 2 条的规定，要求其只能将无障碍格式版本作品提供给受益人群体。以中国盲文图书馆为例，其在提供无障碍格式版本的网站中声明了相关的版权问题："本馆积极采用先进的技术保护措施，使本网站发布的资源为盲人读者所专供，其他普通读者未经授权不得使用。"② 这有利于控制作品在普通市场的流通，不扰乱基本的市场秩序，保障著作权人的合法权利，并为受益人群体增设便利。

2. 明确无障碍格式版的作品类型

《马拉喀什条约》并没有对无障碍格式版作品类型做强制要求，而是通过第 12 条的"发展条款"给予各缔约方灵活处理的空间。应对于发展条款的相关规定进行分析并参考域外转化的经验，从利益平衡的视角明确无障碍格式版的作品类型。

---

① 参见：约翰·罗尔斯．正义论［M］．北京：中国社会科学出版社，2012.

② 参见：中国盲文图书馆版权说明［EB/OL］．［2022 - 03 - 05］．http：//www. blc. org. cn/copyright. aspx.

（1）作品类型与发展条款。《马拉喀什条约》在第2条中规定了作品类型的最低限度义务："作品"是指《保护文学和艺术作品伯尔尼公约》第2条第1款所指的文学和艺术作品，形式为文字、符号和（或）相关图示，不论是已出版的作品，还是以其他方式通过任何媒介公开提供的作品。并在第12条"发展条款"中允许在国内法中规定条约中没有规定的限制与例外。[①]无障碍格式版的作品类型的明确决定了可规避行为所能获取的作品类型，而我国在立法转化时，并没有对无障碍格式版作品类型进行明确，只是增设了"无障碍版作品"的概念。

域外关于无障碍格式版本作品类型规定的区别主要在于"视听作品"。以日本为例，其将无障碍格式版本作品类型定义为"因视觉障碍及其他障碍难以识别视觉表现者通过视觉来识别其表现的方式（视觉及包括由其他知觉识别的方式）的著作"，其将类型概括为"以视觉方式感知的作品"，将视听作品等都纳入适用范围。[②] 而美国则将试听作品排除在适用无障碍格式版限制与例外的作品类型之外，规定"无障碍格式版限制与例外仅仅适用于文字作品或以文字、符号形式固定的音乐作品"。[③] 对无障碍格式版本作品类型做出了较大的限制。

（2）利益平衡视角下明确作品类型。适用无障碍格式版限制与例外的作品类型确定需要对著作权人、阅读障碍者与非阅读障碍者之间的利益进行衡量。在条约的谈判过程中，就已经针对作品类型展开了充分的讨论，美国等发达国家要求将作品类型限制在"形式为文字、符号或图示"的作品，将包括电影在内具有高度商业价值的视听作品排除在外。其认为作品类型过广可能导致阅读障碍者在某些领域享有比非阅读障碍者更为优越的待遇，反而造成了阅读障碍者与非阅读障碍者之间的"不平等"。而我国则建议删除"形式为文字、符号或图示"的限制，使所有《伯尔尼公约》所列举的作品均可

① 《马拉喀什条约》第2条、第12条。

② 《日本著作权法》第37条第3款。

③ 《美国版权法》第121条。

适用无障碍格式版限制与例外。①

受益人群体本就属于弱势群体，其平均收入水平也低于社会平均水平。根据中国盲文图书馆的数据，无障碍影视作品是阅读障碍者获取信息最有效、最直接的方式之一，作为帮助盲人聆赏影视艺术的重要文献载体，无障碍影视音像资料仅仅只有118部。而非阅读障碍者群体能够接触到的作品数量数不胜数，可以通过各种方式便捷地获取作品。所以基于二者之间的巨大现实差距，将视听作品纳入限制与例外的范围并不会导致二者之间的不平等，反而是为了达到二者获取信息水平上的平等。

因此，在明确作品范围的时，我国首先应当履行《马拉喀什条约》第2条规定的义务，将文字、符号等以视觉方式感知的作品纳入限制与例外范畴，允许包括文字作品在内的大多数作品可以用文字、符号进行表达并被制作成无障碍格式版。其次，应当考虑现实情况，我国现有的无障碍影视作品相较其他作品类型而言较为稀缺，应当考虑将一部分类型的视听作品纳入作品范围，增加阅读障碍者能够获取的无障碍格式版本影视作品的数量，更好地满足阅读障碍者的精神文化需求。综上，在对适用无障碍格式版限制与例外作品类型进行明确时，应当将我国现行《著作权法》中已经明确划分的作品类型纳入限制与例外的范围。

3. 明确阅读障碍者的范围

《马拉喀什条约》在第3条将著作权限制与例外的主要受益主体限定在"受益人"，其包括盲人、视力障碍者或其他印刷品阅读障碍者。需要对"受益人"的范围与我国规定的"阅读障碍者"的范围进行对比分析，并参考域外转化的经验，从利益平衡的视角明确阅读障碍者的范围。

（1）阅读障碍者与受益人。条约规定的受益人指的是"盲人；有视觉缺陷、知觉障碍或阅读障碍的人（无法改善到基本达到无此类缺陷或障碍者的视觉功能，因而无法以与无缺陷或无障碍者基本相同的程度阅读印刷作品）；在其他方面因身体残疾而不能持书或翻书，或者不能集中目光或移动目光进

---

① 王迁，邵天朗．论《马拉喀什条约》与我国著作权立法的修改［J］．版权理论与实务，2021（10）．

行正常阅读的人"，将大部分需要阅读无障碍格式版本的群体纳入，包括盲人、视力障碍者或其他印刷品阅读障碍者。而我国规定的受益主体是"阅读障碍者"，其范围还需要进一步在《著作权法实施条例》中进行明确。

对于"受益人"概念的转化，我国台湾地区规定受益人群体为"视觉障碍者、学习障碍者或其他感知著作有困难的障碍者及其代理人"。[①] 属于对条约的定义进行了扩张解释，不仅包括具有障碍的人，还包括其代理人。

部分国家采取与条约水平一致的定义，如英国规定其受益人为"盲人、视力有缺陷不能正常阅读的人、身体残疾不能拿起书本或将眼睛移动到某个范围以便阅读的人"。[②] 我国在对阅读障碍者的范围进行明确时，应当考虑到我国的现实国情，并考量阅读障碍者与非阅读障碍者之间的利益冲突。

（2）利益平衡视角下明确范围。"阅读障碍者"范围的明确，会影响阅读障碍者与非阅读障碍者之间的利益平衡，如果范围过大，将本不需要无障碍格式版本作品的主体划分入内，则会导致阅读障碍者享有比非阅读障碍者更为优越的待遇，造成阅读障碍者与非阅读障碍者之间的"不平等"；而范围过小，则达不到条约所规定的最低标准，对于需要无障碍格式作品的主体而言，无法满足其基本阅读需求。

《著作权法》第 24 条通过将"盲人"改为"阅读障碍者"来提高保护水平，因此应当明确"阅读障碍者"是"盲人"的上位概念。"阅读障碍者"的表述应当使得我国著作权限制与例外的受益对象可以囊括所有无法正常阅读的个体，包含盲人以及因肢体残疾而无法翻书的人等，其保护水平应当至少与条约规定的水平保持一致。

在《著作权法实施条例》中对阅读障碍者的范围进行明确与解释时，应当和我国现有残疾人分类方法相联系。我国《残疾人保障法》将残疾人进一步区分为"盲人""听力残疾人"和"言语残疾人"。[③] 而根据全国残疾人抽样调查，其将视力存在残疾的残疾人称为"视力残疾人"，并在两次调查中确定了"视力残疾人"的认定标准。我国 1987 年第一次全国残疾人抽样调

---

① 中国台湾地区"著作权法"（2014 年）第 53 条。

② 《英国著作权法修改法案》（2014 年）第 31 条。

③ 《残疾人保障法》第 50 条第 3 款。

查使用的手册认为视力残疾是指由于各种原因导致双眼视力障碍或视野缩小，而难以完成一般人所能从事的工作、学习或其他活动，通常包括盲和低视力两类。在2006年第二次全国残疾人抽样调查标准中，视力残疾是指由于各种原因导致双眼视力低下并且不能矫正或视野缩小，以致影响其日常生活和社会参与，视觉障碍是指由于各种原因导致双眼视力低下并且不能矫正或视野缩小，以致在日常生活和社会参与过程中存在障碍。① 因此在对“阅读障碍者”的范围进行明确时，可以参考残疾人抽样调查中的视力残疾人认定标准，将“阅读障碍者”解释为盲人以及低视力不能矫正或视野缩小的人群，保证受益者群体能够通过法律条文确定自己是否属于限制与例外的受益对象。

4. 明确正常途径获取的情形

《马拉喀什条约》第4条第4款规定的“商业可得性规定”以及我国规定的“无法通过正常途径获取”都为技术措施规避行为设定了前提。可以参考“商业可得性规定”及其域外转化的经验，从利益平衡的视角明确正常途径获取的情形。

（1）正常途径获取与商业可得性规定。“商业可得性规定”，即“缔约方可以将本条规定的限制或例外限于在该市场中无法从商业渠道以合理条件为受益人获得特定无障碍格式的作品。利用这种可能性的缔约方，应在批准、接受或加入本条约时，或者在之后的任何时间，在向世界知识产权组织总干事交存的通知中作出声明”。② 该规定是对于著作权人利益的考量，限定被授权实体只能对于无法从商业渠道以合理条件获得的作品行使著作权限制与例外。

条约规定“商业可得性规定”采取灵活性规定。之所以不对该规定做强制要求，是因为该规定一方面是对于著作权人利益的考量，另一方面是对于受益人享有的著作权例外的反限制规则。如果设立商业可得性规定，那么受

① 邓猛．视觉障碍儿童的发展与教育［M］．北京：北京大学出版社，2011：4.

② 陶月，冯洁菡．视障者对受版权保护作品的获得权：WIPO《为视障者获得已出版作品提供便利的马拉喀什条约》评析［J］．残障权利研究，2014（01）.

益人所能享有的限制与例外会受到限缩。因此基于不同的国情，需要对二者的利益进行考量后再决定是否需要规定商业可得性前提。目前，在转化时引入了“商业可得性规定”的国家有日本、加拿大、英国等。以日本为例，其在实践中提供了全面的书目检索服务，支持“被授权实体”提前通过国立国会图书馆网站进行筛查，确保市场中不存在相关作品，近期也没有其他主体正在进行无障碍格式版的制作与开发。① 而新西兰则选择完全废除“商业可得性规定”。② 我国现行《著作权法》也没有设立“商业可得性规定”，只是将规避行为限定在该作品无法通过正常途径获取的前提下。

（2）利益平衡视角下规定情形。商业可获得性规定是对作者专有权利的保障，如果完全废除该规定，容易导致实践中著作权例外无限扩张，对作者合法权益造成不利影响。但如果按照商业可得性规定去解释合理途径获取，又会限缩阅读障碍者群体享有的限制与例外。

在实践中，获取作品的方式主要可以分为免费获取及付费获取，而免费获取还可以细分为经许可不需付费、不经许可不需付费，付费行为也可以分为经许可需付费、不经许可需付费两种情形。比如视频网站中部分视频只需要进行登录操作就能够下载观看，而部分视频需要充值会员才能下载观看，但付费获取作品是否属于正常途径获取并没有明确的界定。如果付费获取作品属于正常途径，那么所有可以通过付费获得的作品都不能规避技术措施。设定著作权限制与例外本身是为了解决阅读障碍者群体的书荒问题，缓解其生活与经济压力，而现实生活中大部分作品都需要通过付费获取，如果对于付费的情况不能进行例外规定，那么规避例外作品数量将大大减少，无法真正解决阅读障碍者的书荒问题。因此，在对于正常途径进行解释时，不应当要求太过严苛，应当在《著作权法实施条例》中将正常途径获取限定为免费获取作品这种情形，而对于付费获取的情形应当允许其规避技术措施。

---

① 鲁甜．我国视力障碍者获取作品之著作权限制研究：以日本经验为视角［J］．国家图书馆学刊，2021（30）．

② 吴柯苇．新西兰无障碍格式版本著作权例外制度研究：以《马拉喀什条约》转化立法为中心［J］．出版发行研究，2021（10）．

第六章 区块链时代版权技术措施实施相关法律规则构建

信息技术环境下的版权主体通过互联网各类平台传播和利用作品，并发掘版权产业各类衍生产品。权利人或平台方一般都会采用各类技术性手段来保护自身的合法权利，这类技术措施主要用于“防患于未然”，旨在防范未经许可的浏览、下载、复制、传播和其他各类利用作品的侵权行为。在应用区块链技术的基础上，以科学管理技术措施实施为目标，通过建立促进流通、传播以及不额外增设权利行使成本的相关法律规则来保障相关权利人的权益，实现对实施技术措施行为的有序管理与有效保护，需要围绕技术措施实施所涉及的主体、客体、行为及责任这四个方面的具体法律规则的设计进行建构。

一、版权技术措施实施相关主体规则

技术措施与技术措施实施是两个不同的概念，前者具备技术中立的属性，通常是权利人为预防侵权行为所采取的救济手段，而后者在行为性质方面，蕴含着法理学上所称的行动权利之意味，即作为一种保护权利的权利。为了进一步明晰这种权利，有必要就技术措施实施相关主体资格及其义务先行展开探索。

（一）技术措施实施的主体资格

技术措施的实施所产生的技术壁垒保护需要技术知识背景，一般情形下版权方对版权作品采取技术措施需要通过委托专门从事加密研究的第三方主体进行研究和开发，但理应认定版权方才是技术措施的实际实施者和受益者。[①] 从国际相关条约及我国著作权法等相关规定中可以将技术措施实施主体概括为以下几类：著作权人、与著作权有关的权利人、专有及非专有被许可人。

1. 著作权人

对于技术措施实施的版权方的理解，可以从 WCT、WPPT[②] 和最新签订的 RECP 等国际条约中得知有权采取技术措施的实施主体是“作者”“表演者”或“录音制品制作者”。我国目前的《著作权法》中规定的技术措施实施主体为“权利人”。早在 2010 年颁布施行的《著作权法》第 48 条第 1 款第 6 项就已规定“未经著作权人或者与著作权有关的权利人许可，故意避开或者破坏权利人为其作品、录音录像制品等采取的保护著作权或者与著作权有关的权利的技术措施的”，应承担法律责任。[③] 从这一方面来看，著作权人是当之无愧的技术措施实施主体之一，而且在规定规避技术措施的法律责任时对权利人的表述是“著作权人或与著作权人有关的权利人”，这一表述在现有立法当中被概括成为“权利人”。技术措施制度是为了有效保护著作权人权益，其保护的是创作作品或继受著作权的自然人、法人和其他组织，从现行著作权制度来看，技术措施保护的理应是包括原权利人、权利受让人及许可人等在内的所有对版权保护客体享有合法权益的主体。由此可见，一些国际条约中所规定的主体范围过窄，不合理地排斥了其他未被涵盖进来的著作权人和邻接权主体。[④]

2. 与著作权有关的权利人

上文提到，技术措施的使用主体明确定为“著作权人或与著作权有关的

---

① 谢惠加，王影航．论版权人的技术保护措施信息披露义务［J］．知识产权，2013（06）.

② 《世界知识产权组织版权条约》（WCT）第 11 条规定：“缔约各方应规定适当的法律保护和有效的法律救济办法，制止规避由作者在与行使本条约或《伯尔尼公约》所规定的权利有关的活动过程中使用的，对就其作品进行未经该有关作者许可或未由法律准许的行为加以约束的有效技术措施。”

《世界知识产权组织表演和录音制品条约》（WPPT）第 18 条规定：“缔约各方应规定适当的法律保护和有效的法律救济办法，制止规避由表演者或录音制品制作者在与行使本条约所规定的权利有关的活动中而使用的，对就其表演或录音制品进行未经该有关表演者或录音制品制作者许可或未由法律准许的行为加以约束的有效技术措施。”

③ 王迁．版权法对技术措施的保护与规制研究［M］．北京：中国人民大学出版社，2018：64－65.

④ 张耕．略论版权的技术保护措施［J］．现代法学，2004（02）.

权利人”，这其中“与著作权有关的权利人”明显是指表演者和录音录像制品制作者等邻接权人。[①] 我国《著作权法》将邻接权称为“与著作权有关的权利”，其中包括表演者对其表演活动、录音录像制作者对其录制的录音录像、广播组织对其播出的广播节目和出版者对其版式设计所享有的专有权利。这些权利都是基于作品传播所衍生的，而技术措施也往往在这个传播过程中被实施采用，同时版权作品的所有者也可以是作品的传播者。在 1996 年世界知识产权组织颁布的 WPPT 以及欧盟 1998 年形成的《有条件访问服务指令》（*Eu Conditional Access Services Directive*）中，均对作品传播者所享有的邻接权进行了保护，这背后是传统传播组织，如出版界等的推动下实现的。[②] 让与著作权有关的权利人成为技术措施的实施主体之一，不仅考虑了他们的重要利益，同时也能够有效保障著作权人和邻接权人共同的经济权利。

3. 专有及非专有被许可人

专有被许可人以及非专有被许可人也可以成为技术措施的实施主体。此处的专有被许可人指的是《著作权实施条例》第 24 条规定的专有许可合同的被许可人，同理非专有被许可人即普通许可合同的被许可人。对于专有被许可人而言，其可以在版权侵权诉讼中直接起诉侵权人，那么在侵权行为发生之前抑或是为了防止侵权行为所采取的保护自身在著作权法中的正当权益的技术措施既是合理的又是合法的。[③] 专有被许可人在被许可范围内获得了一种近乎“绝对权”的排他性，这种排他性赋予其在被专有许可的范围内直接起诉他人侵权行为的权利，而非专有被许可人则不具有这种权利。但对于技术措施来说，其本身并非是一项“专有权利”，它只是一种能够阻止他人对作品实施侵权行为的技术性手段。因此，无论是版权的专有被许可人还是非专有被许可人都可以采用技术措施来保护自己的利益，成为技术措施实施主体之一。[④]

---

① 王迁．版权法对技术措施的保护与规制研究［M］．北京：中国人民大学出版社，2018：65－66.
② 刘志刚．试论版权法中技术措施的规避与利用［J］．情报理论与实践，2005（05）.
③ 王迁．版权法对技术措施的保护与规制研究［M］．北京：中国人民大学出版社，2018：65－66.
④ 王迁．版权法对技术措施的保护与规制研究［M］．北京：中国人民大学出版社，2018：71－72.

（二）技术措施实施主体的义务

在版权普遍扩张的国际潮流之下，从我国2020年《著作权法》不仅引入和衔接了《信网条例》中第12条关于技术措施禁止规避例外情形的相关规定，而且相应新增了“进行加密研究或计算机软件反向工程研究”这一种新的允许规避情形来看，我国立法已经开始重视对因允许版权人采取技术措施所带来的新的利益不平衡问题的解决。但是，随着实践中技术措施滥用问题的不断出现，试图仅凭技术措施禁止规避例外机制来构建与技术措施保护制度相应的技术措施限制制度似乎比较乏力。因此，可从权利限制角度出发，对技术措施实施主体应承担的义务内容予以研究探讨，以期缓解版权人权利与义务之间的不对等矛盾，更好地平衡权利人私益与社会公众之间的利益冲突。

1. 搭建技术措施实施主体义务规则体系的依据

以区块链为代表的一系列新兴技术的出现，既进一步丰富了技术措施可利用的技术内容，也为新型技术措施滥用行为的产生制造了新的空间。因此，我们急需通过搭建技术措施信息披露义务机制来预防和限制新技术措施滥用行为的产生，从而有效促进版权交易双方利益平衡的实现以及维护我国版权市场良好秩序，发挥技术措施制度推动我国版权产业发展繁荣的制度正效应。同时，明确技术措施实施主体提供合法破解版本的义务也能保证社会公众的合理使用空间。目前，域外以美国、法国和德国为主要代表的一些发达国家已经开始就与版权技术措施实施主体义务相关的一系列问题展开研究和立法探索。

美国除了在DMCA中建立禁止规避例外情形审议机制以灵活保障社会公共利益，还对技术措施实施主体的义务进行过激烈探讨。早在2003年1月，以Boucher和Doolittle为代表的众议员就站在数字媒体消费者权益保护角度，向众议院和参议院提交了“数字媒体消费者权利法”议案，议案明确权利人对带有防复制措施的音频压缩唱片具有标识义务，要求其在唱片上附加“数字音频压缩唱片”的标志，并在外包装上对唱片的使用限制范围、播放设备及软件要求等信息进行明确说明，同时对应认定为标识错误的情形进行了列举。上述相关内容，主要体现在该议案的第 2 条和第 3 条之中。[①] 2004 年，《美国数字媒体消费者权利法》由国会通过并实施。另外，同年 3 月，参议员 Ron Wyden 向参议院提交了“数字消费者知情权法案”，其重在保障数字消费者对技术措施实施的知情权，规定数字产品生产者和发行者对其所采取的技术措施负有披露义务，并明确了披露的一般要求、披露的方式以及列举了强制披露的情形，并初步构建了强制披露的例外规则。[②] 2009 年《美国数字消费者知情权法》正式明确了对数字内容设有技术措施的生产者和发行者的信息披露义务。但遗憾的是，这些规定只是初步形成了信息披露机制的雏形，细节之处还不够具化，至今其上位法 DMCA 的修正也没有引入这些条款。

德国著作权法也对技术措施实施主体进行限制做了相应规定。首先，在《德国著作权法》第 95 条 b 限制规定的实施部分中，第 1 款即明确规定权利人需承担提供规避技术保护措施必要手段的义务，以保证社会合理使用空间不受影响，将禁止规避例外情形落实到位。[③] 同时，该条第 2 款规定立法给

---

① 第 2 条：“议会发现如下事实…… (3) 应当授权联邦贸易委员会确保对预先灌制的数字音乐唱片产品进行充分标识。”第 3 条提到未被适当标识的防复制压缩唱片的处理，即建议在《联邦贸易委员会法》第 24 条之后插入新条款，内容为：“(a) 本条中的定义……。(b) 禁止的行为：(1) ……如未经正确标识，或包含虚伪、引人误解的广告或发票，符合本条或委员会依照 (d) 项制定的其他规范，属于非法行为，并根据第 5 条 (a) (1) 认定不正当竞争一级不正当及欺骗性商业行为或做法。(2) 在某预先灌制的数字音乐唱片产品出售并交付最终消费者之前去除或破坏，或参与去除和破坏本法所要求附加在数字音乐唱片产品上的标识均属非法，并应根据本法认定为构成不正当竞争及不正当及欺骗性商业行为。(c) 如下情形应认定为标识错误的唱片：(1) 带有任何根据通常惯例可能导致其被当作音频压缩唱片的标记……；(2) 在零售包装的正面没有使用突出、易懂的词汇标明……”

② “美国数字媒体消费者知情权法”(参议院提案)，第 3 条：“(b) …… (2) 披露方式：包括在包装上加贴标签，或者其他委员会认为能够达到本法目的的方式。委员会可以针对不同类型的作品及不同发行渠道规定不同的披露方式；…… (d) 披露要求的例外：‘对下列情形，联邦贸易委员会不得要求披露：(1) 使用方式明显过于罕见或不寻常，以至于事先披露所带来的负担超过给消费者带来的益处；(2) 使用方式并非明显用于合法目的。’”

③ 《德国著作权法》第 95 条 b “限制规定的实施”：“1. 只要权利人据本法使用了技术措施，就有义务根据向合法访问作品或受保护对象的下列规定的受益者提供可使用的必要手段，以使他们能相应适用下列规定”，“下列规定”列举了一系列禁止规避例外情形。“2. 违反第 1 款规定的，相关受益人可请求提供为实现各项权限所必要的手段。”

予合理使用者要求权利人提供规避手段的请求权。[①] 其次，在《德国著作权法》第95条b明确规定了版权人的标识义务，即明确规定版权人需对实施了技术措施保护的作品承担标识义务，即应对所采取的技术措施及其特征和技术措施使用限制等方面承担标识义务。同时，明确相对人享有申请提供必要手段的请求权，当受益人提出请求时，规定版权人有义务提供其所需的信息，包括权利人姓名和商号及地址等。[②] 该标识义务在性质和功能上其实就是信息披露，与上述美国法案中所提到的信息披露义务无实质区别。

法国在其2006年通过的《信息社会版权与邻接权法》第15条中即规定了技术措施实施主体的信息安全遵从义务。该条文注意到了技术措施可能存在危及信息系统和个人数据安全等潜在的安全隐患，故要求包括版权技术保护措施提供者、出版者等在内的任何具有远程控制功能或控制个人数据的主体都必须被声明，并向法国政府管理部门披露它的源代码，接受信息系统安全管理部门的监管，显示了法国对技术保护措施安全性的重视。[③] 此外，在现行《法国知识产权法典》第L. 331－5条规定："技术措施的实施不得妨碍他人在尊重作者基础上对作品进行兼容性使用，并且必须根据该法L. 331－31条和L. 331－32条[④]规定的条件提供兼容性操作所必须的信息。"并且，第L. 331－10条规定："作品、录像、节目或录音的阅览条件通过保护技术措施的使用，对本法所列私人复制的例外的可能限制，需告知使用者。"此规定实则也是对技术措施实施主体的信息披露义务进行探讨。

综上，通过美国、德国和法国对技术措施实施主体的义务内容所进行的

---

① 赵丽莉．版权技术保护措施信息安全遵从模式比较分析：以美国和德国为主要研究对象［J］．河北法学，2016，34（04）．

② 《德国著作权法》第95条d标识义务："1. 受技术措施保护的作品及其他受保护对象，应对技术措施性质相关信息进行清楚明显的标识。2. 通过技术措施保护作品及其他受保护对象的，为能主张第95b条第2款规定的请求权应以姓名或商号及可送达的地址标识作品或其他受保护对象。"

③ 赵丽莉．论版权技术保护措施信息安全遵从义务：以法国《信息社会版权与邻接权法》第15条为视角［J］．情报理论与实践，2012，35（12）．

④ 《法国知识产权法典》第L. 331－32条第1款规定："在无法获得有关交互操作的必要资料时，任何软件公司、任何技术系统制造商及任何服务运营商，均有权要求高级公署在尊重各方权利的基础上，确保现有系统和服务的交互操作，并从技术措施的权利所有人处获取有关交互操作的必要资料。"

立法探索，能证实呼吁我国加强技术措施限制及技术措施实施主体义务研究有迹可循，并不是无源之水。换一个角度来看，在追求自由和资本的发达国家都开始注重研究技术措施实施主体义务的时候，我国作为注重社会公众利益的发展中国家更不能无动于衷。与此同时，上述这些立法也为我国进一步规制技术措施实施主体行为，搭建一个义务多元的技术措施实施主体义务规则体系提供了基本指引和思路。但需要注意的是，法律引进并不是盲目照搬迁移，我们需要结合我国版权发展实际进行本土化处理。

2. 明确技术措施实施主体义务规则体系的内容

站在版权利益平衡视角和版权市场秩序维护的角度来看，我们需要搭建一个义务多元的技术措施实施主体义务规则体系来对区块链时代可能产生的新的技术措施滥用问题和已经频频出现的技术措施滥用行为进行预防和规制。所谓“义务多元”，即针对侵犯计算机网络安全或搭售等不同的技术措施滥用形式，仅规定技术措施实施主体承担某一种单一的义务不足以规制到位，故主张立法应明确技术措施实施主体承担不同的义务以实现对滥用行为点对点的规制，从而预防和减少技术措施滥用行为的再发生。

不难发现，上述三个国家已有的技术措施实施主体义务立法，都有强调主体的信息披露义务。究其原因，信息披露义务在技术措施实施主体的义务体系中具有基础地位。版权消费者作为市场消费者的一部分，保障其对消费信息的知情权是维护其信息自由获取权、隐私权等相关权益的重要基础。同时，强制性要求技术措施实施主体对版权产品及技术措施相关信息进行披露，也是立法对技术措施实施行为进行监管的起点。一方面，通过信息标识能增加消费者的消费理性，使其产生合理的消费期待和获得对应的消费回报，从而保持消费热情，促进我国版权消费市场的繁荣发展。另一方面，强制性地要求版权主体进行信息披露，并建立违法披露的追责机制，能督促技术措施实施主体保证技术措施的安全性，并且保证市场公平竞争的良好秩序，促进版权产业的发展壮大。当然，与技术措施实施主体相关的提供密钥或破解版本义务、信息安全遵从义务等一系列义务同样对该多元义务体系的构建具有重要作用。但基于信息披露义务在技术措施实施主体义务体系中的基础性，笔者在此将主要围绕信息披露义务的规则构建展开论述。具体而言，可以从如下两个方面搭建信息披露义务具体承担规则：

（1）确立版权技术措施实施主体进行信息披露的基本原则。根据民事基本原则的性质和功能推断，技术措施实施主体披露信息的基本原则将贯穿于整个信息披露义务机制构建和运行的始终，能为信息披露义务相应的立法、司法以及义务主体进行版权活动提供有效指引和遵循。同时，明确基本原则是一种克服法律局限性的立法技术，以便当法律无具体条文规定时，司法和执法能有原则指引。为保证信息披露的有效性，具体应明确的基本原则如下：

第一，真实披露原则。所谓“真实披露”，一方面，要求技术措施实施主体披露的信息必须符合版权保护客体的客观实际情况，不可弄虚作假或故意隐瞒与版权者、消费者有关的信息。同时，在披露之前披露主体应本着善良诚实的态度，对即将披露在版权产品上的技术措施信息进行审查核实之后再予以公开披露。另一方面，要求信息应依法全面披露，即应依照法律规定的形式将必须公开的信息进行全面公开，包括因技术措施实施所带来的潜在风险及使用限制等在内的相关信息都应尽到警示提醒义务，以保证消费者在权衡利弊之后做出理性选择。

第二，适当披露原则。站在保证双方交易平等的视角下来看，强制性要求技术措施信息披露的程度应当是适当的。所谓“适当”，是指法律强制性要求披露的信息内容应是明确且必要的一些技术措施信息和产品自身相关的基本信息，对涉及版权方利益的如商业秘密、技术秘密等相关的信息则不应强制性要求披露。①

第三，通俗易懂原则。技术措施所涉及的技术内容往往错综复杂，普通的版权消费者对其中所涉及的生硬技术名词也通常感到生疏和不解。因此，披露语言通俗易懂且能为广大消费者理解接受也是实现信息有效披露的前提条件。具体来说，应避免模棱两可的表达，需注重将专业技术术语翻译成日常性用语，并尽量多采用短句以精简表达。同时，表达形式上可使用表格和漫画等具有可视性的生动表达，以期达到交易双方通过有效信息披露而实现有效沟通的目的，从而弥补信息不对称的不足。反之，对那些意图使消费者

① 何蓉．论电子商务经营者的信息披露义务及其制度完善［D］．兰州：兰州大学，2019：14.

困惑而故意采用晦涩难懂的技术用语进行信息标识的违法行为应予以严厉打击。

（2）明确技术措施实施主体信息披露义务的具体内容。首先，应明确强制性披露的信息范围。所谓信息披露的范围，即必须公开披露的信息。适度披露原则提醒我们确定信息披露内容时既需对消费知情权等合法权益予以考虑，也需考虑对版权产品中涉及的商业与技术秘密等信息的保护。尽管版权消费者对产品的使用无须以深入了解产品上所设置的技术措施的技术信息为前提，但其作为消费者有权了解技术措施所带来的对自身使用等权益造成的限制、尚未解决的技术漏洞及潜在的技术风险，这也是我们确定信息披露范围的重要依据。我国可采取列举的形式对应予披露的信息进行明确，列举内容可包括如下信息：第一，应予披露技术措施的存在以及所采取的技术措施的性质、类别和功能效果等信息。随着数字技术和数字版权的发展，版权交易不再局限于单一的线下交易，越来越多的版权消费采取线上消费的方式进行。因此，披露信息也应结合版权产品特性和交易形式予以区分。第二，应披露技术措施实施所带来的版权产品使用限制，这类信息往往属于“事实说明信息”，是可以准确披露的。具体披露内容可包括：①技术措施是否限制用户对作品的使用次数，以及是否存在使用时间与期限限制；②是否限制普通用户完整接触和使用依版权作品标题或版权产品名称所认为能享有的全部内容，即用户是否有权按照购买意图使用作品内容；③是否限制兼容性使用，即是否会限制使用具有兼容性的不同电子设备或零部件接触或使用版权作品；④是否限制版权作品以转让和许可等形式进行交易及交易次数；⑤是否限制用户采用非专有许可形式许可他人使用，以及是否限制用户转让作品时保留复制件；⑥是否限制电子作品用户下载作品内容，或通过录制、截屏等形式复制作品内容；⑦是否限制跨区域使用，即应注明可允许的区域使用范围；⑧是否会跟踪、收集用户的使用行为，如果是，则应披露信息跟踪和收集的目的及用途。[①] 第三，应予披露与技术措施实施主体相关的基本信息。可参照《德国著作权法》第95条d的规定，要求版权方在版权产品上或者交易凭

① 谢惠加．版权作品消费者的权益保护［J］．知识产权，2014（10）．

证等载体上标注技术措施实施主体姓名或名称、联系地址及客服联系电话或邮箱，以保证售后渠道畅通，相关技术措施和作品使用疑问能被有效解答。同时，应提供依法破解技术措施的途径或联系方式。第四，应披露技术措施实施的潜在风险及对用户合法权益可能造成的其他不利影响，这类信息往往属于“预测性信息”，并不一定与实际产生的风险一致。技术是不断发展的，任何技术都存在漏洞和被攻克的可能。因此，应对具体开发和研究技术措施的专业技术人员所能预测到的可能会产生的技术风险及风险产生的表现形式等进行披露。同时，对以代码程序体现的技术措施是否会影响用户计算机正常使用，以及会如何影响也应予以披露。[①] 第五，因技术措施内容被更改等原因造成用户无法按照原先方式使用版权作品时，版权方应对修改后的技术措施新特性予以重新披露，并在现有版权作品上提供获取新披露内容的网址或其他途径。

其次，应明确进行信息披露的方式。综观实践，进行信息披露的方式多种多样，统一信息披露义务的履行标准必须对信息披露方式予以明确，主张可围绕如下内容进行探讨：第一，应明确披露信息是否包括依申请披露的信息和主动披露的信息。在法国，需经特定第三方向技术措施监管机构进行申请才会进行更为详细的技术信息披露。[②] 在保护版权方商业及技术秘密的前提下，面向所有用户进行主动而普遍的公开披露才更符合立法构建信息披露义务机制的初衷，更好地保障用户消费知情权。因此，建议我国根据“信息”的分类进行讨论，即除获取合法规避技术措施的信息需向特定主体申请之外，其他信息的披露应为主动披露。第二，应根据不同版权作品的性质明确信息具体的披露位置。同时，披露位置应满足明显清晰的要求。即若为实物表现形式的墨盒等版权产品，则其中所涉及的技术措施信息可以披露在产品的内外包装上或产品说明书之上。而如果是电子书或其他以互联网为交易载体的电子类版权作品消费则可以在交易界面或作品详情介绍页等足够引起用户注意的地方进行相关信息披露，并且针对这类作品还应强制性要求版权

---

① 谢惠加，王影航．论版权人的技术保护措施信息披露义务［J］．知识产权，2013（06）．

② 王影航．版权技术保护措施滥用行为规制探析［J］．出版发行研究，2019（09）．

方对作品目录或其他能整体性体现作品内容的部分予以披露，以证实作品真实存在及质量等，从而增强用户消费安全感。第三，应明确披露的形式。应要求以书面形式为主，口头方式为辅。[①] 原因在于，书面形式的披露往往更为清晰完整、准确，能作为证据保存。但对于文字难以表达清楚的信息，则口头介绍方式更易于被用户接受和理解。具体而言，书面形式可以是以文字、漫画等形式写明在版权产品书、说明书上或包装上，也可以是以电子信息形式在特定官方网址上进行详细披露公示或将电子信息发送至用户邮箱，但此种情形应告知或标识用户获取途径。而口头披露应主要体现在产品交易前的介绍过程中，可以采用提前录播等电子视频介绍方式，也可以是相关工作人员口头介绍的形式。

再次，应明确信息披露义务承担期限。对信息披露义务中的“信息”进行分类，可分为原始技术措施信息和后续作品使用过程中版权方对技术措施进行更改完善的信息。根据权利与义务的一致性，信息披露义务的承担期限应与所实施技术措施的存在相同步。即主张只要技术措施设置在版权作品之上尚未被移除，版权方就应对法定应予披露的信息予以持续性的披露。所谓“持续性的披露”指的是对用户购买作品后因技术发展等原因所带来的其中技术措施变化，披露义务主体应及时对该作品原始披露的技术措施相关信息进行更新和完善。与此同时，技术措施到期移除义务应是与实施主体信息披露义务相辅相成的系列义务，但目前我国立法均未予以明确规定。根据我国立法并未强制性要求所有版权方对作品都实施技术措施这一立法现状，可以推断版权方既享有技术措施实施与否的自由，也享有技术措施持续实施或仅实施一段时间的自由。故关于技术措施的移除，我们认为既可以是版权方在作品未到期之前主动移除，也可以是无关版权方的意愿而由法律强制性地规定以作品保护期为限，明确技术措施实施主体作品到期移除义务。综上，我们可以知道技术措施实施主体的信息披露义务承担期限并非一定与作品的保护期限一致，可能由于其到期前的主动移除而提前结束该义务承担。

---

① 任英茹．试论消费者知情权的法律制度保障［D］．北京：中国政法大学，2010：19.

从次，应明确违法披露的法律责任。我国现行《著作权法》第 52 条、第 53 条对非法规避技术措施等侵权行为所应承担的法律责任进行了较为详细的规定，而尚未对版权方滥用技术措施的行为规定任何需要承担的法律责任，这显然失之偏颇。因此，为保证信息披露义务承担到位，立法应对不依法进行披露的法律后果进行明确。具体而言，建议构建以承担民事责任为主，承担行政责任、刑事责任为辅的责任机制。首先，根据版权方不依法披露的程度及具体实际情况，要求技术措施实施主体承担相应补充披露、赔礼道歉及赔偿损失等民事责任。其次，若不披露带来了严重损害公共利益等结果，则相应行政部门应予责令补充披露并予以警告，同时也可以视情况要求主体承担行政罚款等行政责任。并且，如果情节严重构成犯罪的，还应依法追究主体的刑事责任。

最后，应明确强制性披露的例外情形。版权利益平衡的实现是一个持续性的过程，为保障版权使用者的消费知情权等权益，我们建议加强技术措施实施主体信息披露义务立法，但是一旦信息披露义务的强制性程度规定过度，便可能反过来对版权方造成不利。因此，出于对版权方的商业秘密及技术秘密的保护，建议我国在构建强制性信息披露义务机制的同时，也应相应地对例外情形做出规定。首先，如果版权方有证据证明对相关信息进行事先披露所带来的负担会超过给用户带来的好处，那么可以依法对应予披露的全部或部分信息不予披露。比如，为反复制而采用的具有某种特性材料制成的光盘在经历数次复制后一定会产生逐渐失去磁性的副作用，但是对于该材料是否还会造成其他使用限制或风险还需投入巨大的成本进行研究才可能予以得知，这种情况下法律若仍“一刀切”强制性要求披露未免过于苛责。[①] 故主张版权方能证明其是在可预测范围内，将自己所知道的应予披露的技术信息进行披露即可。其次，如果有证据证明特定技术措施信息的披露将容易导致他人明显用于非法目的或已经出现被恶意利用情形，则应允许版权方保守披露或者停止披露相关信息并做出适度修改。

① 谢惠加，王影航．论版权人的技术保护措施信息披露义务［J］．知识产权，2013（06）．

二、版权技术措施实施相关客体规则

技术措施的实施所控制的对象繁杂，但只有控制对象落入到受版权法保护的客体范围时，技术措施的实施才具有合理性，以及受版权法的保护。

（一）版权客体概念及发展对作品的定义及其完善的进一步思考

作品作为著作权的客体，是著作权保护的基础和核心，明确作品概念是对作品相关问题进行研究的基础。有关作品概念的规定，多是采用列举式和概括式。列举式是指明确列举作品类型，以便人们知悉版权客体保护的具体情形，同时也便于司法实践中对于个案出现的对象是否属于版权保护的客体进行判断。此方式能够直观地揭示作品的类型，有助于人们把握具体的作品类型，尤其是在司法实践中，更方便“对号入座”，界定受版权保护的作品，其不足在于针对随着技术发展而出现的新的对象是否属于受著作权保护的作品，难以从抽象层面加以驾驭。[①] 而概括式是指对作品进行明确的定义，便于人们从抽象概念中具象出作品的内涵和特征。相较于列举式，概括式更有利于从宏观上把握作品的法律属性和本质，但相应地，其在实践中难以精准判断个案中出现的非类型化对象是否属于版权保护的作品。鉴于两种方式各有优劣，我国《著作权法》采取了两者结合的方式，由此看来具有一定的先进意义。

我国著作权法关于作品概念的规定采取了“概括 + 列举”模式，现行《著作权法》中明确指出：“本法所称的作品，是指文学、艺术和科学领域内具有独创性并能以一定形式表现的智力成果。”著作权法意义上的作品需要满足四个要件：

（1）属于文学、艺术和科学领域。受著作权法保护的作品所在的领域应该是文学、艺术和科学领域。作品来自于作者的创作活动，而创作活动则来自文学、艺术与科学领域。在 2010 年《著作权法》中，作品被限定于“以下列形式创作的文学、艺术和自然科学、社会科学、工程技术等作品”。

---

① 冯晓青．我国著作权客体制度之重塑：作品内涵、分类及立法创新［J］．苏州大学学报（法学版），2022，9（01）．

2020 年 8 月，中国人大网公布了《中华人民共和国著作权法修正案（草案）（二次审议稿）》，二次审议稿第 3 条对作品的概念进行了重大调整，将原先“本法所称的作品，是指文学、艺术和科学领域内……”改为“本法所称的作品，是指文学、艺术和科学等领域内……”，取消了作品所在领域的限定，能构成作品的智力成果不再局限于文学、艺术和科学领域，而是可以存在于任何领域。① 但最终通过的现行《著作权法》并没有采纳上述意见。

（2）具有独创性。独创性一直被认为是受著作权法保护的作品的必要条件，然而独创性概念的界定从过去到现在也一直存在着分歧，不仅体现在独创性的内涵方面，也体现在对独创性的“质”的要求的差异上。② 1916 年 University of London Press Ltd *v.* University Tutorial Press Ltd 这一经典判例中，大法官对独创性做出了经典解释，即：版权法保护的是思想的表达，独创性不是要求作品中一定要表达出创作者独特的思想，创作者只需保证作品是其独立完成的，不是抄袭、复制的即可。③ 由此确立了作品独创性的认定标准，即“作品是否为作者独立完成”。Feist Publications，Inc. *v.* Rural Telephone Service Co. 判例中，奥康纳大法官在判决书中写道：作品具有独创性需要达到两个要求，其一是作品由作者独立完成，其二是作品中必须体现最低程度的创造性。由此确立了“独立完成 + 少量创造性”的独创性判定标准。④

我国现行制度对独创性暂无明确规定，理论界对独创性标准的研究也多是借鉴大陆法系国家的立法体系。如有学者借鉴法国的理论，其认为作品的独创性包括由作者独立创作完成、反映作者个性和排除公共元素等判断因素。⑤ 也有学者借鉴了德国的独创性理论，即独创性表现为独立创作、体现作者精神劳动和智力判断两个方面，创作出来的作品包含了最低限度的创造

① 王迁．对《著作权法修正案（草案）（二次审议稿）》的四点意见［J］．知识产权，2020（09）

② 汤凌燕，马兰花．作品独创性判断的司法判例与理论分析［J］．福建农林大学学报（哲学社会科学版），2021，24（06）．

③ 袁晓东．独创性理论研究和实证分析：民商法论丛［M］．香港：金桥文化出版有限公司，2000：584 - 591．

④ 骆电，胡梦云．作品独创性对著作权司法的影响［J］．人民司法，2010（21）．

⑤ 冯晓青．我国著作权客体制度之重塑：作品内涵、分类及立法创新［J］．苏州大学学报（法学版），2022，9（01）．

性。① 更有学者指出，对于独创性的理解可以从“独”和“创”两个方面着手。②

（3）能以一定形式表现。为适应我国经济、科技、文化，以及国际形势等各方面出现的新情况和新要求，国家版权局于2012年启动对《著作权法》的全面修改工作。同年公布的修改草案，将作品定义的部分表述修改为“能以某种形式固定”，之后同年提交的二次修改稿，以及2014年公开征求意见的《中华人民共和国著作权法（修订草案送审稿)》，均沿用了上述表述。2020年4月完成的《中华人民共和国著作权法（修订草案送审稿)》一审稿中，作品定义没有沿用此前所使用的“固定”一词，仍然使用《著作权法实施条例》中的“复制”表述，③ 客观上对作品定义没有实质性改动。但在同年8月公布的二审稿中，并没有使用“复制”或“固定”的表述，而是直接修改为“能以一定形式表现”。④ 这一修改回应了技术发展的需要，使得固定和体现作品的形式不限于复制这一形式，而是可以包括复制以外的能够表现作品的其他形式，使作品的定义更加科学、严谨。鉴于《伯尔尼公约》第2条明确规定口述作品是受保护的作品，现行《著作权法》和修改草案也都将“口述作品”作为法定类型之一。因此，没有必要出现“能以某种形式固定”的要求。⑤ 正是经过对特定作品的反复斟酌及论证，使得“能以一定形式表现”这一表述更具有理论基础，也更符合我国的司法实践。这种表述意味着，“不再限制作品所属领域，也不再要求作品以何种形式予以表现，为将来可能出现的新的作品类型留出合理空间”。⑥ 故新修改的《著作权法》中，作品定义采纳了该表述方式。⑦

（4）属于智力成果。根据著作权法的规定，受著作权法保护的作品的本

---

① 李明德．著作权法［M］．北京：法律出版社，2005：83.

② 王迁．体育赛事现场直播画面著作权保护若干问题：评“凤凰网赛事转播案”再审判决［J］．知识产权，2020（11）．又见：白娟娟．作品独创性认定研究［D］．兰州：兰州理工大学，2019.

③《中华人民共和国著作权法（修订草案送审稿)》（一审稿）第3条。

④《中华人民共和国著作权法（修订草案送审稿)》（二审稿）第3条。

⑤ 李明德．论作品的定义［J］．甘肃社会科学，2012（04）：4.

⑥ 卢海君．我国《著作权法》修订应遵循的基本原则：兼评《著作权法修正案（草案二次审议稿)》［J］．中国出版，2020（19）.

⑦ 周丽娜．《著作权法》作品定义“能以一定形式表现”之分析［J］．中国出版，2022（03）.

质属于智力成果。对智力成果的判断主要基于两方面的考虑：一是强调作品创作主体是自然人，因为只有自然人才有智力，有智力劳动创造行为；二是强调作品与创作活动的紧密联系，通过强调创造性来区别作品和同在知识产权领域的发明创造。

学界普遍认为创作行为必须反映智力创造的过程，且是产生智力成果的主要原因。为创作作品而进行的辅助工作，如组织活动、提供咨询意见及物质条件等行为不构成创作。但能够独立运转、自主输出智力成果的强人工智能的出现使得这一条文出现了理解上的歧义。有学者认为人工智能直接产生了作品，人类在其中只起到了辅助作用，人类的这种辅助作用主要指人类只需要给人工智能提供使其能正常运行的环境，除此之外，人类的作用对人工智能的创作活动意义不大。① 在此条件下，这一行为既相当于人们认知习惯中对于“创作”的理解，也符合法律对于“直接产生文学、艺术和科学作品”的行为界定。② 同时也有学者持相反观点，认为人工智能系统输出的智力成果是算法逻辑的产物，与人类“学习—理解—再创作”的智力活动有着本质的不同，并以人工智能缺乏“人格基础”为由，否定其创作行为。③

（二）明确技术措施版权保护的客体

通过前文的论述可知技术措施是保护著作权人及与著作权相关的权利人正当权益的技术手段，尤其在其权利体系饱受数字技术的冲击时显得重要且必要。但著作权的发展其实离不开技术的洗礼，可以说著作权法既是技术之法，更是产业之法。称其为技术之法，是因为技术的变迁能够改变信息传播的方式，著作权的客体将被开发出新的价值，产生新的市场需求；而产业之法的称谓，则是权利人只有通过在信息交易中获取收益，才能产生生产与传播信息的动机。④ 技术措施尽管只是技术性手段，但其也已然成为数字技术浪潮中，分配著作权新生利益的重要筹码。而这份筹码所要恪守的分度线便

① 杨延超．人工智能视阈下知识产权概念的演进与变迁［J］．东南大学学报（哲学社会科学版），2020，22（06）．

② 周小娇．人工智能作品著作权问题研究［D］．石家庄：河北师范大学，2021：10．

③ 胡啸．人工智能时代的著作权保护［J］．新闻世界，2020（11）．

④ 熊琦．著作权激励机制的法律构造［M］．北京：中国人民大学出版社，2011：63．

是著作权法下的客体范畴，同时是属于版权法上的“技术措施”。著作权法保护的是文学、艺术和科学领域内具有独创性并能以一定形式表现的智力成果，同时还保护作品之外特定的劳动成果，如表演、录音制品等。若技术措施并不是用于保护这类客体，那么与著作权法就并无关联，也就失去保护该技术措施的必要性。总之，在版权体系中，技术措施必须是用于保护作品、表演和录音制品等著作权法的特定客体，[①] 譬如电视节目模式，已经设计完成的互联网游戏画面，计算机软件中的数据库信息，尤其是涉及公共利益的数据保护信息类型的医疗信息等能够被认定为作品的交通、地图、电路电图等图形作品。这些著作权法下的客体只要在有效的保护期间内，权利人可根据情况来设定相应的技术措施，但对于已过版权保护期的作品和其他已经进入公有领域的客体，如市场上已脱销的软件，企业因经营问题向公众公开的软件或游戏等，在社会公众能够享受和利用的情况下，任何主体对这些客体所施加的技术措施便不存在“版权法上的正当利益”，此时的技术措施则成为一种阻碍，版权法就不能继续为其提供保护。[②]

（三）申请实施技术措施保护可能存在争议的客体

关于技术措施实施涉及的客体方面的争议，可以通过我国首例涉及技术措施的精雕诉奈凯案进行深入了解。[③] 此案原告为北京精雕科技有限公司（简称精雕公司），被告为上海奈凯电子科技有限公司（简称奈凯公司），案情为精雕公司研发的精雕 CNC 雕刻系统所生成的 Eng 格式的数据文件，能够被奈凯公司开发的 Ncstudio 软件所读取。原告认为这是对其软件著作权的侵犯，属于故意避开或者破坏原告为保护软件著作权而采取的技术措施行为；被告则抗辩称 Eng 数据文件及其格式并不属于计算机软件著作权的保护范围，故其行为不构成侵权。案件经过两审终审后，法院判决被告奈凯公司开发的 Ncstudio 软件读取 Eng 数据文件的行为，并不属于故意避开和破坏著作权人为保护软件著作权而采取的技术措施行为。[④]

---

① 王迁．“技术措施”概念四辨［J］．华东政法法学学报，2015，18（02）．

② 王迁．版权法对技术措施的保护与规制研究［M］．北京：中国人民大学出版社，2018：61．

③ 王迁．著作权法［M］．北京：中国人民大学出版社，2015：442．

④ 参见：上海市高级人民法院民事判决书（2006）沪高民三（知）终字第110号。

在此也再次明晰了版权法上的技术措施必须是用于保护作品和表演、录音录像制品等版权法其他客体的技术措施。[①] 但也可以看出即便是在著作权法没有彻底开放作品类型之前，对于技术措施实施涉及的客体认定方面，也已存在争议。2021 年 6 月新《著作权法》生效后，作品类型条款改为了开放兜底条款，这也预示随着大数据、人工智能等技术的发展，著作权客体制度将接受新的挑战，如人工智能生成作品是否具有独创性和纳入受著作权保护的客体类型。综观著作权客体制度可知，著作权客体的类型不断扩大，相应地也使得著作权保护范围不断扩张，而为了保护不断扩张的著作权益，技术措施的类型和实施的技术的强度和复杂度也在提高。

因技术发展所带来的智能化，对于以往的为创作作品而进行的辅助工作，如组织活动、提供咨询意见及物质条件等行为会因强人工智能的出现产生理解上的歧义，最终学者们不得不基于更深层次的，专属于人类所拥有的人格属性来区分人工智能所产出的成品。由此，若对人工智能产出的成品施加技术措施保护，很难获得版权法上的支持，正如上文所述那般，技术措施如同一种保护权利的权利，如果所要保护的权利没有获得版权法的支持，那么技术措施就很难在版权体系中获得正当性。除此之外，新修《著作权法》将“视听作品”取代“电影作品和以类似摄制电影的方法创作的作品”作为作品类型的一种，扩大了可保护的具有声像、可听、可视作品的保护范围，将更多的创作完成的“成果”纳入到著作权保护的范围之中。但也意味着，以往适用于“电影和以类似摄制电影的方法创作的作品”的技术措施不一定能适用于“视听作品”。而且视听作品所具有的微时长、微制作、多平台、多主体等特征使得“泛作品化”成为可能，那么由此所衍生的泛技术措施现象也应引起重视[②]。所以这类客体在申请技术措施时就会面临更多的争议，因为视听作品的外延覆盖更加广泛，这就需要在法律适用中提高对“视听作品”的可保护认定，进而确定适用技术措施的可能，减少不必要的争议。

---

① 刘颖．版权法上技术措施的范围［J］．法学评论，2017，35（03）．

② 邹琳、周媛．视听作品司法认定的要素判断方法研究［J］．知识产权研究，2023，30（01）．

三、版权技术措施实施相关行为规则

版权法意义上的“技术措施”有着其独特的功能，即其必须具有阻止对作品或其他受保护的客体实施特定行为的功能，这是由立法目的决定的。因为版权法保护技术措施的目的与禁止技术措施规避制度正好相反，版权法给予权利人使用技术措施保护智慧成果的权利，是为了实现权利人在版权法上的利益。各种各样的设备、工具和技术只要是有助于保护和管理版权都可以被认为是技术保护措施。美国对技术保护措施的定义是“任何能有效地控制进入受版权保护的作品，并能有效地保护版权权利的技术措施”。而欧盟则做了如下解释“技术保护措施是指设计用于阻止侵犯版权以及与数据库有关的特殊权利的设备、产品或方法”。① 在过去技术不发达的时代，版权人的利益主要由权利人借助版权法的适用来实现，常表现为权利人对侵权行为进行诉讼。随着技术的飞速发展，特别是区块链时代的到来，技术性手段成为了权利人保护自身利益的有效武器。可以说，技术手段的使命之一，是阻止权利人以外的人实施某种特定行为。随着法律的不断完善，技术保护措施针对的行为也比较具体，不再是笼统地控制访问和控制接触、防止侵权，也不再是笼统地保护著作权正当权益，而是针对许可的具体的复制、浏览、欣赏、运行、改编、通过信息网络传播等行为。

（一）采取技术措施行为的具体表现

采取技术措施行为在法律层面上可以主要分为：使用行为；避开或者破坏行为；可以避开，但不提供技术、装置、部件的行为；为避开提供技术服务、装置、部件的行为。目前的技术保护措施条款有如下特点：其一，回应了技术发展的需求和立法义务的要求，将技术保护措施条款加入了现有著作权保护体系；其二，通过立法表明支持著作权人通过技术保护措施进行私力救济的态度；其三，通过限制条款平衡权利人和社会公众利益，展现立法者关注知识产品公共属性、试图遏制私权扩张的意图。② 实务上，根据技术措

① 何敏，周纯．电子屏障：版权的技术保护措施的法律保护［J］．中国科技论坛，2000（02）．
② 张奕婕．著作权技术保护措施研究［D］．北京：中国政法大学，2020：18．

施行为的表现形式，按照具体实施客体的不同，其主要分为以数字形式表现作品加密和为电子类产品运行和装置加密两大类，具体而言，法律层面针对技术措施的行为类型已经进行过多次讨论，此处不进行赘述，下面仅针对实务上出现的技术措施行为类型展开详细分析。

1. 采取为数字作品加密的技术措施

为数字形式表现的作品加密的技术措施，其适用的广泛性是比较高的。以加密方式来进行区分，常见类型有个体加密、数据库加密，以加密效果进行区分，又分为不可浏览不可复制、可浏览可复制、可浏览不可复制、可浏览付费后可复制等。

（1）采取不可浏览并不可复制的技术措施。该种技术措施的限制范围较广，对非权利人的限制程度最大，可以理解为与法律角度上的使用行为相对应，广泛应用于网站，功能上属于“接触控制措施”。投资者希望借助此技术措施防止因私人复制泛滥而导致的搭便车行为①。这种行为理解起来相对简单，该种技术措施的目的就是防止权利人以外的其他人非法使用特定内容，防止服务对象以外的其他人获得作品，防止服务对象的复制行为对著作权人利益的实质性损害，可以说从根源上最大程度地降低了权利人权益受损的概率。《最高人民法院关于审理侵害信息网络传播权民事纠纷案件适用法律若干问题的规定》第 8 条也规定了相关网络服务者的免责事由，法院对相关权利人的权益采用了强保护的态度。这种技术措施实务上常表现为：对相关数据进行加密技术，对相关内容进行口令访问限制和设置进入密钥，以此达到对作品或者相关内容的加密，使其成为权利人的“宝藏”。例如，“中国期刊网”的网络版设置了口令和密码，只有购买了使用权，获得了正确的口令和密码的用户才能登录“中国期刊网”，检索、阅读和下载其中收录的学术论文。同时，不可复制、不可浏览的技术措施权利人设立该技术措施的初衷，就是不希望其他无关人员能够有机会获取其信息，因此还可以表现为封存作品内容、作者身份信息，以及使用作品条件信息。其中具有代表性的就是“数字信封”，这种系统可以用数字化手段对保护客体加密，并且可以装载归

---

① 熊琦. 著作权激励机制的法律构造［M］. 北京：中国人民大学出版社，2011：32.

纳作品内容，识别作者身份的信息，以及与作品使用相关的信息。具体到民法领域中相关技术合同的履行义务，甚至有时行为内容为识别或者制裁非授权使用技术[①]。该种情形，是技术所有人（权利人）使其权益最大化的表现，实务中多表现为“追踪系统”，即确保数字化作品始终处于版权人控制之下，并只有在版权人授权后方可使用。

（2）采取可浏览不可复制的技术措施。该种技术措施行为内容相比起第一种技术措施，最大的变化是允许放开对特定内容浏览的权限，功能上属于“版权保护措施”。在互联网出现后，权利人越来越多地通过互联网向公众提供其作品，为了防止作品未经许可被复制，权利人也采用了防止复制的“版权保护措施”。未经许可的复制是最为常见的侵权行为，而且复制也是对作品进行其他形式利用的第一步。防止未经许可复制，就可以防止一系列后续侵权行为，如未经许可发行、传播等。这类技术措施主要应用于光盘等有形载体或通过网络下载的作品复制件中。[②] 该种技术措施在硬件上被广泛用于反复制设备。反复制设备即阻止复制作品的设备。具有代表性的就是系列复制管理系统（SCMS），其最大的特点是不仅可以控制作品的第一次复制，而且可以控制作品的再次复制，避免数字化作品的复制件被作为数字化主盘，[③] 以确保权利人利益的获取。[④]

（3）采取可浏览可付费复制的技术措施。这种技术措施非常常见，其保护力度相比起其他类型技术措施相对偏小。常见用于百度文库、道客巴巴等浏览器网页，当用户浏览内容时，如果尝试复制文字，便会出现会员充值、付费复制等界面。该技术措施允许用户复制信息，增加了付费环节。这种网页常设置了特殊的源代码及特殊算法，使文本本身与文本复制功能之间存在“壁垒”。该种技术措施允许用户的接触，但是阻止了用户的后续使用行为，一定程度上减少了权利人的权益受损的可能性。

（4）采取可浏览可复制的技术措施。该技术措施对使用者的权利限制范

---

① 袁真富．论数字版权管理的滥用及其限制［J］．电子知识产权，2008（12）．

② 王迁．版权法对技术措施的保护与规制研究［M］．北京：中国人民大学出版社，2018：24．

③ 参见：何敏，周纯．电子屏障：版权的技术保护措施的法律保护［J］．中国科技论坛，2000（02）．

④ 赵丽莉．著作权技术保护措施信息安全遵从制度研究［M］．武汉：武汉大学出版社，2016：32．

围最小。使用者可以浏览内容并复制，但是复制品中可能会出现创作者信息，以此增加权利人潜在的收益。比如网络中带有电子水印的试卷，如果教师依据合理使用制度复制其内容，那么图片将会不可避免出现创作者想要呈现给使用者的信息，并依靠教师的合理使用行为将其信息传播给学生，学生群体便对创作者的基础信息有了基本了解。该类型技术措施与合理使用制度的冲突程度最小，并没有侵害公众的受教育权和信息自由权，在保证权利人合法权利的同时保证了知识的有效传播。此外，电子水印或数字指纹技术，这种技术通过在数字作品中加无形的数字标志以识别作品及版权人，鉴定作品的真伪。

值得强调的是，随着时代的发展，综合型、智能型的技术措施逐渐取得发展并拥有其使用空间。比如标准系统，即按照地区划分，设定不同的标准以尽可能地避免对版权作品的侵权行为，这种技术措施克服了国家和地区的限制，较为完美地解决了各国家和地区针对著作权保护政策和力度不同的问题。再如电子版权管理系统，即 ECMS，该系统是最近由一些先导性科技计划发展起来的综合性技术保护措施。相比起其他技术措施，ECMS 既可以识别作者身份，通过加密保护作品，又可以像电子契约那样与使用者交易，收取使用对价。因此 ECMS 系统是一个融合了自动化保护和电子许可系统的软件。这也标志着技术保护措施与电子契约正相互融合，最终将形成集交易和保护功能于一体的综合性技术保护措施。由此看来，区块链时代背景下，版权的技术保护措施的主动性、灵活性将会更高、更强，将会有越来越多的技术措施集保护与交易功能于一身。①

2. 采取为实体类电子产品加密的技术措施

此种技术措施分类针对的对象多为实体类电子产品，多应用在 DVD、打印机、生产器械、电视上，具体技术措施影响的是对硬件的控制而非对数据的处理。与上述分类标准不同，鉴于实务中适用技术措施的实体类产品过多，因此无法完全罗列，本部分采用列举的方法，对实体电子产品领域具有典型性的技术措施类型进行分析，代表实体类产品的技术措施适用现状，展现该

---

① 参见：何敏，周纯．电子屏障：版权的技术保护措施的法律保护［J］．中国科技论坛，2000（02）．

类技术措施的具体行为内容。

（1）应用于DVD的技术措施。现今应用于DVD的技术措施，多为“接触控制措施”和“版权保护措施”集合一体。DVD在二十世纪九十年代就开始流行，经过多年的发展，其刻录模式、刻录技术、接口模式、性能指标均得到了极大的进步。在DVD上常见的技术措施有：①防拷贝CSS加密。[①] CSS加密即内容乱码系统，是将DVD影片中原本连续性存储的数据，以数字运算式将它的顺序打乱，只有取得CSS授权认证的软硬件厂商才能取得解密程序，经过解密后才能把加密的影片还原到正常的方式观看。[②] 该系统在一个方面来看，就是一种“接触控制措施”，如果使用者没有DVD的“密钥”，那么与该系统相互兼容的DVD播放系统或者DVD光驱便无法接触光盘中的素材，没有接触便无法播放，导致DVD无法正常工作。另一方面，该系统同时会阻止将DVD中的电影内容从DVD光驱中复制到计算机硬盘中，阻止了用户的复制行为。从这个角度看，该系统又是一种“版权保护措施”，保护权利人的复制权，它限制了未经许可的数字化复制行为。②防类比设备翻录。这是防止使用普通录像机利用DVD播放时做类比信号进行影片翻录操作，它能够干扰信号，直接影响录像机内部的自动增益控制电路，使录下来的画面无法正常观看，以此达到保护DVD版权的作用。[③] ③区码的限制。这是一种具有创新性的概念，虽然诞生时间较早，但是却为权利人带来了较多的利益，是国际电影业界坚持要求采用的技术。根据国际DVD版权保护技术工作组达成的协议，全球将被划分为若干个编码地区，每一编码地区销售和使用的DVD光盘和DVD视盘机具有不同的地区码，这项措施加速了DVD产业的协调发展，克服了DVD管理上国家地区的差异与流通不畅的问题。

（2）应用于打印机的技术措施。打印机不令人陌生，但打印机衍生的技术措施并没有取得较大关注。其实，应用于打印机的技术措施多使用在3D打印机身上。原理上，3D打印机与普通打印机不同，其不是在纸张上打印，

① 张锋，袁佑荣，邓和．DVD的版权保护技术［J］．电子天府，1997（05）．

② 张立功．略论高职院校图书馆依法利用DVD光盘信息资源时应注意的问题［J］．硅谷，2010（24）．

③ 竹青．光盘的数字版权管理系统［J］．记录媒体技术，2008，6（05）．

而是根据事先输入的数据模型使用原材料“打印”实物产品。因为制造成本的原因，3D 打印机厂商指定的原材料价格一般都较为昂贵，因此许多用户基于自身消费水平考虑，希望使用兼容原材料以节约成本。同时，用户有时也需要使用不同成分的原材料，并改变 3D 打印机预设的参数以打印出相应的产品。这样的做法触犯了打印机厂家的“利益蛋糕”，于是厂商在 3D 打印机中设置了验证程序，即“给料限制”。对 3D 打印机进行“给料限制”是通过 3D 打印机系统控制程序中的芯片验证程序来实现的，若“给料”无法通过验证，该 3D 打印机的系统控制程序将无法被正常调用，打印机因控制程序不能运行进而无法正常打印。① 根据其控制原理可知，3D 打印机系统控制软件中这套芯片验证程序应属于“访问控制措施”，3D 打印机要想正常工作，就必须通过调用其系统控制程序才能实现，而打印机制造商设置的给料验证程序，就起到了阻止非指定材料调用（访问）打印机系统控制程序的作用。厂商的“给料限制”，从源头上限制了用户的使用范围，用户无法从其他渠道购买原料，便只能选择购买原厂商生产的原料，同时“给料限制”限制了一部分打印机功能和用户的创作热情。在传统的打印机上，出现较多的是打印机墨水的兼容问题，比如用户购买了 A 品牌的打印机，只能使用 A 品牌的墨水，即使 B 品牌的墨水性价比更高，A 品牌的打印机与 B 品牌的墨水也无法兼容。随着技术的发展，3D 打印机横空出世，技术不断更新换代，新型技术措施将会不断出现。

（二）采取技术措施的行为规范

面对社会日新月异的发展，法律却具有天生的滞后性。以区块链为代表的新技术作为社会发展的产物在对人类社会生产和生活方式产生深刻影响时，法律却对其采取小心警惕的观望态度。“技术理性使人们相信，科学技术可以解决一切问题。如果存在问题未解决，也是科技不够发达所导致的。如果出现了不良影响，那么也只能靠技术进一步发展来消除这种影响”，这是法

① 周琨，袁枫．数字时代版权技术保护措施的合法性判断：以 3D 打印机给料限制技术措施为视角［J］．编辑实务，2017（10）．

兰克福学派关于技术理性的核心主张。① 笔者认为，该主张忽视了技术可能会带来的社会风险。在以技术为基础所采取的技术措施中，任何一个技术漏洞或恶意代码都可能产生严重风险。这种风险可能是由于技术设计违背了技术规律或受人类认知局限所致，也可能是技术设计者有意放任技术异化所诱发的风险。面对这种风险，法律不失为介入技术措施设计以保护作品消费者合法权益的有效方式。然而，要建立一套完整且有效的技术措施法律规范体系需经过相当长的认识技术和论证过程。② 故在这个过程中，我们应首先抓住其中最关键的主体的行为进行规范，以期初步地缓解技术进步对原有法律规范造成的冲击。

1. 目的规范：以促进版权保护为目的

技术措施实施主体的行为与版权保护之间存在着密切关系。可以说，我国技术措施制度的产生本就是为了更好地促进版权保护，从而激励创作，促进科学文化事业发展繁荣。版权技术措施实施主体运用技术措施保护自身权利的行为，关乎着技术措施制度能否对版权保护发挥正面的促进效应。这样一来，所有技术措施使用的技术内容都应满足促进版权保护这一行为规范要求。但是，实践中，存在不少借技术措施之名，行非法损害市场竞争或消费者合法权益之实的行为。

如在美国，Lexmark International *v.* Static Control Components 案③ 中，Lexmark 公司的行为即是异化技术措施功能，借技术措施破坏市场竞争秩序和损害激光打印机购买者自主选择权等权益的典型。该案中，原告 Lexmark 公司为激光打印机的生产商，其为防止购买者在用尽原装打印机硒鼓中的墨粉后不再选择从他们公司购买新的硒鼓而是去买其他公司的替代性硒鼓或不换鼓只向旧鼓中填充墨粉，便在所生产的打印机硒鼓中添加“验证技术”以加密。即编入了一段“墨粉调入程序”至硒鼓的芯片中，该程序用来向打印机中的“打印引擎程序”输出正确验证数据。一旦用户用了非本公司生产的

① 吴国盛. 科学与人文 [J]. 中国社会科学，2001 (04).

② 初萌. 版权扩张之反思：以技术理性为视角 [J]. 科技与法律，2013 (01).

③ Lexmark International *v.* Static Control Components，2004 U. S. App. LEXIS 22250 at. 7 – 10.

兼容硒鼓或者向旧鼓中添墨粉，则“墨粉调入程序”不会放出正确验证数据，打印程序也随之不能正常工作。之后，这一程序被被告 Static 公司的技术人员破解，使得原告公司的打印机能够兼容其他替代性硒鼓使用，并且也可在添加墨粉后重复使用硒鼓。之后这一破解行为被原告公司以违反了 DMCA 中禁止规避技术措施条款为由提起诉讼，但最终尚未得到判决支持。① 而在我国，发生的典型案例是借技术措施实施软件与机器捆绑销售的“精雕案”②，该案原告精雕公司将其自主设计的 JDPaint 软件运行的输出数据设定为特定的 Eng 文件格式，以限制其他市场主体生产的机器读取以 Eng 格式保存的数据，从而将其在软件上的竞争优势延伸至其生产的数控雕刻机，其反过来主张被告上海奈凯公司开发、销售能够读取 Eng 格式数据文件的 JDPaint 软件属于故意规避技术措施的违法行为。该诉讼请求未得到法院的支持。

在上述这两个我们经常谈论到的与技术措施相关的经典案例中，无论是“墨粉调入程序”，还是 JDPaint 软件运行的输出数据设定为特定的 Eng 文件格式，都很明显地体现出技术措施的实施超越了促进版权保护这一目的，其中技术措施所涉及的部分技术内容很明显地破坏了市场竞争和版权消费者权益。因此，立法应对技术措施实施行为进行规范。要求法律规范对技术措施实施可能使用的技术进行分类或者对技术措施设置的每个具体的环节均考虑到位未免过于苛责。因此，具体可重点围绕版权产品的使用效果，即看其中是否存在非法限制兼容或者搭售等技术措施滥用行为。一旦存在，那么则可反过来推断该技术措施不满足全部技术内容均为促进版权保护这一行为规范要求。

2. 内容规范：保护程度应具备必要性

早些年曾出现过数字视盘（DVD 机）的区域代码相关案例。即在以版权人利益为核心的美国数字视盘拷贝控制协会设计的技术控制下，用数字标识符编码标识，对应的 DVD 机被授权分发于特定的地理区域使用。如某美国人

---

① 王迁．滥用“技术措施”的法律对策：评美国 Skylink 案及 Static 案［J］．电子知识产权，2005（01）．

② 北京精雕科技有限公司诉上海奈凯电子科技有限公司侵害计算机软件著作权纠纷案，（2006）沪高民三（知）终字第 110 号判决书。

在法国度假时购买了带有欧洲区域代码（区域2）的DVD，回国后发现该DVD不能在大多数美国生产制造的DVD播放机上进行播放，因为美国DVD机普遍被编码为只可播放带有美国区域代码（区域1）的DVD。但其实无论是在销售点还是数字视盘附带的文献中，大多数DVD机都尚未向消费者披露这些地区代码限制。这对在地理位置上有所迁移的消费者来说，损害了其灵活使用DVD的合法权益。甚至某些消费者会认为这是他们购买的DVD或DVD播放器的问题，实际上只是版权人与上述控制协会一起强加给他们的限制。这其中就存在保护程度过度问题，允许DVD购买者跨地域兼容使用并不会冲击版权方的版权利益，但是如果允许版权方在DVD上设置跨地域使用的限制，则属于过度保护行为了。

一旦技术措施保护过度将对社会整体获取知识文化的合法权益造成间接冲击。毕竟对普通公众来说，要想使用就得接触，而如果想接触就必须先付费购买，那么信息文化获取门槛将提高，受个人价值观、收入水平等诸多因素的影响，必然会减少一部分人获取作品的兴趣和机会，同时使得合理使用的适用情形也难以保障，长此以往社会文化整体创新速度将受到不利影响。因此，站在利益平衡的角度来看，我国对技术措施的保护的程度应该注意适度，所允许实施的技术措施类型应该明确。落实到具体的技术措施实施过程中，如果某一技术措施的技术内容所造成的使用限制明显超过版权保护的目的，且移除该部分技术内容也不会对技术措施的实施产生影响。那么，应该认为该过当的技术内容是非必要性的。

四、版权技术措施实施的责任规则

诚如本章开篇所讲，版权技术措施的实施是权利人保护自身合法权利的手段，也可视为一种保护权利的权利，具有正当性和合法性。尽管如此，其实施仍需要进一步规范，法律赋予权利也意味着需要承担相应的义务，违反了这部分的行为义务就需要承担一定的责任。

（一）申请采取技术措施时申请材料未完整提交的责任

版权技术措施的目的是保护版权，申请实施技术措施的目的是更好规范保护版权的方式，因为版权所涉及的利益不仅关乎权利人，而且与公众的利益息息相关。因此权利人在提交材料时应注意材料的完整性，即保证申请信息的完整性。如认真填写技术措施实施备案申请表，为的是他人能够了解被申请人的版权技术措施及其对应版权权利有效性；提供技术措施实施主体的相关信息，自然人主体应提交居民身份证件，若是委托技术措施信息服务的机构则应提交相关的委托书或说明书；对于法人及其他营利性和非营利性机构等组织主体而言，除了应提交说明自身经营状况的经营证件，考虑到经营性质，有必要让其提供关于技术措施保护对象的信息及其简单说明，将打算实施的技术措施之基本技术原理及其目的和作用进行阐述。在提交以上相关材料时，尽管对不同的各权利主体的要求略有不同，但都要保证材料的完整性，应完整地披露相关的信息。若审查机关在形式审查时发现提交的资料存在欠缺，应在发现当日或次日通过申请人留下的联系方式进行联络，申请人在被告知补充材料信息后 5 个工作日内应补充完整并再次提交，再次提交后仍需补充材料的应在 3 个工作日完成。若审查机关无法在 3 个工作日联络上申请人，则公告通知 10 个工作日。对于逾期不提交或提交信息不完整的申请人则视其未合法登记申请技术措施实施，若擅自实施未合法登记的技术措施造成不良影响的，审查机关应限其一定期限内整改，符合整改要求后再将其纳入合法登记申请名单之内。

（二）申请采取技术措施时申请材料未真实提交的责任

版权技术措施的申请人在填写申请材料时也应秉持诚实信用原则，保证申请材料的真实性，包括如实填写技术措施实施备案申请表中的各项要求，如实反馈被申请人将要采取的版权技术措施；对于申请主体中的自然人、法人、其他营利性和非营利性机构等应如实填写有效的身份证件、经营许可证件等。若申请材料内容明显存在申请主体身份信息有误、著作权权利瑕疵、技术措施存在明显技术漏洞或者有扰乱网络安全的问题，审查机关如果在申请主体申请前强调了材料的真实性，在审查的过程中发现仍存在上述情况或者其他的虚假情况应责令或警告申请主体限期改正，并有权利要求涉嫌虚假申请的主体后续补交技术措施实施遵守诚实信用原则的承诺书。若申请人只是基于过失而未能提交真实材料，则在期限内更正即可。若故意提交虚假材料且通过作假审核通过，无论申请人是自然人、法人或者其他组织，造成权利人合法权益损害、公众权益受损造成恶劣影响的，除了要承担相应的民事赔偿责任之外，还需要承担行政机构的行政处罚，情形严重的会构成诈骗情形由刑法规制，可能没收其违法所得及实施技术措施的相关设备。审查机关在处理涉及虚假材料申请时，若申请人多次恶意虚假申请应将其列入技术措施申请黑名单，并加大监督其私自实施技术措施的情况。

（三）采取了非必要技术措施时应承担的责任

对版权保护采取的技术措施应是必要且有效的。非必要技术措施可包括但不限于既无法有效保护版权权利人的合法权益，也无法有效制止侵权行为发生抑或是采取的技术壁垒过高导致社会公众穷尽技术手段仍无法获取版权内容的技术性手段。技术措施实施如果脱离了版权体系，那也就成为了一种非必要技术性手段，正如前文中提到的精雕诉奈凯案中，判决认定 Eng 数据文件及其格式并不属于计算机软件著作权的保护范围，只是原告为了捆绑销售所采取的技术性手段，并不是为了保护其版权。鉴于此，只要技术措施实施脱离了版权法目的，是为了捆绑销售或地域限制等，那就属于非必要技术措施。

对于自然人主体而言，其可能会因为技术水平的局限设置了无法有效保护其版权合法利益的技术措施，在这类主体申请技术措施实施时，审查机关应如实告知其真实情况，申请人可根据审查机关意见进行技术措施的整改，如拒不整改则视为自愿放弃申请；若委托提供技术措施信息服务的机构为申请主体提供非必要技术措施，申请主体可要求第三方机构承担违约责任或审查机关责令第三方机构整改技术措施的实施效果；当申请人为法人、其他营利性机构或非营利性机构时，若采取了非必要技术措施严重影响或妨碍社会公众对版权内容、信息的获取，或借技术措施实施之名行技术垄断之实，构成“不正当竞争”时，适用反不正当竞争法规制。

（四）采取了不安全的技术措施造成损失的责任

著作权技术措施具有技术特征，技术措施实施行为的出现，也意味着信息安全风险的产生，使用者信息系统功能和信息内容安全受到危害。技术措施所涉及的信息安全包括信息系统基础设施安全、网络运行系统安全、信息内容和数据安全等；技术措施中的信息安全主体不仅包括了自然人、法人、其他营利机构与非营利机构还包括国家的信息安全。版权技术措施应用的范围十分广泛如社会管理、文化活动等社会领域，也涉及金融、医疗、交通等不同行业，而这些领域和行业产品的应用主体也常分布在各类国家政府部门、企事业单位、军事机构甚至是普通消费者。当采用了不安全的技术措施时，就会产生巨大的信息安全风险，威胁到上述所有主体的信息系统安全，对于个人而言会造成隐私信息的泄露，严重的将触犯个人信息保护法，面临侵犯公民个人信息罪；对于法人、其他营利机构和非营利机构而言，同样会构成侵犯公民个人信息罪，严重时将危害到国家安全。同时由于信息和网络的广泛融合，对于提供服务的平台更需注意安全问题，若不注意技术措施的安全性问题，则将会面临民事损害赔偿、行政处罚甚至刑事审判等责任。

（五）不提交密钥、解密版等情形下造成损失应承担的责任

版权人在申请设立技术措施时，为了得到技术措施监管机构的充分保护，应在申请时提交能够规避该技术措施的手段，即“密钥”；在不愿意提供密钥的前提下应提供一个未被添加技术措施的无障碍版本的受版权保护作品的电子版，即“解密版”，这两者都应由技术措施监管机构来保存和管理。可以认为申请人提交的“密钥”或“解密版”是其享有实施技术措施权利下应尽的义务。若申请人不在规定时间内提交，审查机构有义务通知其按时补交。对申请人拒不提交的应先进行协商调解，并附加要求申请人提交一定的保证金额保证技术措施的实施不损害其他版权人的合法权益，以及不违反合理使用等。申请人对协调调解的结果不服的，可向实施技术措施所在地的仲裁机构仲裁；对于故意不达成调解协议的，可请求调解委员会做出决定并要求其提供“密钥”和“解密版”。

如违反上述规定，审查机构可根据申请人因实施技术措施造成的损害扣除一定的保证金，在申请人多次不履行提交“密钥”或“解密版”义务或保证金额扣除完毕后，取消其登记备案的资格。

第七章　区块链时代版权技术措施规避行为相关法律规则构建

对于主体研究的重要性，凯尔森的解释是："法学思想不满足于只看到某种人的行为或不行为组成义务或权利的内容，必须还存在着某个具有义务或权利的人物。"① 也就是说，行为规范中的权利、义务等，必须追溯至其背后所指向的主体，也就是"人"身上，才能真正地实现法律的规范目的，如果没有背后的主体，那么行为所包含的权利、义务便没有了载体，成为"风中飘絮"。著作权法中之所以增加了对版权技术措施规避例外的规定，也是为了通过规定特定行为，保障特定人群的权益。与主体相对应的是客体，客体对于整个知识产权领域的发展具有关键作用，推动新技术的革新。但互联网新兴技术如区块链等技术的发展向知识产权保护提出了更加严峻的挑战，原有的法律规则呈现一定的滞后性，已然无法解释当下技术措施规避行为主体、客体的扩张现象，社会公众亦无法遵循既有的规则而超出范围进行相应的行为。故以普通公众为基础，通过研究版权技术措施规避行为，结合前文对于规定中各行为所指向的主体范围权限的现状分析，探讨区块链时代版权技术措施规避行为主体、客体、行为以及责任的应然范围与模式显得非常有意义。

一、区块链时代能够实施版权技术措施规避行为的主体范围

通过对版权技术措施规避行为的分析，综合既有法律规定的五个例外情形，参考我国现有的版权市场现状和社会需求，有必要进一步对能够对版权

① 胡玉鸿．法律主体概念及其特性［J］．法学研究，2008（03）．

技术措施进行合法规避的主体进行研究。当然，确定法律主体并不是没有限制，法律主体的确定不能脱离现实中个人实际情况，应当以社会上一般人为基础，对特定的情形和特定主体的属性等予以综合考虑。可以以充分考虑普通公众合理需求为基础，通过研究版权技术措施规避行为，对规定中各行为所指向的主体进行范围、权利、义务的应然性分析。

（一）既有法定可采取规避行为的主体范围之厘清

我国关于技术措施规避行为的规定在条例和著作权法中大体相同，通过分析禁止规避技术措施例外情形的规定，进而可以确定技术措施规避行为主体的范围。从我国著作权法对技术措施规避例外的相关规定得出，我国实施技术措施规避行为主体可以概括为：教学或科研主体、无障碍版本主体、国家机关主体、安全测试主体、加密研究和反向工程主体。

1. 教学或科研主体范围之规范

教学或科学研究例外规定在《著作权法》第 50 条[①]和《信网条例》第 12 条[②]。从字面分析一般会被理解为实施技术措施规避行为的主体被限定在“教学或科研人员”，然而通过研究相应法条可以发现，条款中对技术措施规避主体的描述实际上是“为教学或科学研究者提供规避作品的人”，并没有将规避主体限定在教学或科学研究人员中，还应该包括不具备教学或者科研身份的其他非教学或科研人员主体。

现在著作权法规定中的“教学”普遍被认为是指面对面、非营利性的教学活动，主体仅限于教学人员，不包括学生主体。教学的范围也限制在非营利性学校“课堂教学”，由此将远程线上教学人员、学生和拥有规避技术措施技术的其他非教学或科研人员排除在外。教学为目的，教育者可以在课堂教学的情境下，实施规避控制接触技术措施的行为，后续还可以进行少量传

① 《著作权法》第 50 条规定，“下列情形可以避开技术措施，但不得向他人提供避开技术措施的技术、装置或者部件，不得侵犯权利人依法享有的其他权利：（一）为学校课堂教学或者科学研究，提供少量已经发表的作品，供教学或者科研人员使用，而该作品无法通过正常途径获取……”

② 《信网条例》第 12 条规定，“属于下列情形的，可以避开技术措施，但不得向他人提供避开技术措施的技术、装置或者部件，不得侵犯权利人依法享有的其他权利：（一）为学校课堂教学或者科学研究，通过信息网络向少数教学、科研人员提供已经发表的作品、表演、录音录像制品，而该作品、表演、录音录像制品只能通过信息网络获取……”

播行为。

可见，教学或者科研人员主体范围限制的分歧主要还是对营利性或者非营利性教育或者科研主体认识的分歧。事实上法律规定中“教学”场景仅限于非营利的“课堂教学”，已经不能满足如今中国营利性教学机构的教学的发展需要。参照司法案例，实践中法官们对营利性教育机构已经有了不同的态度。目前国家提倡教育分流，未来将出现更多类似“新东方”的营利性职业教育机构，为了平衡分流后的教育资源，推动我国教育分流的实施，有必要对营利性教育机构进行版权技术措施规避主体认定。在现代快速发展的社会中，施行并完善教育分流制度，实现人尽其能是大势所趋，教育分流并不违背教育公平的原则。为促进教育公平，应积极整合教育资源，扩大优质教育资源的覆盖面，使学生能有更多的途径获取知识，确保学生能获取知识的规避例外的主体资格。远程教育已经成了重要教学模式，将远程教育排除在教学技术措施规避外很有可能不能解决教学人员因为教学原因遇到的阻碍，也与《信网条例》中的规避技术措施条款相冲突，所以确认远程线上教学人员规避主体资格是现阶段急需解决的问题。

2. 无障碍版本制作、提供和使用主体合法化

法律规定，“以阅读障碍者能够感知的无障碍方式向其提供已经发表的作品”，将规避主体限制在“提供者”，表面上将非全盲者等可以自己操作规避行为的受益人排除在外。① 然而阅读障碍者在有能力规避技术措施的情况下应当归为技术措施规避行为人主体之内。再者，阅读障碍者有时候会有自己的法定代理人、授权的亲属和其他代理人，这些都是正常人，可以为阅读障碍者提供更适合其要求的无障碍版本作品。因而，这部分人群也应纳入无障碍版本提供者主体范围中。

然而随着数字时代的发展，更多的电子版作品出现，使得能够获取作品的实体产生了变化，有声读物开始为阅读障碍者提供了更广阔的音频资料来源，使阅读障碍者可以获取更多非视力性读物。② 这种变化迫使法律在一些

---

① 王瑞．视障者利用作品之著作权限制研究［D］．武汉：中南财经政法大学，2019：56－57.

② 陈虎．阅读障碍者著作权合理使用条款解释［J］．苏州大学学报（法学版），2022，9（01）.

技术措施规避例外主体上需要进行适应性规定，不能完全照搬《马拉喀什条约》的规定，需要增加电子无障碍版本的制作者主体，如已建立的数字图书馆、制作有声读物的志愿者等。

3. 国家机关主体范围之明晰

根据《著作权法》第50条第1款第3项，国家机关工作人员依照行政、监察、司法程序执行公务时，可以对相关技术措施进行规避。通过梳理司法案例，可以看出我国实务中对国家机关主体范围主要还是限制于国家机关内部，并未包括事业单位等。对国家机关例外的限制为仅限国家机关中的行政机关、检察机关、司法机关在执行行政任务、监察任务和司法任务的时候才可以进行版权技术措施规避行为。

从法条规定对国家机关版权技术措施规避例外主体进行解读，应将主体范围限定在国家机关。宪法中规定的国家机关包括权力机关：全国人民代表大会、地方各级人民代表大会；行政机关：国家主席、国务院、地方各级人民政府；检察机关：最高人民检察院、地方各级人民检察院；审判机关：最高人民法院、地方各级人民法院；监察机关：全国各级监察委员会；军事机关：军队及各级机关。国家机关工作人员为以上国家机关内部工作人员。由于《公务员法》规定现已可以采用聘任制聘用公务员，故应当包含合同聘任制员工。从"执行公务"的角度进行分析，执行公务应当是与国家管理及公共事务管理有关的行为，法条规定的是工作人员执行"行政、监察、司法"类公务，那么应当将国家机关工作人员限制在行政机关、检察机关、监察机关、审判机关四类机关中，与国家机关签订了执行相关行政、监察、司法任务合同的机关或个人，依据合同中任务的属性，也可以作为版权技术措施规避例外主体。

故国家机关例外主体应当是行政机关、检察机关、监察机关、审判机关中为执行行政、监察、司法公务活动的工作人员，包括合同聘任制员工，如法院通过合同聘任的书记员等，还包括与国家机关签订相关任务合同的其他机构、组织或个人。

4. 实施安全测试主体范围及其资质认证

通过对涉及软件安全测试的法律法规进行研究，发现《著作权法》和《信网条例》中都没有对软件安全测试的主体进行具体规定。不过《网络安全法》和《网络安全审查办法》中对网络安全测试主体做了规定，可以归纳为：具有相关资质的企业、机构、高校。对相关计算机安全测试机构进行查询，不难发现中国比较权威的（具备CMA证书①、CNAS证书②）软件安全测试第三方机构有：国家信息中心软件评测中心、中国软件评测中心、卓玛测评。除这三家软件安全测试服务公司外，还有一些规模较小，与软件安全测试相关的微小测评网站，如：软件测试网、领测国际、软件测试部落、测试窝、泽众软件测试等。另外，国家鼓励一些企业、高校进行计算机安全检测的研发，这些主体也应当具有相关检测资质。《网络安全审查办法》中规定，安全测试主体应当是具备相关资质认证的企业、机构，没有相关资质的机构不允许进行安全检测服务。不过，正如上文提到的，现阶段通过资质认证的只有三大安全检测机构，其他小型机构并没有得到完全的安全检测资质。

事实上，一些不被国家认定机构认可的小网站也可以为个人或企业等提供计算机安全检测服务，且有很多网站可以免费提供安全检测，并附赠用户可自己下载的相关检测软件，自己检测的教程，这对一些个人计算机用户更加友好，也可考虑将其加入实施安全测试主体的范围。但是由于这些测试网站并没有国家相关认定机构的认可证书，用户在检测时可能会有风险，所以对这些小网站的监督问题也亟待解决。

5. 实施加密研究和反向工程主体范围之界定

加密研究主体2020年首次被纳入禁止规避技术措施例外的主体范围内，没有其他法律法规与其呼应，暂时面临着茫然的困境，无论例外主体范围还是权限都需要从域外法律中进行借鉴，面临着域外借鉴和中国国情适应问题。③

反向工程是指通过技术手段对从公开渠道取得的产品进行拆卸、测绘、

① 中国计量认证（China Inspection Body and Laboratory Mandatory Approval，简称CMA），是根据《计量法》的规定，由省级以上人民政府计量行政部门对检测机构的检测能力及可靠性进行的一种全面的认证及评价。取得计量认证合格证书的检测机构，允许其在检验报告上使用CMA标记；有CMA标记的检验报告可用于产品质量评价、成果及司法鉴定，具有法律效力。

② 中国合格评定国家认可委员会（China National Accreditation Service for Conformity Assessment，简称CNAS），是根据《认证认可条例》的规定，由国家认证认可监督管理委员会批准设立并授权的国家认可机构，统一负责对认证机构、实验室和检验机构等相关机构的认可工作。

③ 根据DMCA的第1201条（f）款，加密研究例外允许规避访问控制措施和为此对技术手段进行的开发，以识别加密技术的缺陷和弱点。这种例外是为了促进对加密技术的学术研究和提高系统安全性，但它有严格的限制和条件。例如，研究者必须确保研究结果不被用于侵犯版权或其他非法活动。因此可知，美国加密研究例外的主体限制在了“加密技术研究者”的范围之内。我国可在充分考虑版权人利益的前提下，关注数字技术的发展需求，视情况合理规定“加密技术研究者”的范围。

分析等，从而获得该产品的有关技术信息。现阶段学界对于计算机软件反向工程主体的观点主要集中于以下两个方面：一种观点认为软件所有权人、受委托人作为实施反向工程主体合法，但软件的占有使用人则不应当被允许实施软件反向工程；① 另一种观点认为合法使用人，包括合法的购买者，合法购买者允许的使用人，合法购买者的受赠人、继承人，以及其他合法使用软件的人。②

软件所有者、委托者可以作为反向研究者主体在学界中能够达成共识，但是软件占有者能否作为反向工程行为主体学界并不能达成统一，法律规范也并没有具体解释。沙驼石化案对于我国处理软件反向工程问题提供了参考，③ 在此案中，法院提出了软件反向工程合理使用的三个必要条件：反向工程实施者具有合法用户身份，反向工程的目的具有非营利性或为公共利益需要，反向工程实施者不存在"实质性侵权"。这三个条件只是必要条件，非充分条件，是否构成合理使用还需个案分析。④ 但从这三个条件中可以看出，并未明确排除软件合法占有者。

（二）可实施技术措施规避行为主体范围之适当扩展

通过以上对我国仅规定的 5 个版权技术措施禁止规避例外主体的研究，不难发现我国例外规则对主体的规定存在不足之处，可以参考和借鉴域外经验，结合本国的技术布局和产业发展现状，对可实施版权技术措施禁止规避例外的主体类型进行适当扩展。

1. 合理使用情形下可规避技术措施主体的补充

在文化产业方面，我国并没有欧美发达国家发展得快，我国更偏向于保护公众利益，这与我国自古以来以人民为主，公共利益高于个人利益的观念一脉相承。在此理念的指引下，应该为公众设置更多的版权技术措施例外条款，以促进我国创新发展。我国著作权法并未规定图书馆、档案馆的例外，

---

① 高凡．软件反向工程规避技术措施例外研究［J］．梧州学院学报，2020，30（05）．

② 郭俊．软件反向工程知识产权法律问题研究［D］．海口：海南大学，2016：29－30．

③ 北京市海淀区人民法院（2006）海民初字第 16187 号民事判决书。

④ 参见：许欣．软件反向工程法律问题研究［D］．广州：广东财经大学，2018．

可以通过借鉴域外相关规定进行适应性调整，赋予图书馆无障碍版本制作者的例外主体身份，增设档案馆例外。无论美国还是欧盟、英国对图书馆、档案馆这类非营利性、具有公益价值的机构都设有规避例外条款，我国也可效仿欧盟和美国方面，对图书馆、档案馆、博物馆等设置禁止规避技术措施例外。不过，在增加图书馆、档案馆技术措施例外主体的同时，应对其设置限制条款。首先，图书馆等机构应当穷尽其他方法之后还无法获取版权作品且是善意规避行为；其次此类作品应当仅允许在图书馆、档案馆内部进行传播或者应其他图书馆档案馆要求提供；最后实施规避行为后获得的作品应当酌情实施合理的数字安全措施，防止作品的无限制传播。

2. 区块链时代数字与信息挖掘例外之主体的适当引入

进入人工智能时代，在文学、艺术和科学创作领域，人工智能机器学习技术开始发挥越来越重要的应用价值。然而人工智能离不开大数据的支撑。在人工智能技术领域存在一个普遍共识：数据是机器学习的核心养料，喂养的数据越是丰富和优质，人工智能就会变得越“聪明”；喂养的数据越是单一和劣质，人工智能就会变得越“愚钝”。[①] 这就需要开发人工智能系统的人或企业选择与输入海量的结构化优质数据，为机器学习提供丰富的基础养料，且应当允许相关主体对相关信息进行数据挖掘，对人工智能进行大数据“喂养”。另外，在文本挖掘应用领域，我国作为数据大国，应当允许相关主体对文本进行数据挖掘分析，以得到足够信息，使我国可以及时分析国际形势，调整应对方案。新冠疫情自 2019 年暴发以来，迅速在全球蔓延开来，对新冠疫情信息进行汇总、分析成为应对疫情的重要手段，此时文本与数据挖掘例外发挥了重大作用。例如 2019 年年底，作为最先发现新冠疫情新风险的加拿大企业 BlueDot，每日皆使用数据分析工具挖掘涵盖 65 种语言的 10 万个信息源，并在第一时间向世界发出风险预警。[②] 企业对国内或国外相应信息进行汇总分析，能够更好地预判出国内政策走向或国际行业风向，提前预警相关

---

① 卢炳宏．论人工智能生成物的著作权保护［D］．长春：吉林大学，2021：49 -50.

② 新冠疫情与著作权：研究权［EB/OL］．［2021 -03 -10］．http：//ipr. mofcom. gov. cn/article/gjxw/gfgd/202008/1954170. html.

风险，并做出相应的规避对策，为企业的发展提供更全面的信息，更广泛的发展途径。因此，将文本与数据挖掘例外纳入技术措施规避例外是有必要的，不过文本与数据挖掘例外的主体应当限定于合法获取信息和文本，且前提是以文本与数据分析为目的。①

二、区块链时代可规避版权技术措施的客体研究

作品作为受著作权保护的客体，具有多样化特征，而且其会随着社会技术和经济的发展而发生变化。著作权法产生之初，受制于一定的经济社会条件，作品的创作方式和手段不同于现代社会，著作权法保护的作品类型极为受限。例如，古代基于技术条件的限制，创作作品的手段也非常有限，受保护的作品类型只限于手写的文字作品、美术作品等，以及口口相传的民间文艺作品等。随着技术发展，特别是录音录像技术发展，视听作品被纳入著作权客体范畴。随着计算机技术、数字技术、信息网络技术的发展，人类思想表达的形式更加多元化，互联网让每一个个体成为内容生产者，创作内容和空间得到进一步扩展。思想的解放、素材的丰富、技术的支持创设了大批传统作品类型以外的非典型智力成果，如计算机软件、网络游戏作品、网络游戏直播画面等。② 基于区块链技术的数字版权在确权、交易和维权方面较传统版权存在一定的优势，势必将更好地促进数字创作的发展，数字化或将成为新时代的主要作品形态。

（一）针对著作权客体扩张现象的法理思考

2021 年 6 月新《著作权法》生效，规定了“符合作品特征的其他智力成果”，这表明作品类型条款从以前的不真正兜底改为了开放兜底条款。这也预示随着大数据、人工智能等技术的发展，著作权客体制度将接受新的挑战，如人工智能生成作品是否具有独创性和纳入受著作权保护的客体类型，就成

---

① 管育鹰．我国版权立法中文本数据挖掘侵权例外规则的构建：兼论中国知网论文查重争议［J］．中国版权，2022（06）．阮开欣．欧盟版权法下的文本与数据挖掘例外［J］．图书馆论坛，2019，39（12）．唐思慧．大数据环境下文本和数据挖掘的版权例外研究：以欧盟《DSM 版权指令》提案为视角［J］．知识产权，2017（10）．

② 李晶晶．数字环境下中美版权法律制度比较研究［D］．武汉：武汉大学，2014：20－21．

为当前著作权法研究领域的热门课题。① 无论如何，简要考察著作权客体制度的发展历史可以看出，随着经济社会发展和技术变迁，著作权客体的类型不断扩大，相应地也使得著作权保护范围不断扩张。然而也有不少学者担忧作品客体的不当扩张将降低著作权法的可预期性，影响社会公平正义和权利人合法权益的平衡格局。②

随着互联网技术措施的广泛引入和法律强保护规则对其进行的认可，大型传统的和互联网文化内容巨头企业通过著作权这一强有力的武器使得自身经济收益空前提高，其竞争力和文化产业市场垄断能力得到了巨大提升，并引发了诸如大量著作权简单重复商业维权、著作权保护技术措施滥用、互联网内容服务提供企业垄断文化资源、作品真正创作者经济利益被侵占等问题。著作权从促进文化创新的工具逐渐演变为文化艺术领域限制竞争和创新的“核武器”，严重背离其最初的制度设定目标。社会主义核心价值观作为对社会主义价值的总的看法和最根本观点，③ 既是国家制度建构的原则，需要将核心价值观体现在国家方针政策制定、体制机制运行中；④ 也是公民个人对行为和事物进行是非善恶及荣辱判断的评价标准体系。⑤ 知识产权制度建设作为国家制度建设的重要环节，承载着激励科技创新、促进经济发展的历史使命，将社会主义核心价值观融入知识产权制度有其历史意义和时代意义。

对著作权法条文中保护客体类型的规定进行详细分析可知，我国版权保护客体的范围确实在尽可能地扩张。从条文内部的作品排列顺序，也可以清晰地展现出我国版权保护客体从文字作品扩张到计算机软件，直至其他符合

---

① 熊琦. 人工智能生成内容的著作权认定 [J]. 知识产权，2017 (03). 吴汉东. 人工智能生成作品的著作权法之问 [J]. 中外法学，2020，32 (03). 杨利华. 人工智能生成物著作权问题探究 [J]. 现代法学，2021，43 (04). 丛立先. 人工智能生成内容的可版权性与版权归属 [J]. 中国出版，2019 (01).

② 王迁. 论人工智能生成的内容在著作权法中的定性 [J]. 法律科学（西北政法大学学报），2017，35 (05). 陶乾. 论著作权法对人工智能生成成果的保护：作为邻接权的数据处理者权之证立 [J]. 法学，2018 (04). 王迁. 再论人工智能生成的内容在著作权法中的定性 [J]. 政法论坛，2023，41 (04). 王迁. 三论人工智能生成的内容在著作权法中的定位 [J]. 法商研究，2024 (03).

③ 戴木才，田海舰. 论社会主义核心价值体系与核心价值观 [J]. 中国党政干部论坛，2007 (02).

④ 刘建军. “社会主义核心价值观”的三种区分 [J]. 思想理论教育导刊，2015 (02).

⑤ 钟明华，黄荟. 社会主义核心价值观内涵解析 [J]. 山东社会科学，2009 (12).

作品特征的新智力成果的脚印出现。作品特征、作品类型及作品类型兜底条款的规定直接关系着我国作品类型立法取向，关乎着著作权人、社会大众、传播权人等多方利益，在根本上影响我国著作权极力维系着的利益平衡与激励创作目的之实现，故立法态度还需审慎。

以著作权制度为代表的知识产权制度是我国保护和激励创新、促进成果转化与运用的重要法律制度。[①] 技术革新冲击下，在以习近平法治思想为代表的社会主义核心价值观指导下的中国特色社会主义法治理论应当为知识产权制度设计做前瞻性指引。现有保护和促进创新的制度体系也受到技术变革的深刻影响，为保证知识产权制度的稳定性和可适用性，要求理论研究、体系构建更具有超前性和预见性。以人工智能、大数据、云计算、区块链等新技术为代表的智能革命已经到来，由此产生的新产品、新模式改变着社会存续的固有模式和状态，对知识产权现有观念和规则提出严峻挑战，将进一步引起知识产权制度的巨大变迁。在此过程中，应当着重考虑制度安排如何为科技进步、社会发展预留空间。知识产权制度理念既追求正义、效率和创新价值，又涵盖自由、公正和秩序价值，[②] 与中国特色社会主义法律制度建设目标内涵具有一致性。知识产权制度的建设与运行是对社会主义核心价值观、习近平法治思想的贯彻与落实，同时，社会主义核心价值观、习近平法治思想所体现的“人自由而全面发展”“共同富裕”“公平正义”及坚持“人民主体论”和“人民中心论”等深层次价值理念，[③] 更能为知识产权制度应对科技变革做前瞻性的安排，使之更符合国家和人民的利益需求，以及服务创新与发展的现实需要。

（二）中国著作权市场中可规避客体的应然范围

作品的定义与分类是著作权法的基础概念，作品的类型对著作权的认定、

---

① 冯晓青．论我国知识产权制度的变革与发展［J］．人民论坛·学术前沿，2019（24）．

② 吴汉东．知识产权法价值的中国语境解读［J］．中国法学，2013（04）．

③ 方爱东．社会主义核心价值观论纲［J］．马克思主义研究，2010（12）．习近平法治思想是马克思主义法学中国化的最新理论成果，是中国特色社会主义法治建设的重大理论创新，参见：蒋文龄．习近平法治思想的时代特征［EB/OL］．［2022－03－08］．人民网，http：//theory. people. com. cn/n1/2017/0630/c40531－29373190. html.

权利范围界定有着重要的价值与意义，作品客体的不当扩张将降低著作权法的可预期性，影响社会公平正义和权利人合法权益的平衡格局。所以基于著作权限制的技术措施禁止规避例外规则到底可以适用所有类型的作品还是只能适用部分类型的作品，不同学者观点不一。有学者认为我国著作权法技术措施禁止规避例外条款并未对可规避的作品进行类型化的限制，因此应该可以推论在我国的著作权法体系之下，已经被列入可以规避的五种情形适用于所有作品类型，包括文字作品、音乐作品、视听作品等。然而，另一些学者则认为这样的规避例外规定对于可以行使规避行为的客体范围规定得过于宽泛，不利于著作权人权利的行使和经济利益的维护。① 如中国基于《马拉喀什条约》设置的“视觉障碍者”例外中，著作权法并未界定哪些类型的作品上的技术措施可以依此条款进行规避，美国等发达国家有学者认为这类规避行为应该限制在“已经通过纸质媒介出版发行的文字类作品”，而印度等发展中国家则将可规避技术措施的客体延伸到了音乐作品和视听作品等。可实施规避行为的客体类型若不能相对明确，未针对不同情况做出详细的说明，可能会使得著作权人和作品使用者的利益平衡受到一定破坏，如可能出现还在院线上线的电影被“被授权实体”制作成解说版播放给大量“视觉障碍者”而导致电影投资者的损失，也使得“视觉障碍者”获得了超出一般公众的更加优厚的待遇，而造成新的不平等。还有些国家，因为相关客体规定不明，也引起了其他争议，如美国在DMCA中每三年公布一次临时例外，但立法的局限依然存在，有学者认为现有美国法的规则导致禁止规避技术措施例外的范围被扩充，其中的某些例外内容过多包含了与版权保护无关的内容。②

根据我国《著作权法》③ 和《信网条例》的规定④，不难发现我国的可

---

① 杨绪东．阅读障碍者合理使用研究：以《著作权法》第二十四条规定为视角［J］．中国出版，2021（23）．

② RUBENS J. Copyrights in Cyberspace：Fair Use，Take Down Notice，and the Sixth Triennial Section 1201 Rulemaking［J］. The Business Lawyer，2017，72（01）：272－274.

③ 《著作权法》第五章第49条第3款规定：本法所称的技术措施，是指用于防止、限制未经权利人许可浏览、欣赏作品、表演、录音录像制品或者通过信息网络向公众提供作品、表演、录音录像制品的有效技术、装置或者部件。

④ 《信网条例》第12条规定了4项可以避开技术措施的例外，其中涉及对规避技术措施例外的客体的表述有：已经发表的作品、表演、录音录像制品和已经发表的文字作品。

规避技术措施客体的范围比较宽泛，包括了已经发表的作品、表演和录音录像制品，但限制较多，规定了可规避的具体情形，导致实际能够符合规定情形的客体其实并不多。下文将选取几种最为典型的例外情形下的可规避客体进行论述，以期明晰可规避客体的范围。

1. 以文字作品为基础，用于教学、科研目的的可规避客体

以文字作品为表现形式的能用于教学、科研的作品，往往是最为适合进行规避的客体，其范围广泛，一般包含常见的数字化作品版本，学校、科研机构可以有充分的空间进行规避使用。在数字化背景下，线上教育、网络远程教育已然成为重要的补充教学模式，在这一过程中的规避使用需求无处不在，如老师 PPT 的拷贝与制作、教材的电子化使用等，在使用目的正当的前提下，充分利用各种文字表现形式的作品，完全是符合规避技术措施条款的立法目的的。以往对慕课的讨论已然证明这一问题。① 同时，被排除在范围之外的其他作品类型，如电影作品、美术作品等因其本身特点，在特定的教学背景下才能进行合法规避——如表演专业学习使用等，所以将用于教学、科研的可规避客体限制在以文字作品为基础的范围内十分适合，特殊情况下需要慎重考察使用的主体范围以限制客体范围。

2. 以保护视觉障碍者人权为目的的可规避客体范围

《马拉喀什条约》作为首部针对视障者利用作品的国际条约，针对何种作品可以不经著作权人许可制作成无障碍格式版本，并没做出具体限制。条约规定著作权限制适用的“作品”范围限制为《伯尔尼公约》中的文学和艺术作品，表现形式为“文字、符号或图示”，同时议定声明规定包括有声形式的作品。另外，条约还确定作品的范围包括已出版的作品和其他方式公布的作品。② 条约规定有“发展条款”，发展条款允许各缔约方灵活规定著作权限制与例外范围，为缔约方制定新的作品例外提供空间。

而英国、加拿大、日本等国关于本国视障者的著作权限制都有较为成熟的规定，其中可规避技术措施的规定对我国有借鉴意义。英国规定了较为完

---

① 邹琳，陈基晶．慕课教育的合理使用问题研究［J］．知识产权，2015（01）．

② 汤晶晶．视障者利用作品的著作权限制研究［D］．武汉：中南财经政法大学，2020：22．

善的保护视障者利用作品的著作权限制制度，虽然没有直接规定可以制成无障碍格式作品的类型，但是根据其版权法的第31F第3款的规定：有关著作权作品之“易于使用的复制品”，是指便于视障者使用的作品版本。[①] 可见只要是便于视障者使用的无障碍格式版都可以适用著作权限制。《加拿大版权法》规定，为了阅读障碍者的利益，阅读障碍者及代表其利益的非营利机构可以制作的作品包括文字作品、音乐作品、艺术作品和戏剧作品，但不包括电影作品，并且限定只有改编作品和手语形式翻译作品能采取规避技术保护措施。较之加拿大，日本纳入著作权限制的作品范围则要更加宽泛，《日本著作权法》规定可以将已经发表、通过视觉和其他知觉可认识其表现方式的、向公众提供或提示的作品制作成无障碍格式版。

而我国修改后的《著作权法》允许不经权利人许可制作无障碍格式版本的“作品”范围并没有像《马拉喀什条约》第2条第1款那样，限于“文字、符号和（或）相关图示”，而是改为“以阅读障碍者能够感知的无障碍方式向其提供已经发表的作品”，大大拓展了权利限制的范围，[②] 这并不是立法的疏漏，而是出于对版权发展与利用的考虑，为通过行政法规或部门规章允许制作和提供无障碍电影打下了基础。[③] 所以上述规定的详细理解还有很大的讨论空间。视觉障碍者出于对其人权和生活的保障，原则上可以对多种与其生活相关的作品类型进行规避，如语音助手规避、教学类视频软件规避、视听作品规避等。但需要注意的是，对于院线电影、热播影视剧、热门电子游戏等作品，其往往处于利润转化的重点阶段，对于这类作品的规避使用往往会导致权利人、平台方等相关利害关系人的利益不合理受损，因此院线电影、热播电视剧、热门游戏等不可随意规避进行使用。

3. 以行使公共职能为目的的政府可规避客体

在国家机关（政府）履行公共保障职能的过程中，原则上所有的作品类型均可在此进行规避使用。不过在进行规避时存在两个必须条件，即需要对

① 《十二国著作权法》翻译组．十二国著作权法［M］．北京：清华大学出版社，2011：587.

② 王迁．《著作权法》修改：关键条款的解读与分析（上）［J］．知识产权，2021（01）.

③ 王迁．《马拉喀什条约》与无障碍电影［J］．中国版权，2021（06）.

公共职能界定以及对工作人员的行为限制进行明晰。何为“公共职能”，即政府出于什么目的方可对作品进行规避。所谓公共职能，语义理解即为履行公共责任，实现公共服务的目的，政府在向社会提供公共物品和服务的过程中所体现出来的功效与作用。

此外，对于工作人员及政府机构的规避行为，必须严格限制后续可能进行的任何渠道的传播，否则极易造成可规避的滥用。在主体限制的基础上，相关工作人员的资格问题已经明晰，那随之需要考量的就是具体的行为限制，如规避后的信息保存载体的易得性、监管的不严密性等，都有可能使得部分工作人员违法违规将其传播扩散。对于这种行为的规制，就需要对应的行政处罚以及通过职务犯罪或者其他刑事犯罪规定进行严格规制。

4. 安全检测、加密及反向工程的可规避客体

美国 DMCA 第 1201 条（f）① 将“反向工程”一词界定为规避有效控制对该程序特定部分进行访问的技术措施，其唯一目的是识别和分析程序中实现独立创建的计算机程序与其他程序的互操作性，这种互操作性的追求是计算机程序发展与应用的基本逻辑前提，因此从法律上进行限制反而不具有正当性。如语音助手软件，研发人员为使其与普遍的系统操作进行适应，会对其与其他程序进行多维的系统构建与设置，在反向工程的过程中，后续语音助手在其他程序上的兼容才可能成为现实。

而第 1201 条（g）② 将“加密研究”一词界定为识别和分析应用于受版

---

① （f）逆向工程——（1）尽管有（a）（1）（A）小节的规定，但合法获得计算机程序副本使用权的人可以规避有效控制对该程序特定部分的访问的技术措施，其唯一目的是识别和分析程序中实现独立创建的计算机程序与其他程序的互操作性所必需的那些元素，并且参与规避的人以前不容易获得这些元素，只要任何此类识别和分析行为不构成本标题下的侵权行为。（2）尽管有（a）（2）和（b）分节的规定，但一人仍可开发和使用技术手段来规避某一技术措施，或规避某一技术措施所提供的保护，以便能够根据第（1）款进行识别和分析，或为了使独立创建的计算机程序能够与其他程序具有互操作性，如果这些手段对于实现这种互操作性是必要的，只要这样做不构成本标题下的侵权。

② （g）加密研究——（1）定义。就本小节而言——

（A）“加密研究”一词系指为识别和分析应用于受版权保护作品的加密技术的缺陷和漏洞而必须开展的活动，如果这些活动是为了提高加密技术领域的知识水平或协助开发加密产品；和（B）术语“加密技术”是指使用数学公式或算法对信息进行加扰和解压缩。

权保护作品的加密技术的缺陷和漏洞而必须开展的活动，其使用的“加密技术”是指使用数学公式或算法对信息进行加扰和解压缩。在这一例外情形下，需要重点考察从加密研究中获得的信息是否被传播，是否以合理计算的方式传播，以推进加密技术的发展，或者是否以违反其他法律规定的方式传播，可适用其他法律进行侵权追责，如侵犯隐私等。同样第 1201 条（j）[①]将“安全测试”一词界定为在计算机、计算机系统或计算机网络的所有者或运营商的授权下，以善意测试、调查或纠正安全漏洞或漏洞的目的访问该计算机、计算机系统或计算机网络。在这一例外情形下，需要重点考察的因素包括从安全测试中获得的信息的使用目的和从安全测试中获取的信息的使用或维护方式是否会导致其他侵权事件产生。

还要讨论区块链以及 NFT 等系统程序上存在的问题。区块链类金融软件如微众银行的区块链跨链协作平台 WeCross[②]，其涉及司法跨域仲裁、物联网跨平台联动、数字资产交换、个体数据跨域授权等具体应用场景，即越来越深入涉及数字货币、金融数据的运行，而在此基础上的开源以及加密研究，如果不进行上述因素的限制，一旦加密方法遭到破解，区块链的数据安全将受到挑战，区块链的不可篡改性将不复存在。基于此，不可篡改性的逆转不仅容易导致金融数据出现问题，严重时数据的保存与外泄难以在即时网络中得到控制。基于此，在对计算机软件[③]进行加密研究、安全测试研究、反向工程研究时，其针对对象本质是数据背景下的计算机软件与设备、装置。其中对于以区块链为架构基础的系统程序而言，更需要进行严格的客体限制。概括而言，对计算机及其系统或者网络的安全行动如反向工程、加密研究、安全测试等，都可以对该软件或系统中的技术措施进行规避，可规避客体范

① （j）安全测试——（1）定义——就本小节而言，“安全测试”一词系指在计算机、计算机系统或计算机网络的所有者或运营商的授权下，仅为善意测试、调查或纠正安全漏洞或漏洞的目的而访问该计算机、计算机系统或计算机网络。

② 专题研究二十二：联盟链研究之金链盟 FISCO BCOS［EB/OL］.（2020－06－20）［2022－4－29］. https：//zhuanlan. zhihu. com/p/149672459.

③ 计算机软件总体分为系统软件和应用软件两大类：系统软件是各类操作系统，如 Windows、Linux、UNIX 等，还包括操作系统的补丁程序及硬件驱动程序。应用软件种类丰富，如工具软件、游戏软件、管理软件等都属于应用软件类。

围应当限于计算机、计算机系统或计算机网络。此外，应当对获取的信息后续的使用或保存进行严格限制，禁止规避主体进行无期限的保存或者上传、数字传播等，惩治各种侵权或违法行为，情节严重时可以适用非法获取计算机信息系统数据罪、非法控制计算机信息系统罪等刑事规制。

综上所述，可规避客体范围是以作品类型为基础，即中国著作权市场中可规避客体应为受到著作权法保护的客体。而对于已经处于公有领域的作品使用的技术保护措施并不能受到著作权法的保护。另外要求规避的技术措施使用者既得是著作权人，且使用目的也要符合著作权法的规定，这是技术措施受到著作权法保护的必要条件，如以教学、科研为目的的可规避客体应当限于以文字形式为基础的内容载体；无障碍格式规避应出于视障者人权保护与社会进步共享等社会发展需要等，这种具有针对性的目的选择指引下的客体范围考量同样也是社会发展的应有之义。

三、区块链时代规避版权技术措施的行为剖析

本书所指的“规避技术措施行为”，在范围上或与现行法条中技术措施保护的例外规则中设计的“可以避开技术措施”中的“避开”存在些许差异，涵盖了具体的绕开、破坏、解密等直接规避行为和为法律明确规定的可规避主体提供技术指导、服务、提供设备或者工具或者装置的行为，行为规避的客体为著作权法所规定的技术措施，包括接触控制技术措施和版权保护技术措施。基于法律的规定进行分析，我国涉及版权的技术措施规避行为包括直接规避行为和间接规避行为，在区块链时代，对于上述两种不同类型的规避行为应在法律的框架内进行不同规制。

（一）直接规避行为

直接规避行为是指规避主体出于自己对作品的需要而直接对技术措施进行绕开、破坏、解密等规避行为的行为本身，该行为应当是基于自身技术能力实现，若是基于他人提供的帮助行为则应纳入间接规避行为中讨论。具体而言，直接规避接触控制技术措施是指规避主体因为自身需要，对防止浏览、接触作品的技术措施进行规避行为，如某教师基于教学或科研目的对某数据

库中需要付费才能浏览的作品，采用某种技术对“付费”这一技术措施进行规避，从而可以对作品进行浏览。这种规避行为仅规避了接触控制技术措施，如果数据库在实施了接触控制技术措施同时还实施了版权保护技术措施，当这位教师进一步将作品进行复制时，则属于规避版权保护技术措施行为。

一般认为直接规避行为可以由行为客观结果和行为主观两个方面构成，对直接规避行为的规制需要从两方面进行详细解释。首先要达到一种行为客观结果即某种手段使保护作品的技术措施失效，其次是要意识到自己在实施规避行为，有主观故意。

1. 达成规避行为的客观结果的要件

技术措施禁止规避例外中的规避行为客观结果可以被阐释为：通过某种手段使保护作品的技术措施失效①。下文即从：“某种手段”“保护作品的技术措施”和“使有效技术措施失效”这三个方面进行论述。

（1）某种手段。采取“某种手段”的行为，这里的某种手段可以理解为某种行为方式。我国《著作权法》第49条规定直接规避技术措施行为是指“避开”或者“破坏”的行为，② 虽然有些模糊，但是也基本确定了规避行为的大概行为方式。避开：相对于规避一词范围有些狭窄，《辞海》中“避”意味着让开、躲开，词义比较温和，是对技术措施的一种迂回技术，并不会正面对技术措施进行相关破解等。破坏：代表摧毁、毁坏、割裂使破碎，是一种使行为客体破损的行为，就词义而言属于对客体不友好的行为，一般不会被允许。笔者认为“破坏”不属于的可规避行为，法律允许的规避不能以破坏技术措施为行为结果，在区块链时代，版权技术措施就是区块链技术，如果对区块链实施破坏行为，那么对整个区块链条都会产生很大影响。要注意，破解技术措施与破坏行为并不是一类，破解仅仅是对相关加密技术暂时性地进行解密，并不会破坏原有技术措施，当规避行为完成后技术措施还是

---

① 王迁．版权的技术措施保护与限制研究［M］．北京：中国人民大学出版社，2018：33.

② 《著作权法》第49条：为保护著作权和与著作权有关的权利，权利人可以采取技术措施。未经权利人许可，任何组织或者个人不得故意避开或者破坏技术措施，不得以避开或者破坏技术措施为目的制造、进口或者向公众提供有关装置或者部件，不得故意为他人避开或者破坏技术措施提供技术服务。但是，法律、行政法规规定可以避开的情形除外。

会起到相应作用。

美国对技术措施规避行为具体手段进行了规定，使用的英文单词为"circumvention"，中文译为"规避"，布莱克法律大辞典中解释为：Copyright，the act of bypassing，avoiding，removing，deactivating，or impairing a technological measure or device that controls access to a work protected by U. S. copyright law. · Circumvention of technology that effectively controls access to a work protected by a U. S. copyright is prohibited under 17 USCA，1201。对具体行为手段进行分析，bypassing：意为绕过、避开等；avoiding：避免、回避；removing：消除、去除、清除、撤除；deactivating：使不活动、禁止、使钝化等；impairing：损害、削弱。对美国规避行为可以总结为绕过、避开、撤除、弱化（破解）或破坏技术措施的行为①。

绕过和避开可以对应我国的"避开"一词，是指并不对技术措施进行相应的破解等工作，而是寻找其他途径对作品进行接触使用。但是撤除和弱化（破解）并不能包含于"避开"一词中，所以我们建议可以考虑在法律中采用"规避"一词对技术措施相关还原、解密等行为进行描述，同时增加行为类型描述："撤除"和弱化（破解）。

（2）保护作品的技术措施。这里讲的是规避的客体必须是保护作品的技术措施。我国规定的客体技术措施是为了保护作品及其相关权利而设置的，即设置技术措施的目的必须为保护作品及其相关权利。如果技术措施保护的并不是作品或者与其相关的权利，那么即使实施了规避行为也不是版权法上的规避技术措施行为。我们可以对技术措施保护对象进行进一步解释：保护对象限于作品。

（3）使有效的技术措施失效。行为结果的"使技术措施失效"，其前提是技术措施的有效性。我国《著作权法》对技术措施的有效性进行了规定，不过与 WCT 和 WPPT 一样，虽然都明确规定了版权技术措施是指"有效的技术措施"，但是对具体有效的技术措施需要达到什么效果并未进行规定。美国对技术措施有效性进行了较为详细的规定：在正常情况下，他人必须经过

① 17 USC 1201（a）（3）（A）.

版权人同意才能接触或者使用作品，那么技术措施就是有效的。然而司法实践中法官似乎认为所有的技术措施都是有效的，有学者认为司法实践中这种观点让强调技术措施有效性的法条显得“多余”。《欧盟版权指令》对有效技术措施则规定得有些过于详细了：当对受保护的作品或其他的使用由权利人通过应用接触控制或者保护手段，如对作品或其他客体进行加密、扰乱或者其他改变，或者通过复制控制机制加以控制，能够实现保护目标时，技术措施应被视为有效。不过，就定义来说，实现保护作品目标，是不是指他人完全没有办法规避呢？如果他人完全没有办法规避，那么法律没有对技术措施进行规定的必要性。所以就定义来看，《欧盟版权指令》对技术措施有效性的规定可能有些苛刻。不过类似水印等不能对作品进行有效保护的技术措施也不能称为版权的技术措施，本书认为将有效性限制在未经过相关技术培训的普通主体无法凭借自身力量进行规避即可。

故构成版权技术措施可规避行为的条件之“通过某种手段使保护作品的技术措施失效”是指通过如避开、撤除、破解等技术手段使保护作品不被未经过专门训练的普通公众使用普通技术如复制、粘贴等进行规避的“有效技术措施”失去其本身效果。区块链时代保护作品的技术措施往往就是区块链技术，所以，规避技术措施行为也就是规避区块链技术行为，不过，区块链时代规避技术措施行为并没有太多变化，仍是对区块链进行解密、绕开等规避行为。

2. 规避行为的主观故意性要件

主观故意性要求规避行为人知道自己的行为是规避版权技术措施的行为。版权技术措施规避行为与普通的规避行为有所不同，有时一些没有技术观念的主体可能会有无意识地规避行为，有些主体可能会直接在网络上搜索作品名称，这时很有可能会直接检索到免费作品进而欣赏，但是作品实际上是存在技术措施进行保护的，这些主体对作品的接触已经形成事实上的规避技术措施的行为。如泛亚诉百度案，泛亚集团经营的“娱乐基地”属于收费网站，他人必须花费 0.2 元才可以接触一首歌曲，这属于控制接触技术措施，但是在百度 MP3 中，用户可以直接搜索歌曲名称进行接触，这就是已经规避接触控制技术措施的行为，但是用户主观上并未意识到自己实施了规避行为，只是认为这是百度 MP3 自身所有的歌曲。类似案例还有华纳诉世纪悦博案、梦通诉衡准案、慈文诉海南网通案、肇庆数字文化网数字影院案、快乐阳光诉同方公司案，都是类似第三方网站提供作品链接，用户直接点击链接即可获得接触或复制作品途径的案例，这类案例中用户主观上并没有规避版权技术措施的意图，在版权法中，并不能要求所有人有注意义务，对每个作品源网站机制进行辨别。这对普通公众的要求过高，所以，当普通公众没有主观故意对技术措施进行规避时，并不能构成规避行为。

我国《著作权法》对规避版权技术措施行为有主观故意要求：任何组织或者个人不得“故意”避开或者破坏技术措施。《欧盟版权指令》对规避行为同样要求了主观故意，“只要行为人知道或有合理理由知道自己正在实施规避技术措施行为”①。区块链时代如果是对区块链技术进行规避，由于区块链的认证机制，规避行为人没有理由不知道自己正在实施规避技术措施的行为，所以规避行为主观上一定是故意的。

（二）间接规避行为

我国《著作权法》中版权技术措施禁止规避例外规定中排除了间接规避行为，但是，如同前区块链时代遇到的问题一样，普通公众还是没有能力规避，如果不允许有相关技术的主体提供相关技术，例外主体获得的技术例外如同虚设，就好像一个人有正当理由想要进入他人的房间，法律也允许此人进入房间，但是房间被主人设置了锁进行保护，防止他人进入，被授权主体并没有学习开锁的能力，这时需要有学习过开锁技能并能够开锁的人提供开锁技术或者装置、部件才能够开锁，不然法律赋予主体的进入房间的权利就是空头支票，所以，我们有必要对间接规避行为进行深入研究并制定相关规则。

间接规避是指以避开或者破坏技术措施为目的制造、进口或者向公众提供有关装置或者部件，故意为他人避开或者破坏技术措施提供技术服务。间接规避技术措施行为的构成包括行为模式和行为目的。间接规避技术措施行

① 王迁．版权的技术措施保护与限制研究［M］．北京：中国人民大学出版社，2018：40.

为是预备阶段的实行行为和规避阶段的帮助行为，预备阶段的实行行为是指制造、进口、为公众提供规避技术措施的装置或部件行为，这种行为往往发生在规避行为未实施之前的准备阶段，为之后规避技术措施准备技术条件；规避阶段的帮助行为是指在他人规避技术措施时，明知他人具有规避技术措施的目的，仍为特定规避技术措施的人提供技术服务。可以实施的间接规避行为构成要件包括行为模式和行为目的。

1. 间接规避行为的不同类型及其特点

首先，行为模式预备阶段的实行行为包括制造、进口、为不特定公众提供规避技术措施的装置或部件行为。第一，制造行为，“制造”意为把原材料加工成适用的产品。这里并未包括开发行为，开发意味着创新，对于技术措施的规避技术创新是基于加密研究，对技术措施进行针对性的研究之后才可以进行开发破译工作，属于法律允许的直接规避行为。制造的行为在获取装置或部件的技术后将其落实到实体方面，制造的是产品。装置或部件需要制造行为才能够将规避技术落实在实体上，属于源头行为，规避技术措施需要一定装置或部件才能运行，如果没有制造开发规避技术措施的行为，后续规避行为也是巧妇难为无米之炊。第二，进口行为，是指从国外将商品或服务投放到本国贸易市场。每个国家技术发展水平不一样，规避技术措施的装置部件的开发制造水平也不一样，在科技发展相对没有那么发达的国家，可能作为版权人一方的资本投入者会购买科技发展水平较高国家的技术措施，但是该国国内并没有人能够制造相关的规避装置或部件，只能依靠进口他国同样发展水平的规避装置或部件才能达到规避技术措施的目的。《马拉喀什条约》还可能涉及规避后制作的某些作品的无障碍技术版本进口问题。第三，提供是指供应、供给行为，这里应当是为不特定公众提供装置或部件，即一些销售、出租等行为。这类行为没有固定服务范围，不能使规避行为保持在技术措施禁止规避例外之内，装置部件很容易大量流入市场，导致技术措施不能达到规定的目的，不能维护版权人利益，本书认为对此类准备阶段的行为应当禁止或者进行严格的规制。

其次，规避阶段的帮助行为。规避阶段的帮助行为，一般是指有直接规避主体时，提供技术服务的帮助行为。规避阶段的帮助行为需要与预备阶段的实行行为进行区分，规避阶段帮助行为应当是应某主体要求为其提供规避技术，本书认为这种帮助行为具有针对性，不容易将技术扩散到市场内，应当规定没有能力实施规避技术措施的例外主体可以向经过国家授权的技术提供者申请进行规避，技术服务者进行形式审查，对符合我国技术措施禁止规避例外规定的主体可以为其提供规避技术。

通过研究多样的行为模式，本书认为法律应当考虑将间接规避行为中的部分行为进行例外规制，具体为制造、进口相关部件或者具有相关资质的技术服务者可以应相关可规避主体申请为其提供技术服务，进行形式审查并制定相应的监管机制（监管机制在第八章进行详细论述），在能够使直接规避行为顺利落实的同时防止规避行为的滥用，损害版权人利益。

2. 间接规避行为的主观故意性要件

间接规避行为主观故意性要求间接规避行为人明知或应知自己制造、进口的装置或部件主要用于规避技术措施行为，并以规避技术措施为目的向公众提供；明知或应知申请规避技术措施的人是为了规避技术措施而为其提供技术服务。这里涉及技术中立原则，索尼案中技术中立原则被首次在知识产权法中确认，又被称作“实质性非侵权用途原则”，是指如果技术服务提供者制造、销售的产品“能够具有实质性非侵权用途”，即可能被广泛用于合法的、不受争议的用途，即使其用户利用该产品实施侵权行为，也不能推定技术服务提供者具有帮助侵权的意图，并因此承担侵权责任①。确立技术中立原则的初衷是保护和鼓励技术创新，如果一种技术被用于规避版权技术措施，但是其被开发制造出来的目的并不是规避技术措施，此时间接规避行为人可以制造、进口和为公众提供该装置和部件。

概言之，直接规避行为和间接规避行为可以说共同组成规避行为，间接规避行为是直接规避行为实施的保障。部分直接规避行为为法律所允许，然而间接规避行为的全面禁止使得部分直接规避行为可能不能得到真正的落实，尤其是当直接规避行为的主体是个人主体时，技术水平一般都不能达到规避技术措施的目的，需要向相关技术服务者提出帮助规避的申请才能顺利进行

① 陈虎．论网络著作权保护中的技术中立原则［D］．宁波：宁波大学，2017：3.

规避行为。

四、区块链时代规避主体不当规避行为的责任研究

本部分所探讨的不当规避行为之责任包括了本不符合禁止规避例外的行为主体提供虚假信息的责任，符合法律规定的主体的破解行为存在过失而导致权利人既有技术措施对其他主体也失效的责任，以及符合要求的主体按照规定进行了合法规避后获得的版权作品被有意或无意传播给不符合法定范围的第三人或者公众的责任。责任包括了停止侵权、赔偿损失、技术恢复、没收工具、行政处罚和刑事制裁等。

（一）不符合规避例外的主体提供虚假信息的责任

通过分析禁止规避技术例外情形的规定，可以确定技术规避行为主体。我国关于技术措施规避行为的主体可以概括为：教学或科研主体、无障碍版本主体、国家机关主体、安全测试主体、加密研究和反向工程主体。就像现实中有人会借用他人合法的密码、账号等用于“接触”作品的信息，以阅读、欣赏作品或进入作品数据库，或得以“接触”其他受“接触控制措施”保护的内容一样[①]，不排除有不符合禁止规避例外的主体提供虚假信息，以可实施合法规避技术措施主体的身份实施规避行为。表面上看起来这种行为与破解登录信息这样的直接规避技术措施行为不同，但是，两者在版权法中的性质却并无太大差异。根据《数字千年版权法》和《加拿大版权法》的规定，“规避技术措施”均包括“对内容已被扰乱的作品进行还原，对已加密的作品进行解密，或者以其他方式避开、绕过、清除、破解或损坏技术措施”[②]，这暗示了必须有对技术措施进行“解密”的行为。[③] 而提供虚假信息伪造自己具有实施合法规避技术措施的主体身份与用他人合法的用户名和密码登录数据库的行为一样，本身并不涉及对数据库“接触控制措施”的“解密”，故都不属于一般规避技术措施的行为。虽然规避行为限于“对内容已

---

① 王迁．版权法对技术措施的保护与规制研究［M］．北京：中国人民大学出版社，2018：34．

② 17 USC 120（a）（3）（A），*Canada Copyright Act*，Section 41（a），（b）．

③ 王迁．论出售软件序列号和破解程序的行为定性［J］．法学，2019（05）．

被扰乱的作品进行还原，或解密、避开、绕过、清除、破解或损坏技术措施”，仅仅提供虚假信息并不构成《数字千年版权法》所称的“规避”技术措施，但并不能否定提供虚假信息伪造自己具有实施合法规避技术措施的主体身份以此“接触”作品信息的违法性，其中应用不属于自己的身份信息，“合法”避开技术措施进入数据库阅读其中作品，属于提供虚假信息避开或绕过技术措施使用者对使用的许可，仍然导致被盗用者和数据库权利人的合法利益受到侵害，理应承担侵权法中的民事责任。

不当规避行为承担民事责任的方式除停止侵权、赔偿损失、排除妨碍、消除危险等主要承担方式以外，还应充分考虑该行为的特殊性。相关监管机关应加强网络管理和身份审核手段，可以整理出有威胁的源头形成黑名单数据库，并通过边界网关协议（BGP）在城域网内广播形成路由黑洞以剔除这些危险服务器的访问流量。黑名单数据库里的服务器和用户将会被限制访问该作品和相关版权作品的时间、路径和方式，以此达到对不当规避行为的惩戒和警示作用。

（二）实施规避行为存在过失或故意造成权利人损失应承担的责任

构成受法律所禁止的提供规避服务的行为，除了要具备客观要件，还应具备主观要件，即行为人能够意识到自己正在为他人实施规避行为。但实践中，往往出现，可规避主体的不当规避行为造成权利人既有的技术措施对其他主体失效。如果可规避主体的规避行为，如还原、解密、避开、绕过、清除、破解或损坏技术措施等造成了权利人的技术措施受到了无差别损害，从而对其他主体无效，那么该行为主体应该承担相应的过错责任。在“直接规避”或“提供规避手段”的过程中，符合可规避主体条件的行为主体并非只是消极地实施规避行为、获取信息，还需要保证自己的规避行为不会造成权利人既有的技术措施对其他主体失效。不当的规避行为导致权利人的合法利益受到侵害的，行为主体理应停止侵害，对损害的技术措施进行修复，赔偿权利人的损失。

当然，也不排除存在少数可规避主体故意甚至恶意采取技术措施，远远超出接触或使用作品需要的技术效果，删除或者破坏权利人采取的技术保护措施，甚至破坏权利人保存自己作品的文档、计算机设备或者干扰相关区块链平台正常的运行，为权利人带来损失的同时还可能严重危害公共利益或者是整体的网络安全①。在这样的情形下，实施规避行为的主体不仅要承担前述一系列的责任，还可能面临罚款、没收设备和工具、惩罚性赔偿，情节严重的还可能被追究相应的刑事责任。修法时可在侵犯著作权罪中增设规避技术措施的条款，或者将相关情形纳入侵犯公民个人信息罪、破坏计算机信息系统罪等，另外，亦需对实施上述恶意规避行为的主体设置黑名单，限制其一定期限内申请规避。需要注意的是，确定权利人损失范围时要合理排除技术措施本身漏洞和权利人知晓不当规避行为而采取不当处理方式导致的损失，否则可能会扩大权利人的利益损失范围。

（三）超范围传播和利用规避获得的版权作品造成权利人损失的责任

规避技术措施侵权行为并不要求侵权者知道其实施的是侵权行为，或他的行为构成对版权的故意侵害，但要求侵权人实施的“行为”导致了侵权发生。法定可规避技术措施的情形下，除了可规避技术措施行为主体、权利人和允许使用的主体外的其他主体无权使用作品，可规避技术措施行为主体、权利人和允许使用的主体均为该作品获利的利益相关人。若可规避技术措施行为主体在未经许可的情形下传播作品，导致在权利人不知情的情况下作品被传播给不符合法定范围的第三人或公众，行为主体应承担相应的民事责任。

此不当规避行为承担民事责任的方式除停止侵权、赔偿损失、排除妨碍、消除危险等主要承担方式以外，还应该结合主客观要件判断是否适用惩罚性赔偿。《最高人民法院关于审理侵害知识产权民事案件适用惩罚性赔偿的解释》第1条明确规定，知识产权惩罚性赔偿统一适用“故意”，其内涵包括了《反不正当竞争法》与《商标法》中的“恶意”②，因此，针对此类不当规避行为在适用惩罚性赔偿规则时，应该考察行为主体在实施合法规避行为时是否明知而故意，有无采取必要的预防措施或者告知权利人将成为判断的

---

① 王迁．搜索引擎提供“快照”服务的著作权侵权问题研究［J］．东方法学，2010（03）．

② 倪龙燕，董婧．我国知识产权惩罚性赔偿的司法适用探析［J］．浙江理工大学学报（社会科学版），2022（04）．

关键因素。另外，针对情节严重与损害后果严重的情况，本书认为情节严重应该作为行为要件而非结果要件来加以参考，区别在于采用结果要件将会大大提高惩罚性赔偿的适用门槛，不利于保护权利人的合法权益。《最高人民法院关于审理侵害知识产权民事案件适用惩罚性赔偿的解释》第 4 条对侵权行为的性质进行判断的参考因素中，不仅包含了侵权手段与次数、侵权行为的持续时间与地域范围等行为要素，而且提到了后果这一结果要素，但此处的结果要素并非单纯地指代“损害后果”，还需要结合其行为所产生的社会后果予以考量。[①] 由此，在判断是否适用惩罚性赔偿时还应考虑传播给不符合法定范围的第三人或者公众造成的社会影响。综上，若行为主体在实施规避行为时对侵害结果明知且故意，且造成社会不良影响的，应该对其适用惩罚性赔偿，在此基础上还应考虑将其纳入黑名单数据库。

① 北京市海淀区人民法院课题组．知识产权惩罚性赔偿的适用问题研究（文字版 +34 份判决）[EB/OL]．[2023-02-23]．https：//www.sohu.com/a/508578823_221481.

第八章　基于区块链的技术措施登记备案和管理制度设计

随着互联网的广泛应用以及数字信息技术的高速发展，为了防止基于网络复制、传播行为成本低、方便快捷等特点导致的数字作品被侵权现象的愈加普遍，著作权人创设了用于著作权保护的技术措施，以保护其合法权益不受侵害，缓解网络环境带来的权利受损。在此背景下，现有的公力救济措施，包括事后行政处罚、民事法律救济和刑事处罚等手段往往具有滞后性，很难及时或提前阻止侵权现象，因此，用于著作权保护的技术措施更加受权利人的欢迎。但是，技术保护措施在互联网领域普及之后，公众将无法自由而免费地接触、获得和进一步使用作品，这不利于互联网领域信息自由、言论自由的实现；那种虽然免费但需要登录身份信息的技术措施，也使得个人信息处于一个极度开放的境地，不利于互联网用户基本隐私权利的保障。另外，由于对技术措施的实施方，既有法律法规中没有制度性的约束和管控，或许会出现其他无法预料的损害互联网数字作品接触或者使用主体其他利益的现象。从区块链技术的应用背景出发，构建新技术时代著作权技术措施的登记备案和管理制度，并同时进行适当监管，用一套科学合理的规范引导权利人在合理地保障自己著作权权利的前提下正确实施相应的技术措施，以期助力我国著作权“大保护”策略和“知识产权强国建设纲要”的顺利实施，同时能够实现著作权法等系列知识产权法律法规的终极立法目标：促进社会主义文化和科学事业的发展与繁荣，满足人民必要的精神生活和科学文化发展需求。

一、技术措施的登记备案制度及区块链技术的运用

构建一个科学合理的、具有一定的可操作性的著作权技术措施实施登记

备案制度，使其能够融合于我国国情，以期控制好对技术措施的保护与规制力度，平衡社会各方利益非常重要。诸多国内学者致力于寻找“双赢”之路，进行了大量研究。王迁提出应增加对“技术措施”的合理定义，适当降低保护水平，完善与合理使用存在冲突的既有机制；① 董慧娟对美国、法国等国家版权法的最新动态进行介绍和评价，并从反思与重构的角度，提出若干完善技术措施制度的具体建议，包括如何正确定位，转变立法观念，加强对技术措施应用和保护的限制。② 此外，有部分学者在版权技术措施的一些具体规则设计方面提出了建议：王影航建议我国可以效仿法国建立专门的技术保护措施监管机构，提升有关技术监管的专业性与可操作性；③ 张奕婕建议优化版权保护中心的服务内容，将版权技术措施保护纳入著作权标准化工作。④ 虽然建议多种多样，但是对于版权技术措施实施的申请备案制度的建议或研究还是较少。

在区块链技术加持的技术背景之下，可尝试借鉴类似制度为构建新规则提供一些有价值的经验。我国的海关知识产权保护备案制度已经发展了15年，与知识产权保护密切相关，值得我们对其进行研究。知识产权海关保护备案，是指知识产权权利人，根据《中华人民共和国知识产权海关保护条例》的规定，将其持有的知识产权在海关总署“知识产权海关保护子系统”进行登记备案，以便海关在对进出口货物的监管过程中能够主动对有关知识产权实施保护。这一制度模式对于本书所研究的版权技术措施实施的申请备案制度的构建而言有十分重要的借鉴意义。虽然许多学者在文章中提到引入第三方机构，实行登记制度这样的设想，但并没有对其进行详细的阐述。至于监管制度，在区块链技术迅速发展的当下，其去中心化技术优势成为设置和规避版权技术措施的得力助手，我国作为发展中国家，现行法律采用的版权技术措施保护模式水平过高，限制与例外过少，在保护权利人合法利益的同时，也过分制约了公众对作品及相关客体的使用，加剧了版权人与公众利

① 参见：王迁．版权法对技术措施的保护与规制研究［M］．北京：中国人民大学出版社，2018.

② 参见：董慧娟．版权法视野下的技术措施制度研究［M］．北京：知识产权出版社，2014.

③ 王影航．版权技术保护措施滥用行为规制探析［J］．出版发行研究，2019（09）.

④ 张奕婕．著作权技术保护措施研究［D］．北京：中国政法大学，2020：48.

益之间的矛盾。因此，构建一个以登记备案制度为前提的适度的技术措施监管体系刻不容缓。我国也可基于区块链和大数据等技术，依托国家版权局和各个集体管理组织的现有管理体系，设立多层级的保护著作权相关技术措施申请备案和监管机构，保存相关信息，保障权利人的各种权益，同时保障技术措施的监管执行机制。总之，应当顺应我国知识产权及其相关产业和市场变革的趋势，在实践上寻求一种机制或者制度，更好地掌控著作权技术措施的保护和规制力度，平衡好权利人与公众之间的利益，使之最终能够促进社会主义科学和文化事业的蓬勃发展。①

二、设置登记备案制度进行技术措施实施行为管理的必要性

2001 年修正后的《著作权法》开始对于互联网领域涉及著作权保护的技术措施进行了原则性规定，并不允许未被权利人许可的规避行为。由此可知，著作权法授予权利人能够基于保护著作权的目的而自由采取各种类型的技术措施，但是由于条款设计过为简洁，对于技术措施的界定和范围，以及相关限制都没有相应规则，于是 2006 年的《信网条例》对其进行了相应的规定。但是由于上述条例仅仅适用于信息网络传播权这一个著作权中的子权利的保护，不利于广泛存在的电子化、数据化作品的保护和利用，于是，2020 年颁布的《著作权法》尝试将《信网条例》和《软件条例》中关于技术措施的规定稍加变动，将其提升到法律的层面。然而，这样的并入式立法并未针对信息和数字技术的进一步提升、数字版权产业的发展而进行实质性的规则改进，更没有对技术措施实施主体资格和行为规范指定一个统一的规则，也无任何基于实施技术措施行为而附加的义务和责任。在《著作权法实施细则》暂未公布的背景下，短时间之内想要通过立法来达到对版权技术措施的保护与规制未免不太现实，此时实行更为灵活的版权技术措施实施申请备案制度毫无疑问是更好的选择。同时，在上述研究成果中，不少学者也提到了版权措施实施主体的义务承担，如果技术措施滥用，其危害也是多方面的，于是设计一套科学合理的版权技术措施实施的申请备案制度，对其进行一定监管

① 参见：蔡桂平．技术措施保护与合理使用的协调研究［D］广州：华南理工大学，2019.

具有现实的必要性。

在我国法律规定完全禁止所有规避行为的情况下，这种对于权利人的过高保护诱发了诸多预料不到的负外部效应。权利人滥用技术措施的事件频频发生。2019年12月11日，腾讯视频和爱奇艺对《庆余年》推出超前点播的限时优惠服务，即原本已付费的VIP会员再交50元可以在每周更新日，领先普通用户6集的观看进度基础上再多看6集。该播放规则一经推出立刻在各大社交平台引起热议，众多具有一定版权意识的观众不满情绪爆发，《人民日报》也以此事件作为切入点对其他类似现象进行了批判。此外，常见的情形还有音乐平台的会员需购买专辑或者单曲才能收听或者下载个别明星的部分歌曲。这也引发了部分追星族大量购买冲击销量的行为，让平台能够额外获利。其实这些视频平台、音乐平台都是使用了“访问控制措施”，顾名思义，这一技术措施使得使用者对作品的接触和访问被控制，但事实上违背了知识产权领域广泛认可的“权利用尽原则”，并在一定程度上侵犯了消费者的知情权。除此之外，“捆绑销售”的行为更是泛滥。例如，当年中国联通在我国独家引入iPhone后，为了防止用户在从联通购入的附资费套餐的iPhone中插入中国移动或中国电信的通信卡，利用技术措施对iPhone与联通的通信服务加以绑定。一旦用户在iPhone中插入了中国移动或中国电信的通信卡，该台iPhone将被自动锁定。这一利用法律对于“访问控制措施”的保护行为毫无疑问侵犯了消费者的自主选择权。

技术措施是在数字化网络环境中出现的，其针对的是日益猖獗的著作权侵权行为，同时也是法律对信息网络技术的迅猛发展所做出的回应。众所周知，在互联网技术发展的初期，采取技术措施保护著作权就是利益平衡的产物。技术措施最初是作为自力救济的手段，但目前对其破坏与规避日益严重，甚至逐渐产业化，这样的情况造成了权利人更大的经济损失。因此，便有技术措施保护制度的出现。与此同时，如前文所述，技术措施滥用的情况已经屡见不鲜，消费者及公众的利益也受到了侵害。因此，寻求一种机制来进一步协调各方利益，达到整个社会利益的相对平衡迫在眉睫。技术措施申请备案和监管制度就是能够平衡权利人、消费者和社会公众利益的有效途径。从根本上来说，申请备案制度是一种依申请保护的低保护模式，我国原本的技术措施保护制度中的一个巨大问题就是对于版权技术措施的保护水平过高，而技术措施申请备案制度这种低保护模式则正好能弥补这一缺陷，将原本倾向权利人利益的天平拉回原点。对于权利人来说，自己主动寻求保护能让其对旗下的知识产权进行更灵活的布局；对于消费者来说，申请备案的技术措施信息透明公开，保障了消费者的知情权和自主选择权；对于社会而言，能保证使用者的合理使用，不必承担不必要的侵权风险，有助于促进我国版权产业的繁荣发展。

总之，我国现行技术措施的保护制度不够健全，未实现基本的利益平衡是客观存在的事实，而技术监管制度能从行政管理的角度出发，授权相关机构对技术措施滥用行为进行基本的信息收集和监督，使得技术措施主体合法合规地行使和保护自己的著作权，给惩戒违规滥用提供依据，平衡各方主体的利益。技术措施监管制度是一种事后救济措施，在技术措施滥用已经发生后，相关机构能够对技术措施主体滥用技术做出相应的调整或处罚，在保障整体社会效应的前提下提高权利人及其授权主体滥用技术措施的实施成本，也能防止其他主体滥用与著作权保护无关的技术措施扰乱正常的市场秩序，从另一个角度看也起到了预防技术措施滥用行为的作用。

三、区块链支持下的技术措施实施登记备案制度构建

参考国外的相关法律以及制度设计，不难发现多数国家从自身的版权产业发展考虑，偏向于保护技术措施。而我国若想真正结合他国技术措施制度的优点，与国际接轨并发展我国特色技术措施制度，首先必须立足我国实际，实事求是。我国的版权产业仍处于亟待发展的阶段，过度保护是不利于我国版权产业的拓展的，而立法具有一定的滞后性且耗时较长，因此实行版权技术措施申请备案制度这样的行政管理制度不失为一种灵活巧妙的方式。前面章节对技术措施实施主体的义务和责任进行了论述，以下是对于我国实行版权技术措施申请备案和监督制度的一些建议和设想。

（一）链上版权技术措施实施的申请备案初步流程

对于链上版权技术措施实施的申请备案流程，需要较为详细的规则来确

保实施。在相关行政主体和有关集体管理组织构建能够互联互通的区块链架构的前提下，整体的备案流程可以借鉴同为知识产权重要客体的专利或者商标的申请注册制度，以及我国实施申请备案制度的知识产权海关保护规则进行具体设计，主要包括以下几个方面。

1. 技术措施实施的申请

由申请人在任意节点注册区块链用户，并在链上提出申请，基于链上设置的表格列明的著录信息需求填写备案申请表（见表8－1），并且附上必要的证明文件和证据的电子版本。技术措施监管机构应当在其作为节点的管理平台获悉申请信息后进行受理和审查，直接基于平台内部的管理权进行操作，在线做出是否准许备案的决定，并以电子邮件或者其他数字形式的文书版本书面通知申请人，不予备案的应说明理由。申请人能够登录相关区块链获取登记备案信息并进行信息保存，方便后续出具权利证明和整体的管理和监督。受理机构需要由此来对需要进行备案的技术措施及其相关信息有基础的了解，并且对明确不合规或者和著作权保护完全无关联的技术措施，予以拒绝登记。因此针对需要提交的申请文件应具备哪些信息，审核宽严度具体如何把控等需要事先制定一个初步的规则。

表8－1　技术措施实施登记备案表

<table>
<tr><td rowspan="4">申请人信息</td><td>申请人名称</td><td colspan="3"></td></tr>
<tr><td>法定代表人</td><td></td><td rowspan="2">技术措施备案号</td><td rowspan="2"></td></tr>
<tr><td>联系方式</td><td></td></tr>
<tr><td>住所地</td><td colspan="3"></td></tr>
<tr><td rowspan="4">技术措施的信息</td><td>技术措施名称</td><td></td><td>技术措施类型</td><td>•禁止接触
•禁止复制
•其他________</td></tr>
<tr><td>技术措施的技术原理</td><td colspan="3"></td></tr>
<tr><td>技术措施保护的内容</td><td colspan="3"></td></tr>
<tr><td>是否提供规避手段</td><td colspan="3"></td></tr>
</table>

续表

有效性审查意见	审查人： 日期：________年____月____日
合法性审查意见	审查人： 日期：________年____月____日
最终意见	审查人： 日期：________年____月____日

首先，登记备案申请应提供的信息以必要和充分为原则。提交申请文件的目的是对于被申请人的版权技术措施及其对应版权有基础的了解。在提交文件时应当提交技术措施设立者的相关信息，如果是提供技术措施信息服务的机构应当准备好委托书；提供关于技术措施保护对象的信息，应提供专门的文档介绍己方实施的技术措施之基本技术原理及其目的和作用，并依此在申请表上填写技术措施的类型等。上述信息和文件一般情况下以电子形式通过技术措施监管机构位于区块链平台某一节点的管理系统完成提交。

其次，对于申请文件的审查应以形式审查为主，并提供宽松的补充提交程序。备案申请时应当由技术措施监管机构首先对于技术措施进行形式上的审查，即检查上述需要的信息是否完整提交，再适当检查申请设立的技术措施是否会扰乱公共秩序或者公德，以及在明显存在著作权权利瑕疵或者技术措施明显存在技术漏洞或者不合理的限制或扰乱网络安全的前提下，适当、少量进行实质审查。如果文件资料有遗漏，那么技术措施监管机构应当在一周之内通知申请人补齐缺少的文件资料，如果申请人不愿补全那么则视为撤销申请。

最后，应为适当的例外情形提供相应的接触渠道。版权人在申请设立技术措施时，为了得到技术措施监管机构的充分保护，可以选择在申请时提交能够规避该技术措施的手段，也就是俗称的“密钥”。如果不方便提供密钥，应提供一个未被添加技术措施的无障碍版本的受版权保护作品的电子版，由技术措施监管机构来保存和管理，以此来确保在技术无法预设的情况下使用者的合法权益不会被侵害。

2. 对技术措施实施的审查

技术措施实施的审查与申请材料的审核不同，是对于技术措施具体内容的审查，内容较为繁杂，并且需要有足够丰富的专业知识的人员来进行审查。因此，在收到申请文件之后，应当由法律、科技、文学、艺术等领域的专业人员来组成审查建议小组，对申请备案的技术措施及其文件进行详细的审查，并做出准许使用或禁止使用的决定。因为对于技术措施的审查有可能由于对技术理解的标准不同而产生异议，甚至因此侵害到权利人应有的权利。因此，为了保障权利人的合法权益，还需为权利人设置救济措施。例如，收到决定后的申请人，对技术措施委员会的决定不服的，可以向技术措施委员会提出复议，技术措施委员会应当尽快回复，复议被驳回的申请人可以提起诉讼，或者在法定期限内对技术措施进行调整。该制度可以参照行政复议制度。

首先，应对技术措施的实施主体资格进行初步审查。想要对技术措施进行申请备案，那么谁来申请自然是首先考虑的问题。应先通过法律或者司法解释对权利人做明确的释义。例如，非专有被许可人能否通过许可被纳入实施主体的范围，是否能提交申请来主动寻求保护。这对于以后的审判而言也是重要的，必须要有一个明确的保护范围。然后在审查阶段对于实施主体的资格进行审查。

其次，对实施的技术措施的合法性、有效性等进行简单审查。对于合法性审查，一个技术措施想要实施必须要经过法律上的确认，而根据著作权法的规定，技术措施不能使权利实施超出其应有的范围，即超越版权的行为。例如，二十世纪末轰动一时的江民案中，江民公司推出的杀毒软件 KV300L + + 含有“逻辑炸弹”，盗版使用者升级到这一版本会对计算机系统造成破坏，导致数据丢失、无法开机等。尽管当时江民通过主动、被动“逻辑锁”之说误导了舆情，但是这样一个带有破坏计算机功能的技术措施必定是不符合合法性标准的。因此，在审查合法性时应审查该技术措施是否具有破坏性或者攻击性。对该项被实施的技术措施的有效性进行简单审查。通过我国立法不难看出，我国法律仅保护合法有效的技术措施，但究竟何为有效？社会公众的复杂性决定了技术保护措施对于作品的保护是否有效，不同的人群应当有不同的标准，普通用户与网络从业人员的标准肯定是不一样的。技术措施申请备案制度可以参照美国 DMCA 中的规定，使有效性标准的设置能够由网络的普通使用者来决定，而非专业人员。并且技术保护措施是否有效应当针对作品的正常操作过程而非特殊的数字技术操作。通过对多个学者的观点的对比分析和研究，有效的最基本的标准应当如下。其一，超出著作权保护范围的技术措施应认定为无效。其二，部分技术措施无法正常发挥作用，或在其正常发挥作用时作品的功能将无法完全正常运行的，这样的技术措施都应该是无效的。这点可以参照法国的相互兼容性原则进行理解。①

最后，为该技术措施的实施确定一个合理的保护期限。时间性是知识产权的一大特征，是为了鼓励知识产权产品公开，推动科学文化的创新发展。技术措施一旦附加在作品之上，一般不会随着作品版权保护期满而自动解除，就技术的可能性而言，实施主体仍可通过该技术措施控制作品而阻止其进入公有领域，这显然是超越版权范围的。所以在审查之时应当对技术措施设立一个保护期限。鉴于技术措施的依附性特点，其版权期限应由被它保护的作品来决定。② 为了能达到普适性的效果，应该针对不同类型的作品设置不同的保护期限。如果版权技术措施所保护的是单一作品，那么版权技术措施实施的期限应当与其被保护的作品相同；如果技术措施保护的是复合作品，又具体可分为两种情况：第一，受到保护的是版权保护期限相同的复合作品之时，技术措施实施的期限与之相同；第二，受到保护的是版权保护期限不同的复合作品之时，此时技术措施实施的期限应与其中作品的最短版权保护期限一致，否则有超越版权之嫌。所以在审查之时应将技术措施保护的期限纳入考虑，以便在做出决定之时告知申请人。③

3. 技术措施实施备案的撤销、失效、变更与注销

技术措施实施的登记备案是由符合条件的权利人或相关利害关系人向技

① “相互兼容性原则”即技术措施不得阻止交互性、兼容性操作的有效实施。参见《法国知识产权法典》，L. 331 -5。

② 胡启明．技术措施版权期限的理论思考与制度设计［J］．行政与法（吉林省行政学院学报），2004（03）．

③ 参见：张帅．我国版权技术保护措施制度研究［D］．郑州：中原工学院，2020.

术措施监管机构提出申请，由该机构进行简单审查做出相应决定的行为。这就类似于通常意义上的行政许可，即行政机关根据公众申请，经依法审查，准予其从事特定活动的行为。可初步判断二者行为模式是一致的，那么行政许可的变更、撤销、注销与失效对技术措施实施的备案及其相关规则的设计依然具有一定的借鉴意义。

对于技术措施的撤销，监管机构根据相关人的请求或者依职权对《行政许可法》第 69 条第 1 款规定的四种情形予以撤销。同时，申请人隐瞒有关情况或者提供虚假材料等不正当手段获得批准的，监管机构应当在得知相关情况后立即撤销其备案。[①] 对于已经实施技术措施的权利人而言，如若发生权利人变化、技术措施信息变化等变更事由的，可以向监管机构提出变更申请。由于技术措施有保护期限制，当期限届满或者技术措施实施对象不再受版权保护，技术措施自动失效。对于技术措施实施的注销，当出现《行政许可法》第 70 条[②]的六种情形时，监管机构应当予以注销。最后，备案的技术措施的信息或实施情况发生变化的，备案申请人应当自发生变更后向技术措施监管机构办理备案变更或者申请注销该技术措施实施备案。

（二）设立专门的版权技术措施管理机构

对于版权技术措施的监管，英国采取了政府大臣指示模式，由于国家政治体制的差异，这个模式在我国可借鉴的范围有限。法国根据 2006 年 8 月 1 日议会通过的《信息社会版权及邻接权法案》（*Droit d'auteur et droits voisins dans la société de l'information*）设立了专门的版权技术措施控制机构（Autorité

---

① 《行政许可法》第 69 条前两款，“有下列情形之一的，作出行政许可决定的行政机关或者其上级行政机关，根据利害关系人的请求或者依据职权，可以撤销行政许可：（一）行政机关工作人员滥用职权、玩忽职守作出准予行政许可决定的；（二）超越法定职权作出准予行政许可决定的；（三）违反法定程序作出准予行政许可决定的；（四）对不具备申请资格或者不符合法定条件的申请人准予行政许可的；（五）依法可以撤销行政许可的其他情形。被许可人以欺骗、贿赂等不正当手段取得行政许可的，应当予以撤销。”

② 《行政许可法》第 70 条，“有下列情形之一的，行政机关应当依法办理有关行政许可的注销手续：（一）行政许可有效期届满未延续的；（二）赋予公民特定资格的行政许可，该公民死亡或者丧失行为能力的；（三）法人或者其他组织依法终止的；（四）行政许可依法被撤销、撤回，或者行政许可证件依法被吊销的；（五）因不可抗力导致行政许可事项无法实施的；（六）法律、法规规定的应当注销行政许可的其他情形。”

de Régulation des Mesures Techniques，简称 ARMT）。法国监管模式有许多优势，或值得我国借鉴。基于区块链司法平台的广泛应用和国家版权局区块链平台的初步构建和正常运行，要想将技术措施的申请备案制度落到实处，对监管主体设置的设想可以有如下几种：专业平台为主导、知识产权法院为主导或者国家公权力机构为主导。

首先，专业平台的设想有一定的价值。构建技术措施监管体系的目的是在技术变革的当下寻找版权人和公众利益之间平衡点，维护版权人利益的同时降低技术保护措施对公众利益的侵害。由专业平台监管固然具备中立、亲民、占有信息和技术支撑能力强①的优势，但也存在很多弊端：其一，专业平台作为利益相关方，无法立足于公众利益，也无法做到监管所要求的客观中立。其二，由专业平台进行监管，权威性不足。专业平台与其他利益主体一样是平等的民事主体，其做出的决定权威性不足，无法一次性解决问题，容易引起后续的争端。其三，专业平台性质决定即便赋予其监管权，依旧需要引入国家公共机构，对专业平台资质设立准入标准，对技术措施的规避和管理进行监督和备案，实际上增加了监管的复杂性。② 其四，专业平台监管目前在国内外并无实例，经费保障存在问题，可行性不强。其次，可考虑基于知识产权法院设置监管规则。有外国学者提出可以由知识产权法院进行监管③，因为知识产权法院对知识产权案件有专属管辖权，解决技术措施纠纷所依据的证据后续诉讼中也可以使用，方便知识产权法院查明案情，有利于使用人与权利人后续争端的解决。由此也看出，此观点是让技术措施监管为诉讼服务，其目的是解决诉讼争端，颠倒主次。我国知识产权法院数量少，知识产权案件却只增不减，还未走出案多人少的困境，很难腾出多余精力用于技术措施监管。且技术措施涉及专业技术问题，一审法院不具备处理复杂问题的技术专长。另外，任何人皆可提出索赔的事实又会导致案件数量激增

---

① 王磊，杜颖. UGC 版权保护的平台机制研究［J］. 知识产权，2021（08）.

② TIAN Y J. Problems of Anti-Circumvention Rules in the DMCA & More Heterogeneous Solutions［J］. Ordham Intellectual Property，Media & Entertainment Law Journal，2005，15：749 – 788.

③ JONDET N. La France v. Apple：Who's the Dadvsi in DRMs?［J］. A Journal of Law，Technology and Society，2006，3：473 – 484.

给知识产权法院带来巨大的压力。同时，案件增多会增大做出相互冲突决定的可能性，从而带来法律上的不确定性。最后，鉴于以上监管主体弊端大于优势，我国可以借鉴法国 ARMT 的设置模式，在国家公权力机构下设立专门的技术措施监管机构。该机构直接由知识产权局领导与负责，除了对纠纷双方进行调解还可做出具有强制执行力的决定，当事人对该决定不服的可以向法院提起诉讼，具有一定的行政司法性质，从而解决专业平台监管权威性不足、知识产权法院监管人手不够的弊端。

以国家公权力机关为主导的技术措施监管机构也是技术措施实施登记备案的机关，在设置过程中应考虑以下问题。

1. 技术措施监管机构的性质

在版权技术措施实施的申请备案制度中，技术措施管理机构的主要任务是作为第三方机构平衡权利人、使用者和社会公众利益。因此，该机构应作为独立的行政机构存在于版权保护的系统之中，行使权力时不受其他机构的干扰，从而可以自由开展与技术措施有关的事宜。设立技术措施监管机构的目的是作为第三方机构调和技术措施与合理使用制度的冲突，平衡权利人、使用者和社会公众利益。技术措施监管机构可以对权利人技术措施使用申请进行审查批准和备案公告，对使用人技术措施规避申请批准审核。由此可以看出该机构像颁发行政许可的行政机关那样从事行政事务，具有行政性质。另外，技术措施管理机构还可以解决权利人与使用人关于技术措施产生的纠纷，可以像知识产权行政主管部门相关机构一样对纠纷双方进行调解并做出具有强制执行力的决定，使得该机构具有一定的准司法性质。同时，当事人对该决定不服的可以向法院提起诉讼，该机构只是具备一种准司法性质。技术措施监管机构的职责决定其既具备行政性质又具备准司法性质，即具有行政司法属性。

2. 技术措施监管机构的组成人员

法国 ARMT 为保证中立，委员会组成人员是由六个可能与技术措施监管有联系的不同部门单独指定，具体为委员会主任、国家顾问、最高法院顾问、审计法院的主任顾问、科学学院指定的信息技术方面的成员和文学艺术高级理事会成员。为避免投票持平难以做出决定，以及限制主任决定权，我国技术措施委员会可由 7 人组成。具体组成人员为委员会主任、广播电视总局或其他行政机关指定的行政顾问、最高人民法院指定的法律顾问、审计署指定的审计顾问、工业和信息化部指定的技术顾问、国家知识产权局指定的专家顾问，以及由业内人士担任的行业顾问。

3. 技术措施监管机构的独立性

为使机构成员在处理双方纠纷中保持中立，保证职权行使的公正性，以及维护调解和决定的权威，法国法律规定机构成员受到严格不相容制度约束①。委员会核心成员是由国家行政机构高级官员组成，受公务员制度约束，继续强调似乎意义不大。但恰恰体现出技术措施监管机构对独立性的重视，这些预防措施具有合理性。因此，我国技术措施监管机构成员资格应该得到限制，成员不能直接或间接在可能涉及技术措施设置和规避申请的企业中拥有任何权益，不能参加该企业或企业所控股公司的商事活动，也不能在该企业申请登记前 3 年中从事与其有关的职业活动或拥有过企业委托权。为保证机构成员独立行使职权不受外界干扰，防止成员任期过长造成权利的不正当行使，技术措施委员会组成人员任期为 5 年，不能连任且当机构成员出现空缺时职位由替代者行使，任职时间为前任剩余的时间。②

4. 技术措施监管机构的职责范围

（1）技术措施监管机构在版权技术措施实施的登记备案制度中应履行以下职责：第一，接受有关人员的申请。作为执行技术措施申请备案制度的重要行政机关，首先要履行的职责就是接受版权技术措施设立者的申请。在接受申请时，工作人员应当告知申请人相关的权利和义务。

第二，对申请的技术措施进行简单的审查。技术措施监管机构应对申请保护的版权技术措施进行上文提到的各类情况的审查。可以在技术措施监管机构中下设审查委员会来完成审查的工作。审查委员会应当由法律、技术、

① 严格不相容制度指机构成员的职权与《信息社会版权及邻接权法案》第 2 章认定的公司、从事录音和影像带制作活动或提供保护作品下载服务企业的管理者、职工或曾经是管理者、职工的职权是不相容的。且机构成员不得在其职权范围内担任公司的董事或雇员，甚至不得担任公司的前董事或雇员；也不得在其管辖范围内的企业中直接或间接拥有利益；在审议前三年内，不得参加与本公司有关的审议。

② 任军民．法国数字信息网络最新立法述评［J］．法商研究，2006（06）．

版权作品相关行业的专业人士组成。这些专业人员必须在遵循回避原则及与当事人利益无关的前提之下进行审查工作。这样才能保证审查工作公平合理地进行。

第三，公开相关信息。作为一个行政机关，技术措施监管机构应当依据行政公开原则，公开由其负责测试、审查、监管的技术措施的安全性能，将核心功能异化或者具有明显侵害性的技术措施列入“黑名单”，及时告知公众。同时，通过审查已经获得备案的技术措施也应当公开具体信息，使这些技术措施能受到保护，也能保障使用者和公众的知情权和自主选择权。

第四，监督保护技术措施的实施。技术措施实施申请备案制度本质也是帮助监督技术措施更好地实施。因此，作为监督主体，技术措施监管机构应当被赋予充分的监督权，以确保监督工作的顺利开展。这一权利不仅体现在申请备案进行之时，而且要贯穿全程，包括备案之后对该技术措施实施应进行定期的情况审查，审查内容不仅要包含实施的过程中是否存在违法的现象，而且还要审查相关的资质。例如，检查保护期限是否到期，到期需通知权利人。如果存在违法实施技术措施的情况，那么也可以依情况做出具有强制执行力的行政处罚决定。

（2）技术措施监管机构在实施版权技术措施的监管职能时应履行以下职责：第一，接受申请和控告。技术措施监管机构最主要的职责是接受技术措施设立者的设置申请和使用人的技术措施规避申请，法国《信息社会版权及邻接权法案》对此根据身份的不同将申请人分为四类，软件编辑者、技术系统制造者和服务实施者①，权利例外受益人、代表该受益人的法人②，公共服务机构③，

---

①《信息社会版权及邻接权法案》第 14 条规定：软件编辑者、技术系统制造者和服务实施者在不能进入连通相互兼容性的基本信息时，在尊重当事人权益的基础上，他们可以向技术措施控制机构申请以保障现有系统和服务的相互兼容，并从技术措施权利人处获得实现相互兼容性所需的基本信息。

②《信息社会版权及邻接权法案》第 16 条 L. 331 – 13 规定：获得法案认可的权利例外的受益人或代表该受益人的法人可以就技术措施对例外使用造成的限制而引起的纠纷向该机构提起有关申请。

③《信息社会版权及邻接权法案》第 16 条 L. 331 – 14 规定：法案所指的法人和向公众开放的组织为适应残疾人的需要而对一件作品或一项保护制品进行复制和表演，它们可就印刷文章向数字文件转化过程中方式的纠纷向上述机构提起有关申请。

以及基本数据使用人①。当申请者为了得到实现兼容需要的基本信息，发现自己合理的权利遭到限制产生纠纷时都可以根据法案赋予的权利进行相应的申请。法国《信息社会版权及邻接权法案》对申请主体及申请事由的规定都非常具体细致。而我国目前无论是立法还是实践都未形成如此系统的规定，因此，我国不适宜对于技术措施申请按照身份进行分类保护。可统一规定为技术措施监管机构接受自然人、法人、非法人组织有关技术措施设置的申请，而这些主体当然包括技术措施设立者、软件编辑者、合理使用者等。

第二，对获审查通过的技术措施及其相关信息建库备案。当申请者向技术措施监管机构提出设置技术措施或规避申请后，监管机构首先应当进行形式审查，杜绝潜在的不规范申请；在无程序错误或者不可抗力情形时，监管机构可以对技术措施实施主体资格、有效性和破坏性进行实质性审查，审查通过就需要进行相关信息的统计备案。批准决定作出后，应当在技术措施控制机构内部进行备案，并在官方网站上发布公告，以方便使用人联系权利人授权事宜，为使用人和权利人搭建沟通桥梁。对于驳回决定监管机构也应当内部备案，但出于保护申请人隐私的考虑不得在网站等网络媒体上公布。由于国家版权局和各个集体管理组织都在运行或尝试建立或加入区块链平台，对现有的信息进行区块链分布式存贮并进行信息化管理成为可能，也是新时代版权管理之必要。

第三，对实施技术措施的主体资格进行审查。WCT 和 WPPT 都将技术措施的实施主体限制为作者、表演者和录音制品制作者。美国 DMCA 在条约基础之上将实施主体扩大为版权所有人，但是对版权所有人的范围没有明确解释。《信息社会版权指令》也在条约基础之上扩大实施主体，采取了权利人这一表述。② 我国《著作权法》（2020）③ 和《信网条例》（2013）④ 也皆采

① 《信息社会版权及邻接权法案》第 29 条规定：所有因基本数据的技术措施设置引起的对权利例外措施享有权限的纠纷由上述技术措施控制机构负责处理。

② 何瑜玲．基于利益平衡理论对版权技术措施法律规制的反思［D］．广州：华南理工大学，2019：24.

③ 《著作权法》（2020）第 49 条第 1 款：“为保护著作权和与著作权有关的权利，权利人可以采取技术措施。”

④ 《信网条例》（2013）第 4 条第 1 款：“为了保护信息网络传播权，权利人可以采取技术措施。”

用了权利人这一表述。允许设置技术措施的正当性在于保护权利人所享有的专有权利不被侵害，那么技术措施的设置主体应当是版权人、邻接权人及其他相关权利人。因此，对于不属于此范围的申请主体，监管机构可以直接驳回其设置申请。对于规避主体，《著作权法》（2020）① 第49条第2款原则性规定任何人不得故意规避，第50条规定了五种可以规避的例外情形，没有对主体进行限定，因此，技术措施监管机构对于规避申请主体不应下论断，需要具体审查，任何人只要符合申请规避的情形都可以申请规避。

第四，对实施的技术措施的有效性进行审查。美国DMCA对技术措施分类保护，因而有效性标准也不同。② 欧盟《信息社会版权指令》规定的有效性标准为版权人使用技术措施有保护效果。③ 通过对比，不难发现DMCA对技术措施有效性规定仅仅要求其在技术上具有可行性而不论是否能实现保护目的，有效性标准较为宽松。欧盟要求技术措施要能实现保护目标，不仅考虑技术的可行性，而且在个案中还需要考虑实际效果，有效性标准较高。我国目前的法律体系并没有规定有效性标准，但从学界逐渐成熟的理论以及实践中对版权技术措施保护的需要来看，我国有效性标准应该低一些，从而鼓励权利人利用技术措施保护版权，不至于架空技术措施保护制度。判断方法为技术措施监管机构遵从主客观相统一的原则，置于一般使用者具体的使用环境中来判断是否能够实现保护技术措施的目的。具体来说，主观上，技术措施的实施应该由版权人意志出发，判断标准为能被版权人实际控制。客观上，从技术本身进行判断，应该以一般使用者为判断对象，只要能防止一般使用者正常接触或使用作品即为有效。

第五，对登记备案的技术措施的破坏性进行审查。技术措施实施必须符合法律规定，不得侵害他人合法权益。具备合法性是毋庸置疑的，而破坏性

---

① 《著作权法》(2020) 第49条第2款："未经权利人许可，任何组织或者个人不得故意避开或者破坏技术措施，不得以避开或者破坏技术措施为目的制造、进口或者向公众提供有关装置或者部件，不得故意为他人避开或者破坏技术措施提供技术服务。但是，法律、行政法规规定可以避开的情形除外。"

② 控制接触的技术措施的有效性是指在技术措施的正常运作状态中需要版权所有人的明确授权才得以访问作品。控制复制的技术措施有效性则规定为在技术措施正常运作状态中能够阻止、限制或制止版权所有人权利的实行。

③ 参见：何瑜玲．基于利益平衡理论对版权技术措施法律规制的反思［D］．广州：华南理工大学，2019.

与合法性是一体两面的关系，是合法性反面规定，即技术措施必须合法且不能具有破坏性。技术措施的实施是为了保护权利人的版权权利不受侵害，以及避免本应取得收益的丧失，但是技术措施目前还无法区分使用者对作品是合理使用还是非法利用，因此，只能机械自动禁止所有未经许可的行为,[①]这将不可避免地压缩公众合理使用范围（私人复制最为明显），或者危害到使用者计算机信息系统安全，或影响计算机系统正常运行进而损害公众其他权益。而破坏性审查恰恰就是为了降低技术措施的实施对公众合法使用行为或者其他权益的侵害。对此我国法律没有明确规定，但在实践案例中却是有迹可循的。江民 KV300L + + 案[②]中可以看出，当权利人采取技术保护措施时，不仅要考虑对“未经作者许可”的行为“加以约束”，而且要考虑对“法律准许的行为”（如合理使用等情况）不能“加以约束”。

总之，技术措施的破坏性在技术措施设置和规避申请中都需审查，但是由于两种情形不同，判断标准也略有不同。技术措施设置申请要审查实施技术措施是否可能约束公众合理使用或者危害使用者计算机系统的正常运行等情况，标准为只要达到一般使用者认为的可能性程度即可。对于技术措施规避申请的破坏性审查，因为能申请规避的前提是技术措施已经通过设置申请时的审查，其本身具有破坏性，但审查时由于种种原因没有发现会给使用人造成侵害。此时再审查的目的是事后补救，应当持保守态度，避免决定的不稳定性。因此，判断标准要高，需要达到已批准设置的技术措施确实产生破坏效果或者确实危害了使用利益。

---

① 王迁．论版权法对滥用技术措施行为的规制［J］．现代法学，2018（4）．

② 1997 年 6 月 24 日，王江民在其网站主页上发布了北京江民新技术有限公司的杀毒软件 KV300 的最新版本 KV300L + +，内含逻辑炸弹，该逻辑炸弹会在盗版使用者使用“毒枭论坛”提供的解密匙复制盗版盘时启动，锁死盗版者的电脑硬盘导致电脑停止工作，硬盘数据无法使用。后经鉴定证实 KV300L + + 网上升级版中有破坏计算机功能的子程序，北京市公安局计算机安全监察司根据《计算机信息系统安全保护条例》第 23 条认定该行为属于故意输入有害数据，危害信息系统安全，对江民公司做出罚款 3000 元的决定。

第九章　基于区块链的技术措施规避申请和监管制度设计

随着大数据、区块链、智能合约等技术的革新，版权技术措施的运用方式更加多元。与此同时，技术措施的保护力度在逐渐上升，规避各项技术措施的门槛也逐步提高，《著作权法》中技术措施规避例外的规定有被架空之可能。因此，在保护著作权人的权利的同时，技术措施不免影响到公众与著作权人之间的利益平衡。随着区块链、人工智能等新技术逐渐运用于各个版权领域，基于这些新兴技术，我国对于互联网中各个主体的监督和管理能力正在逐步提升。为了我国法律规定中的直接规避例外得到有效落实，构建基于区块链技术应用下的技术措施直接规避申请制度是非常必要的。与此同时，允许间接规避具有其合理性与可行性，我国对间接规避行为“完全禁止”的规制也许可以稍加放开。比较分析域外技术措施禁止规避制度经验，可借鉴澳大利亚和法国的立法模式构建间接规避申请制度，通过建立间接规避申请制度，缓解目前因规避门槛过高而影响合理使用的困窘，以平衡著作权人权益与公众利益。为防止权利滥用，我国技术措施监管机构应当对技术措施规避情况进行监督并适时提出符合实际需求、平衡著作权法权益的技术措施规避例外。

一、技术措施规避的申请和监管制度的必要性和合理性分析

保障基本人权是知识产权与宪法的重要连接点。著作权是实现科学与文化事业繁荣的制度性保障。一方面，宪法为作者的著作权保护奠定了宪法基础；另一方面，公民有文学艺术创作共享等方面的权利义务，即宪法保障后续作者和其他使用人对他人作品合理利用的权利。因此，著作权的正当性应

当建立在对上述宪法目标的实现上。[①] 国家为保障版权人的权利有必要保护技术措施的实施，但同时亦有必要降低其消极影响，以免阻碍公众对其作品的合理使用。然而随着数字技术的发展，版权技术措施与信息自由权、隐私权等基本人权的冲突越发明显，建构技术措施规避的申请和监管制度具有必要性和合理性。

（一）技术措施直接规避的必要性与合理性

1. 保障信息获取权

联合国《世界人权宣言》第 19 条规定："人人有权享有主张和发表意见的自由，此项权利包括持有主张而不受干涉的自由，和通过任何媒介和不论国界寻求、接受和传递消息和思想的自由。"[②] 2002 年 8 月国际图书馆协会联合会在《格拉斯哥宣言》中宣布："不受限制地获取、传递信息是人类的基本权利，全体会员应当遵循联合国世界人权宣言精神，支持、捍卫并促进获取知识自由的权利。"[③] 我国法律法规虽未明确规定公民的信息获取权，但宪法中明确规定了公民言论自由的权利，允许国家公民通过各种语言形式，针对社会和政治中各种问题发表自己的思想与见解，而信息取得是表达自由存在的基础和前提。学者们普遍认为知情权是宪法中规定的表达自由的一种，每个人都可以不受阻碍、顺利地取得自己想要的信息，这是表达自由保护领域内的行为。[④] 信息取得作为表达自由存在的基础和前提，作为发展权的横切面，允许公民不受阻碍、顺利地取得自己想要的信息，但版权法对技术措施的保护却阻碍了公民对部分信息的获取。根据是否受版权法保护，我们将信息分为公有领域不受法律保护的信息与受版权法保护的私人所有的信息。随着数字技术的进步，作品信息的传播更加广泛，人类对于信息的获取也越发重视，作品的传播与创作方式也随着人们的需求进入到数字化模式，信息获取也将越来越依赖于数字化路径。[⑤]

---

① 李雨峰．论著作权的宪法基础［J］．法商研究，2006（04）．

② 董云虎．世界人权约法总览［M］．成都：四川人民出版社，1990：960－964．

③ 赵云亭．捍卫公民获取知识与信息的权利是图书馆的职责［J］．图书馆建设，2005（04）．

④ 陈慈阳．宪法学［M］．台北：元照出版公司，2005：524．

⑤ 参见：王超．数字环境下信息获取的版权合理使用规则改进［D］．湘潭：湘潭大学，2017．

网络空间有相当一部分信息依附于版权作品，受到版权法保护，公众想要获取这部分内容，便会侵犯版权人权益，这使得公众无法对该部分信息进行使用；此外，依据我国《著作权法》规定，某些信息的数字化本身就是一种侵权行为，而版权法对这些行为的禁止，某种意义上阻碍了公众对信息的获取，不利于公众权利的行使。[①] 版权法虽然对流入公有领域的作品不做权利要求，但版权作品本身受到严格的技术措施保护，公众想要获取作品就需要破坏技术措施，而破坏技术措施的行为又是版权法所明令禁止的，最终公众想要获得版权保护信息便无法实现。实质上，反规避权的实施限制了公众对作品的解除权或获取权，继而制约了公众对于作品的获取与使用，使版权法的利益天平偏向了版权人，这极大地阻碍了公民获取信息的权利。对于人们而言，版权技术措施与规避版权技术措施规则的设计尤其具有正当性和必要性。据统计，大部分人遇到技术措施阻碍接触或使用时会选择通过第三方软件或技术绕过技术措施。例如，通过一些软件可以直接抓取权利人设置了技术措施的版权作品，部分网站提供了电子游戏的破解版、私服等，付费方可使用产品或者使用一些电子游戏的私服、外挂、刷机。尽管受访者对版权人采用相应的技术措施来保护自己的合法权益的行为一般会支持，但是仍有一部分人在未经许可的情况下采取绕过或破解技术措施的行为获得版权内容，所以基于个人使用等合法需求的直接规避行为需要由法律进行规范。

2. 保障言论自由以激发二次创作

当评估一项版权技术措施是否合法运作时，需要注意的是读者、听众和观众是否仍然获得足够的机会和自由。用户基于学习创作主动去接触或使用一些作品，有利于激发二次创作。原因在于，创作就是继承前人知识的人类认识的深化过程，[②] 这是创作活动的历史逻辑。权利人的作品也存在对前人作品的借鉴和利用，如贝多芬早期许多的交响曲也借鉴了莫扎特的旋律，若

① 陈戈．国际版权法碎片化视野下发展中国家的知识获取及对中国之启示［J］．国际经济法学刊，2011：183－201.

② 冯晓青．著作权合理使用制度之正当性研究［J］．现代法学，2009，31（04）.

禁止下一位使用者对权利人的作品进行必要的接触、学习和升华，作品的创新就可能陷入停滞。面对权利人利用技术措施对版权不断加强控制的趋势，需要通过技术措施规避例外制度来保障后来者使用作品的途径与“特权”，以实现著作权法激励创作的价值目标。然而版权人实施的一些强加密措施阻碍了用户对其作品进行合理的接触。此类加密技术不利于二次创作，同时亦抑制了用户对二次创作的热情。因此，对于直接规避技术措施的行为无须禁止，因其危害仅限于对作品的后续的侵权行为，但应明确禁止不特定的第三人提供规避手段。若确实因为技术措施的保护致使合理使用的目的无法达成，可以提供有关合理使用的合法声明从而获得相应规避手段。① 在参与性文化中，用户创作的目的并非完全基于商业盈利，而是出于自身兴趣或学习的目的考虑积极参与创作。为了恢复文化生态系统，版权人对其作品的保护应服从公共利益，让用户有更多的空间对已有作品进行二次创作。

促进社会文化的发展与繁荣是版权法的立法宗旨，这离不开用户对原有作品基于合理使用的学习与创作，不断提高其创作技能，以及提升其创作素养。平衡私人利益与公共利益，避免强加密等技术措施导致技术垄断，以促进科技进步与文化发展。因此，针对版权保护的技术措施在很多情况下都需要通过法律规定明确设置禁止规避的例外规则。首先，技术措施使得用户的预期缺乏可操作性。其次，受到技术措施保护的作品可能会侵犯消费者隐私权。再次，部分技术措施制造商可能会为了禁止用户破解，使用不当操作造成用户电脑“瘫痪”。最后，技术措施会排除终端用户私人亲密关系之间的作品分享使用。在 2020 年修正的《著作权法》中，援用《信网条例》中反规避技术措施例外情形的规定，同时增添了“加密研究”与“计算机软件反向工程研究”的例外情形，但该法并未对此设置兜底性的概括条款，所以现行立法中对技术措施的规定尚有不足。过度使用技术措施将会侵害公民的合法权益，同时亦会损害版权制度的实用性，所以应当通过法律明确限定技术措施的保护范围。

---

① 王迁．技术措施保护与合理使用的冲突及法律对策［J］．法学，2017（11）．

（二）技术措施间接规避的必要性与合理性

间接规避例外申请制度的目的是在充分维护权利人利益的前提下保障间接规避例外的实现。但我国目前对于间接规避采取全面禁止的态度，因此，需要对设置间接规避例外申请制度的必要性进行分析。若设置间接规避的例外确有必要，基于间接规避涉及主体多、难以管理的特性，就需要设计相应制度对间接规避例外的实施进行管理。通过间接规避主体申请制度，可以将提供规避服务的主体都纳入相关管理部门的登记与监管中，实现对间接规避例外实施过程的管理，间接规避例外申请制度的必要性也由此产生。

1. 间接规避例外申请制度在立法层面的必要性

间接规避行为，即向他人提供用于规避技术措施的工具或向他人提供规避服务的行为。间接规避的实质在于，间接规避者本身并没有接触或者使用作品的需求，而是作为规避工具或者规避服务的提供方，为他人提供规避服务。也就是说，单就间接规避行为本身而言，其不可能构成合理使用或者法定许可，所谓“间接”体现在间接规避的主体并不是规避行为实施者，对于规避行为的规避目的也无从可知。所以不同于直接规避，间接规避实际涉及三方主体：服务提供者（间接规避主体）、规避用户和著作权人。因此，对于间接规避例外的探讨，需要讨论“哪些规避服务的提供者”在“何种情形下”向“哪些规避用户”提供规避工具或规避服务，并非简单地认为间接规避就是向不特定公众提供规避服务，仅仅考虑“何种情形能够规避”，不讨论服务提供者和服务接受者双方主体的问题。

基于涉及主体复杂的这一特点，为了使间接规避例外在实现过程中能够被监督和管理，对规避服务提供主体的限定和管控就尤为必要。围绕“间接规避主体”这一重点问题进行间接规避例外申请制度的构建，就是对这一需要的回应。我国仅在《著作权法》《信网条例》《软件条例》中规定了五项直接规避例外，对于间接规避的行为则采取全面禁止的态度，不设置任何例外情形，这是我国对技术措施保护程度高的体现之一。针对直接规避的例外情形的规定，此前已经有许多学者进行了探讨，认为我国目前对于技术措施的保护过于严格，建议增设直接规避的例外或者参考美国在一定期间内灵活进行例外设置。① 究其原因，直接规避是公众接触使用作品的必经前提。且不同于间接规避，直接规避行为对版权人的影响有限，所需的技术门槛也更高，更需要明确规定和灵活变通。不仅如此，因为直接规避行为仅仅涉及版权人和“需要使用或接触作品的公众”这两方主体，并不涉及“提供规避服务”的第三方，双方的利益平衡与协商也更加容易达成。基于以上原因，相较于间接规避，各国和地区对于直接规避行为例外的设置通常更加明晰和宽松。

然而随着技术措施的规避门槛不断提高，即便有法条明确规定，直接规避例外情形也难以实现，这就说明单独对直接规避例外进行讨论尚不足以应对我国目前严格保护的现状。间接规避例外的缺乏，使得公众在规避过程中面临第三方技术服务的需要时，缺少相关的法律依据为其规避提供帮助。

2. 间接规避例外申请制度在实践层面的必要性

在实践层面上，虽然对技术措施的保护能更好地保护著作权人的利益，但对技术措施保护水平过高、限制过少也不免过分制约了公众对作品及相关客体的使用，与“合理使用”制度的设计理念存在冲突。同时，禁止公众从第三方获得技术帮助，也降低了直接规避的可能。设置间接规避例外申请制度的必要性主要表现在以下几个方面。

首先，调和禁止间接规避与合理使用的冲突。基于公共利益和文化交流的需要，我国《著作权法》设置了“合理使用”制度，使得公众在特定情况下可以不经著作权人许可使用作品。针对合理使用的性质，主要有三种学说：

---

① 如前文所述，肖冬梅团队曾对美国的技术措施禁止规避例外制度开展全方位分析，建议借鉴美国临时例外模式为先进技术产业和必要的文化交流提供规避例外；李晓阳在《重塑技术措施的保护——从技术措施保护的分类谈起》一文，熊琦在《论著作权技术措施的例外》一文中都建议学习美国著作权法将技术措施予以分类，分别进行限制。熊琦还建议加入“保留条款”明文规定包括合理使用在内的著作权限制制度不受“控制利用”型技术措施的影响；王迁在《技术措施保护与合理使用的冲突及法律对策》一文中提出应允许直接规避技术措施的行为；陈淑萍在《中国大陆地区著作权法修正草案上技术措施条款的重构——以两岸著作权法上技术措施条款为视角》中建议参考台湾地区的立法经验适度增加保护未成年的例外、保护个人隐私的例外以及档案馆、图书馆等公共教育机构评估保存数据的例外，并增设兜底的概括性条款。

“权利限制说”“侵权阻却说”和“使用者权利说”。[①] 其中“权利限制说”和“侵权阻却说”，都将合理使用定性为抗辩权，把“合理使用”作为对版权人权利的限制。该观点认为规避行为本身已然落入了版权的专有权利范围内，但鉴于公共利益的原因可以行使抗辩权，不做侵权的处理。而“使用者权利说”则将“合理使用”作为公众的一项独立的请求权。若该学说成立，则技术措施的存在作为公众实现该权利的阻碍应当受到禁止，但著作权法对于版权技术措施采取的却是保护的态度，这显然没有将合理使用定性为公众请求权，而是将其定性为抗辩权。鉴于合理使用抗辩权的性质，合理使用仅在权利人针对“疑似侵权行为”行使其请求权时产生对抗作用。[②] 因此，对于侵权行为的判断应是先确定行为是否落入了专有权利的范围，然后再看是否满足合理使用的情形行使抗辩权。如果不考虑抗辩，则权利人请求权得以顺利行使，所以“合理使用”中的各项情形单就行为本身而言确已侵权。而技术措施对于行为的判断则不同，作为提前设置的物理手段，它没有足够高的智能来判断行为是合法还是非法，只能机械地完成版权人的设定。因为合理使用行为本身属于“未经许可使用作品”，其必定会处于技术措施的阻止范围内。因此，技术措施自身无法判断规避者要实施的行为是侵权行为还是合理使用，且版权人基于自身的利益考量，不会也无法在技术措施设置之初为公众合理使用设置例外。在此前提下，若禁止公众从第三方获得任何技术帮助，无疑会加剧技术措施与合理使用之间的冲突。

其次，防止架空现有直接规避合法情形的出现。为平衡版权人与公众利益，对于直接规避行为，我国《著作权法》设置了五项例外。暂且不论现有的直接规避例外的设置数量是否能满足公众的需要，单就现有例外的实施而言，由于间接规避例外规定的缺乏，直接规避例外几乎被架空。随着技术措施类型的不断丰富和技术水平的不断提高，诸如区块链、智能合约等技术措施的设立使得规避技术措施的技术门槛不断提高。直接规避的五项例外仅限于“为自己的使用规避”的行为，这就意味着例外的实现需要所有规避者都

① 吴汉东．著作权合理使用制度研究［M］．北京：中国人民大学出版社，2013：111－113.

② 此处的抗辩权采取的是狭义抗辩权的概念，即以权利人存在请求权为前提。

拥有较强的技术水平，否则无法独立完成技术的规避。然而要求所有基于“合理使用”或者其他不侵权行为使用作品的公众均掌握高水平的规避技术显然不现实，这就大大降低了直接规避的可能性。与此同时，我国对于间接规避采取的全面禁止态度使得公众即便想要基于“合理使用”的目的去使用作品或者仅仅是不侵权地“接触作品”，也无法从他人处获得规避技术措施的任何技术帮助。[①] 因此，即便满足了直接规避中的例外情形，对于技术措施的规避也会因为使用人技术不足且无法获得帮助而难以实现，禁止规避技术措施的例外形同虚设。基于立法层面和实践层面的需要，间接规避例外的设置具有其必要性。但单纯设置间接规避的例外情形而不辅以相应的监督和管理制度，将使得间接规避例外在实施过程中容易不合理损害著作权人利益。如果没有严格统一的申请制度，则各间接规避主体的资质不同，对一项规避行为是否属于间接规避例外的判断标准不同，提供规避服务后的管理水平也参差不齐。因此，间接规避例外申请制度的构建尤为重要。

3. 构建间接规避例外申请制度的合理性

尽管对间接规避的严格禁止会引发许多问题，但不仅是我国，各国和地区对于间接规避及其申请制度的设立多采取严格审慎的态度，其原因有二：第一，对间接规避的定性多有争议，许多学者将其定性为著作权间接侵权行为，若该观点成立，那么设置间接规避例外的申请制度就是在将侵权行为合法化。第二，相较于直接规避，间接规避对于著作权人和作品的影响无法预估也无法控制，若直接设置间接规避的例外，可能会严重损害著作权人利益，即便设置间接规避例外的申请制度，也可能无法对间接规避例外实现有效管控。因此，需要对间接规避例外申请制度的合理性进行讨论。

第一，间接规避行为不侵犯著作权。相较直接规避行为，各国和地区对于间接规避行为的禁止更为严格。究其原因，首先要对间接规避行为的性质进行分析。关于间接规避的性质，有“间接侵权说”和“违法行为说”,[②] 将

① 陈淑萍．中国大陆地区著作权法修正草案上技术措施条款的重构：以两岸著作权法上技术措施条款为视角［J］．湖北函授大学学报，2017，30（20）．

② 王迁．论提供规避技术措施手段的法律性质［J］．法学，2014（10）．

其认定为“一般违法行为”会更加妥当。理由如下：若将间接规避行为定性为间接侵权行为，则首先须其为侵犯著作权的行为提供了帮助并具有侵权故意。我国《著作权法》对版权人享有的专有权利有明确的规定，规避行为本身并不属于侵犯著作权的行为，因此侵权仅可能发生于规避后。若规避技术措施者在规避后并未有侵犯著作权的行为，那么规避服务的提供者自然不会构成间接侵权。若规避人规避后实施了侵权行为，提供规避服务的主体作为规避服务的提供者，并无法判断其规避服务的提供对象是为侵权需要进行规避还是为了合理使用等正当需要进行规避。也就是说除了被用以侵犯著作权，被提供的规避服务本身有合理运用的可能性，规避服务的提供者仅仅是知晓其可能具有侵权的用途，这种程度的知晓不足以成立“帮助侵权”的故意。即便规避服务的提供人的确有“帮助侵权”的故意，从客观角度也难以证明其故意，自然就不构成间接侵权。《著作权法》未将规避技术措施的行为定性为侵犯著作权的行为，而是将其认定为以一般违法行为在“著作权和与著作权有关的权利的保护”一章予以规制。虽然间接规避行为并非侵犯著作权的行为，但无论是我国还是域外，都对间接规避行为进行了严格的限制，换言之，间接规避行为的违法性与规避服务接受者是否违法无关，其提供行为本身就具有可责难性。这一违法性来源于著作权法的特别规定，这是出于对版权人利益保护的考量。因为不同于直接规避，间接规避者本身一般不具有使用作品的目的，这一行为不可能构成合理使用或者直接规避例外情形，规避服务的提供者也不可能洞悉规避者的规避目的。因此，设置间接规避的例外看似并不可控；也是基于这一点，著作权法将其定性为一般违法行为，予以全面的禁止。因此，间接规避例外申请制度并不会因为间接规避行为本身的违法性而失去其合理性。与之相反，通过构建申请制度对间接规避行为进行必要的监督和管理，可以削弱间接规避行为的可责性，从而使间接规避的例外和其申请制度都具有了合理存在的可能。

第二，申请制度能使间接规避可控。不同于直接规避行为仅为自用，对权利人的影响有限，间接规避行为本身即具有可责性，因其接受者人数的累积效应可能会使得权利人的利益受到较大的影响。基于此不可控性，大多数国家对提供规避手段的行为原则上禁止。但这并不意味着在任何情形下提供规避手段的行为都应当被禁止，否则不仅合理使用无法实现，直接规避的例外规定也将被架空。若能通过制度设计使得提供规避服务的后果可控，将间接规避行为对于著作权人权利的影响控制在一定范围内，此时设立间接规避的例外申请制度就有其合理性。首先，提供规避服务的主体可控。与直接规避不同，间接规避是在不明他人规避目的的情形下为他人提供规避服务，服务受众的不特定性是间接规避影响扩大的一大原因。因此，即便是对间接规避设置例外情形，也并不意味着任何主体都可自由实施间接规避，并非任何公众都可以获取规避服务。可以通过间接规避例外的申请制度，将规避服务的提供主体限于特定的权力机关或者集体管理组织，或者由特定的专业平台提供服务，并由权力机关进行监管。顺着这一思路，将用以提供规避服务的间接规避行为置于类似限制流通物的地位，通过对间接规避的相关设备、生产进行管控来防止间接规避的泛滥。① 其次，间接规避的实现流程可控。禁止间接规避的一个重要原因在于：在不考虑公众规避目的的情况下为公众提供可反复操作的规避服务将使得著作权人的利益受损严重，因此，如果能够实现对公众“规避目的”的判断，从而仅为“为实现合理使用而接触使用作品”的公众提供规避服务，那么适当放宽对“提供规避工具或服务”这一规避行为的禁止限度未尝不可。在区块链技术广泛应用的前提下，若将间接规避行为置于限制流通物的地位，那么间接规避行为的“流通”就需要设置相应的申请流程加以规制。对于申请的主体和申请所需的文书应进行统一规定，要求规避人申请规避服务时声明规避的理由，同时在申请中以附件的形式提供相应的证明，通过规避服务提供主体的审查即可获得规避服务。通过间接规避申请这一流程的设计，将原有间接规避的“向公众提供规避服务”限缩到“向特定公众提供规避服务”，还可以利用区块链技术对间接规避的后果进行有效管控。最后，服务提供主体和申请主体的责任可控。目前我国《著作权法》对间接规避行为的规制主要针对规避服务的提供者，给予间接规避者“没收违法所得”和“没收主要用于避开、破坏技术措施的装置或者部

① 王迁．论提供规避技术措施手段的法律性质［J］．法学，2014（10）．

件”的处罚。① 相较而言，间接规避行为中规避服务的接受者所承担的责任则较轻，与直接规避行为的规避者相一致，仅承担其自身规避行为的责任。这样划分责任具有合理性，因为规避服务的申请者并未直接实施间接规避行为，无论规避技术的规避人采取何种规避方式，的确仅需要为自己的规避行为本身负责。但不可否认的是，间接规避中的规避服务提供者与规避服务接受者之间存在着供需关系，无论是间接规避行为的禁止还是禁止规避的例外，都需要从供需两端进行管控。设置间接规避的例外时，可以对两端的责任进行明晰，在保留现有规避服务提供者法律责任的情况下，增加服务接受者的相应责任。譬如在申请流程中，可以要求申请人负有诚信义务，对于捏造、虚构申请材料，或者获得规避服务后未按照其申请方式规避技术措施的行为，为其增设法律责任，从供需两端增加不法间接规避行为的违法成本。

二、利用区块链的技术措施规避例外的申请和监督制度构建

（一）技术措施直接规避申请制度的构建

1. 技术措施规避的申请

技术措施设立后，符合条件的申请者可以进行技术措施规避的申请，技术措施规避的申请人，应当认真如实填写技术措施规避申请表（见下页表9－1），并准备相应证据及其他材料。使用者不符合申请标准或者超出申请范围对技术措施进行规避的，或侵犯权利人著作权及与著作权有关的权利的，类似技术措施委员会的机构或部门②应当做出驳回决定。技术措施委员会经过审查若认为符合标准，应当在受理之后及时将使用者的要求通知作品

① 《著作权法》第53条：有下列侵权行为的，应当根据情况，承担本法第五十二条规定的民事责任；侵权行为同时损害公共利益的，由主管著作权的部门责令停止侵权行为，予以警告，没收违法所得，没收、无害化销毁处理侵权复制品以及主要用于制作侵权复制品的材料、工具、设备等，违法经营额五万元以上的，可以并处违法经营额一倍以上五倍以下的罚款；没有违法经营额、违法经营额难以计算或者不足五万元的，可以并处二十五万元以下的罚款；构成犯罪的，依法追究刑事责任：……（六）未经著作权人或者与著作权有关的权利人许可，故意避开或者破坏技术措施的，故意制造、进口或者向他人提供主要用于避开、破坏技术措施的装置或者部件的，或者故意为他人避开或者破坏技术措施提供技术服务的，法律、行政法规另有规定的除外……

② 前文中的“技术措施管理机构或监管机构”为方便论证，在这里称为“技术措施委员会”或者“监管机构”。

权利人，权利人应当在法定的期限内做出答复。为了防止申请人随意提出明显不合理的请求，可以要求申请人在申请之前先做出与权利人协商的合理努力，同时允许监管机构收取适当的费用，且该费用应当明显低于诉讼的费用。①

表 9-1　技术措施规避申请表

<table>
<tr><td rowspan="4">申请人个人信息</td><td>姓名</td><td></td><td>申请人类型</td><td>□公司企业
□教育机构
□普通用户
□其他________</td></tr>
<tr><td>身份证号码</td><td></td><td>联系方式</td><td></td></tr>
<tr><td>电子邮箱</td><td></td><td>现任职位</td><td></td></tr>
<tr><td>工作单位名称</td><td></td><td>单位联系方式</td><td></td></tr>
<tr><td rowspan="2">技术措施信息</td><td>技术措施设立者名称</td><td></td><td>联系方式</td><td></td></tr>
<tr><td>技术措施的具体内容</td><td colspan="3"></td></tr>
<tr><td rowspan="5">申请事项</td><td>申请使用的时间</td><td>□7 天
□15 天
□30 天
□其他________</td><td>是否需要加急</td><td>□是（需要额外收取一定的费用）
□否</td></tr>
<tr><td>申请使用的对象</td><td colspan="3"></td></tr>
<tr><td>申请使用的方式</td><td colspan="3"></td></tr>
<tr><td>是否提供担保</td><td>□是　□否</td><td>具体担保信息（选填）</td><td></td></tr>
<tr><td>申请理由</td><td colspan="3">日期：________年____月____日</td></tr>
</table>

① 黄骥．数字环境下技术措施保护与著作权合理使用制度的冲突与协调［D］．上海：华东政法大学，2011：42.

续表

技术措施设立者意见	日期：________年____月____日
行政机关意见	日期：________年____月____日
最终意见	日期：________年____月____日

2. 技术措施规避申请审查与备案

当技术措施规避申请者按照要求完成规避申请程序后，监管机构应当立即将申请表以书面或电子形式送达技术措施设立者，要求其在15日内做出是否允许的意见。期限届满未答复的视为同意规避，技术措施设立者不同意规避的，要提出合理理由，必要时提供证据。监管机构应当立即对技术措施的破坏性进行审查，并在15日内出具意见。申请规避的技术措施符合破坏性标准或者侵害使用人合理使用利益的，监管机构应当协助用户规避技术措施（提供权利人申报时交由保管的临时密钥），并对规避情况进行内部备案和网站公告。如果因为权利人没有申报技术措施导致监管机构不能提供有效措施帮助申请人规避，监管机构可以要求权利人提供协助。①

3. 技术措施规避申请救济

技术措施规避申请者对于监管机构驳回决定不服的，可以在15日内向监管机构提出复议，监管机构应当在一个月内进行回复。复议继续被驳回的，监管机构应当说明理由，申请者仍然不服的，可以向法院提起诉讼。

4. 技术措施规避申请者的义务

第一，规避通知义务。在前述技术措施设立者负有注明义务的基础上，技术措施规避者也应当负同等的规避通知义务，作为提出规避申请的前置解决路径。符合限制与例外情形的使用人向权利人发出书面或者电文形式的“规避通知”，通知的内容应当包括其将使用的作品或相关客体、使用的方

---

① TIAN Y J. Problems of Anti-Circumvention rules in the DMCA & More Heterogeneous Solutions［J］. Fordham Intellectual Property，Media & Entertainment Law Journal，2005，15：779.

式、使用的数量或范围，以及使用者的有效联系方式。若权利人同意规避，应当采取措施（如提供技术措施密钥）为使用者的使用提供必要的协助。若权利人在合理的期限内未答复或不同意规避，使用者可以向监管机构申请规避。

第二，诚实信用义务。当技术措施规避申请请求被支持时，使用者应当谨遵诚实信用原则，按照决定规定的规避范围和标准进行规避，不得超范围使用。为避免不正当规避可以建立使用者的信用档案，如果申请人超出决定允许的范围进行使用，主管部门可以给予相应的行政处罚，并限制其再次提起申请。

5. 技术措施规避备案的撤销与失效

技术措施规避申请相当于一种比较灵活的临时性许可，待规避完成后即失效。同时，对于监管机构滥用职权，违反规定批准申请人规避的，或者申请人通过隐瞒有关情况或者提供虚假材料等不正当手段获得批准的，其他利益相关人在得知相关情况后应当立即告知监管机构，监管机构核实无误的应当撤销其规避申请备案并通知权利人。权利人向法院起诉的，监管机构可以协助提供使用人不正当规避的备案材料，作为证据使用。

（二）技术措施间接规避申请制度的构建

对于直接规避行为的例外，无论是我国还是域外，均通过静态或者动态的方式予以了明确的规定。但对于间接规避行为，各国和地区多采取全面禁止的态度，同时大多数国家都缺乏明确的例外规定，少数的国家设立了间接规避例外也缺少明确的间接规避申请或者声明制度来保证例外情形顺利适用。因此，相较于直接规避，禁止间接规避与合理使用的矛盾逐渐变得愈加突出，也使得绝大多数的公众由于不具备破解能力，即使符合技术措施保护的例外情形，仍然难以行使权利。

纵使缺乏间接例外的规定会带来诸如上述的冲突和矛盾，包括我国在内的绝大多数国家仍然对间接规避进行严格的禁止，这是因为间接规避“为他人提供规避工具和服务”的行为难以管控，一旦设置了间接规避例外，可能严重损害著作权人的利益。究其根本，间接规避行为并非天然地需要禁止，而是由于缺乏合理有效的监督管理制度，一旦设置了间接规避的例外，就很可能导致其在实施过程中不受控制地侵害著作权人的权利。因此，间接规避例外的设置必然离不开相应制度的构建，只有将间接规避例外的实施主体特定化，使这些服务的提供者都处在相关行政部门的管控下，才能够保证间接规避例外在顺利实现的同时，不至于严重损害著作权人利益。

1. 限制可提供规避服务的主体

关于提供技术措施间接规避服务的主体，众多学者都提出过不同的观点，其中国家公共机构、版权人、专业第三方平台是呼声较高三个不同主体。下文将逐个分析利弊。

由国家公共机构提供规避服务。无论是间接规避例外的设置还是实现，“怎样平衡版权人与公众利益，让例外制度不过度损害版权人利益”，一直都是制度设计的重点。如果将间接规避中“提供规避手段和服务”的主体仅限于国家公共机构，从公平性和监管的角度而言具有合理性。其一，不同于版权人、申请规避的公众和市场上其他提供规避手段的第三方，公共机构不属于规避技术措施的利益相关方，能够保持中立的立场。其二，在合理使用的隐私保护、制度监管及可持续保证上，国家公共机构相较于第三方平台，更能对申请规避技术措施主体的详细信息进行登记和监管。[①] 但将国家公共机构作为规避服务的提供主体，意味着间接规避例外中的所有规避行为都需要公共机构的介入才能实现，公共机构的工作强度及工作成本不容忽视。同时，合理使用制度的设立初衷之一就是为公众获取作品提供便利，[②] 公共机构的频繁介入会使得作品的获得过程变得十分烦琐，不符合合理使用制度的设立初衷。

由版权人自身提供规避服务。如果规避服务由版权人自身提供，这实际上与《欧盟版权指令》中的规定十分类似。需要以版权人自愿为核心，为公众的合理使用预留通道。可以引入国家公共机构作为第三方，保证合理使用

---

① BURK D, COHEN J. Fair Use Infrastructure for Rights Management Systems [J]. Harvard Journal of Law& Technology, 2001, 15: 42-83. 该文章主张建立“反通知移除规则”，由权利人决定是否允许用户规避，并引入公共机构。

② 胡铁强. 版权技术保护措施立法之批判与选择 [D]. 北京：中国政法大学，2012：49.

的实现，但实际还是以版权人的意愿作为第一决定因素。作为自身利益的保护者，版权人可能会找寻各种理由退回规避申请，因此，本质上还是需要依靠公共机构来进行规避许可，与国家公共机构提供规避的情形陷入相同的困境。在此基础上，曾有学者提出建立“规避通知”规则，即请求规避的主体可以向版权人提供规避申请，由版权人决定是否为其提供规避服务；若版权人拒绝提供，则规避服务申请人可以向国家公共机构提出意见，若公共机构对规避行为做出允许决定，申请人可以自行联系专门机构提供规避服务，规避费用由版权人负责。[①] 但这一制度的核心仍然是版权人自愿，这也意味着不管规避的理由和规避的规模如何，只要用户有规避需求就必须向版权人本人提出规避申请。然而与直接规避相比，间接规避的特点之一就是规避的规模较大，也是其能更大程度地保证公众合理使用的前提。如果由版权人提供规避服务，就意味着任何规避申请都必须由版权人来进行审核并提供服务，对于版权人自身来说虽然掌握了禁止违法规避的主动权，无疑也浪费了大量的时间和精力。

由专业平台提供规避服务。相较而言，由专业平台提供规避服务更加具有可行性。专业平台虽然也是利益相关方，但是其立足点并非保护版权，而是尽可能地提供规避服务，这一立足点与公众合理使用的需要至少是契合的。但第三方机构不是版权人，出于自身利益的考量，难免出现不顾版权人利益随意通过他人申请的情形。如果任何专业平台无须申请都可以提供规避服务，那么对于间接规避的管理将会杂乱无序，也会加剧对版权人利益的损害。因此，在确定由专业平台作为间接规避的主体时，需要另一方主体代表版权人利益（如著作权集体管理组织），为提供服务的专业平台资质设立准入标准以保护版权人的利益，还需要引入国家公共机构对间接规避的申请和管理进行监督和备案。具体的申请机制可以借鉴专利法中的“开放许可”[②] 和“专利许可备案”制度，由著作权集体管理组织代替开放许可中的“专利权人”

---

① 李静之．技术措施版权保护的限制制度研究［D］．上海：华东政法大学，2014：41.

② 我国《专利法》于2020年修改时引入了专利开放许可制度，参见《专利法》第50～52条。具体是指，专利权人可以告知专利管理部门愿意许可任何人实施专利，并将许可条件告知该部门，由专利管理部门将相关信息予以公开，允许任何满足条件的人获得实施该专利的许可。

的角色，制定统一的专业平台准入标准并进行公告，由此对申请提供规避服务的间接规避主体进行限制。具体而言，先由著作权集体管理组织建立间接规避服务提供平台的准入标准，对间接规避主体的资质进行限制，然后由国家公共机构对这一准入标准进行审核与备案。符合要求的专业平台可以向著作权集体管理组织进行申请，获得提供规避服务的资质并备案。基于禁止规避例外情形，公众可以向有资质的专业平台进行“提供规避服务”的申请，由专业平台对申请进行审核并为符合例外情形的用户提供规避服务，以此完成间接规避。

2. 可申请间接规避的对象

各国和地区对于技术措施禁止规避的例外多采取单独列举的方式，我国著作权法亦是如此，可见我国对于技术措施禁止规避例外情形的设置采取较为审慎的态度。考虑到间接规避影响范围之广，对于禁止间接规避的例外情形则更应严格规定，从正反两个方面明确何种情形下能够进行间接规避。

可基于直接规避的例外情形申请间接规避：无论直接规避的例外如何设置，都需要避免例外情形的落空，这是设立间接规避例外的一大原因。我国对于禁止直接规避的例外情形采取穷尽列举的方式，本身就相对严格，因此如果需要达到落实直接规避例外情形的目的，对于间接规避例外情形的设置就必须将直接规避的例外包含在内，使得公众可以基于间接规避主体的帮助进行直接规避。

可基于合理使用中的情形申请间接规避：虽然我国已经将合理使用规定为规避技术措施的例外，但随着技术措施规避门槛的逐步提升，技术措施对于版权的“过度保护”将会更大程度上缩减合理使用的空间。我国台湾地区和《法国知识产权法典》明确地将合理使用纳入了规避例外范围内，台湾地区则主要是将合理使用作为间接规避的一种例外。[①] 如果借鉴我国台湾地区

① 台湾地区直接将合理使用作为允许直接、间接规避技术措施的例外情形：“著作权人所采取禁止或限制他人擅自接触著作的技术措施，未经许可不得破解、破坏或规避。破解、破坏或规避技术措施的设备、器材、零件、技术或资讯，未经许可不得制造、输入、提供公众使用或为公众提供服务。前二项规定，于下列情形不适用……九、为依第四十四条至第六十三条及第六十五条规定利用他人著作者。”第四十四条至六十三条及六十五条，即为合理使用相关内容。

规定，合理使用的实现的确会更加便利，但由于目前《著作权法》尚未将合理使用作为直接规避的例外，将合理使用同时作为直接规避与间接规避的例外未免操之过急。且合理使用的情形较现有的五种直接规避的例外情形范围更广，如果直接将其设为间接规避的例外情形而不加限制，将严重损害版权人利益。但如果仅仅将合理使用作为直接规避的例外，又会陷入因规避门槛过高而无法实现的架空僵局。

为平衡合理使用与版权人利益，可以引入《法国知识产权法典》中的规定，要求管理技术措施的机构（高级公署）“确定在例外的私人复制情况下所允许的最低副本数量”[①]，同时规定“界定技术措施的权利人可以传唤例外受益人，以限制复制的数量”[②]，并要求技术措施界定人尽量与消费者协会和其他相关当事人共同商定这些措施。我国可以借鉴这一规定，为合理使用中类似“个人使用”“适当引用”等容易因开放间接规避例外损害版权人利益的情形提前在制度设计和技术设计中设置限制，如设置可规避次数、限制复制的数量等，以此来实现利益平衡。

当然，还会存在一些不可申请间接规避的特殊情形。将合理使用纳入间接规避的例外，是为了提升合理使用中作品的可得性，但我国的合理使用并未对作品类型进行区分。但如果对于“电影作品”[③] 等二次制作需求较低，“接触”作品即为最大价值使用方式的作品类型来说，如果为保证合理使用允许公众通过他人帮助规避技术措施，这一损害对于版权人来说是巨大的。我国在设定电视台播放作品和录音制品的法定许可时，也正是考虑了这一点才将电影作品和录像制品排除在外。因此，在考虑间接规避例外的设置时，考虑到对于版权人利益的保护，不应继续如合理使用原有规定一样不区分作品类型，而是可以借鉴法定许可中的规定，将电影作品和录像制品等二次制作需求度低，对作品或录制品的“接触”对其本身价值影响较大的作品或邻接权保护客体排除在外。

---

① 黄晖，朱志刚译．法国知识产权法典：法律部分［M］．北京：商务印书馆，2017：97.

② 黄晖，朱志刚译．法国知识产权法典：法律部分［M］．北京：商务印书馆，2017：87.

③ 《著作权法》修改后将视听作品区别为电影电视剧作品和其他视听作品，此处仅仅以电影作品为例，不代表对其他所有的视听作品都需要予以禁止，仅列举电影作品说明其特殊性。

3. 间接规避例外的申请流程

为间接规避设置例外需要通过制度设计，将“向公众提供规避手段或服务”限缩为“特定的间接规避主体”向“特定公众”提供规避手段或者服务。可通过设定与民间组织、国家公权力机关接轨的专业平台的准入标准，设置平台准入的申请备案制度，明确平台的义务和责任等来实现。

专业平台准入标准的设定：站在公众和著作权人的角度，专业平台的准入事实上是以国家公共机构的公权力作为背书，赋予专业平台审核用户规避目的是否符合间接规避例外情形的权力。如果仅仅将重点放在间接规避例外情形的设计上，不对间接规避的主体进行限制，任何技术水平、任何市场背景的专业平台都能在判断用户“属于间接规避例外情形”后自由提供服务，一旦出现诚信记录不良或者技术监管不到位的情况，将会对版权人利益造成损害。因此，出于对版权人利益和版权人便利方面的充分考量，应当由著作权集体管理组织从版权人利益出发，为提供规避服务的专业平台设置一定的准入标准，同时为了防止该标准过于严格以致不合理地倾向于版权人，这一标准应当经过国家公权力机关的审核与备案。

将专业平台或者民间组织与国家公权力机关接轨：在司法应用领域，针对区块链电子存证，法院牵头与第三方区块链平台共同撰写，发布了《区块链司法存证应用白皮书》。[①] 该白皮书中对于区块链存证系统提出了技术性的要求，[②] 其中第一大要求即为主体合法合规——对于第三方区块链节点的运营主体有严格的评审，要求提供真实身份、联系方式等信息，并且需要保证具有与其提供服务规模相适应的技术人员及专业能力，并有完善的管理机制。在诉讼领域，民事诉讼法也从成立方式、有无违法记录、主要从事活动等方面提出要求，使得部分社会组织能够作为适格主体提起公益诉讼。可以以这

---

① 该白皮书由最高人民法院信息中心指导，上海高级人民法院、中国信息通信研究院牵头，联合6所省市高级人民法院、3所互联网法院等25家单位共同发起撰写。参见：区块链司法白皮书重磅发布 SAC 区块链技术助力行业发展［EB/OL］. 金色财经网，［2021－04－20］. https: // www.jinse.com /blockchain/390752. html.

② 包括合法合规性、数据强一致性、便利性、安全性这四大技术要求，参见，可信区块链推进计划．《区块链司法存证应用白皮书（1.0）》［EB/OL］. 2009：27［2021－03－23］. https：//www.cebnet. com. cn/20190625/102582734. html.

些先例作为参考，从平台技术要求、后续监管能力、平台设立时间、主要经营范围和有无违法或者不良诚信记录等方面制定规避平台的准入标准，确保间接规避主体能够合法有序地提供服务。

专业平台的准入申请与备案：在著作权集体管理组织的准入标准被国家公共机构审核并备案后，需要将该准入标准进行公告。符合准入条件的第三方专业平台可以依照准入的标准向集体管理组织提出申请，并提供相应的材料进行证明。集体管理组织在对相关材料进行审查后，对符合准入条件的平台给予肯定答复，反之则驳回申请。如果第三方机构对于驳回申请的结果存在异议，可以借鉴《法国知识产权法典》的规定，将有关于技术措施规避的争议统一交由相关行政部门进行裁决。经审符合条件并获得肯定答复的专业平台，需要在该行政部门进行备案，方便进行统一的监管和管理。

专业平台的法律义务和责任：获得准入资格的专业平台作为间接规避例外中规避服务的提供主体，需要在提供规避服务的同时承担一定的法律义务。首先，平台在提供规避服务的流程中具有注意义务。如果用户要求专门机构提供规避服务，机构应当对其规避资格进行初步审查，审查内容包括其规避申请材料是否真实，是否具有违法或者诚信方面的不良记录等。第三方机构作为技术提供者需要尽到基本的注意义务，应当对重要资料缺失、证据作假等明显具有“侵权故意”的用户申请予以驳回，否则一旦规避申请人有违法或者侵权行为，专门机构因其提供的不同服务类型，承担以下两种责任中的一种：其一是若具有帮助侵权的故意，对于用户通过该规避服务帮助进行的侵权行为承担共同侵权责任；其二是若平台被认定行为有疏忽大意的过失，则对侵权行为及其造成的损失承担补充责任。其次，平台在提供了规避服务后具有管理义务。对于有明确证据表明没有按照申请声明使用的侵权用户，专业平台应当对其不诚信行为进行记录，在下一次为该用户提供规避服务时作为考量依据。同时，如果出现了著作权侵权行为，专业平台需要配合司法审判和执行程序，提供相应技术支持（如提供疑似侵权者 IP 地址、基础申请表等）以方便维权。最后，专业平台具有报告义务。平台在国家公共机构进行备案后受到国家公共机构的监督和管理，因此，对国家公共机构具有报告义务。在一段期间内，平台需要对其规避服务的提供情况进行整理，并以报告形式交由国家公共机构以方便监管。

4. 用户规避行为的实现方式

专业平台在通过申请与备案成为适格的间接规避主体后，并不意味着能够为任何用户提供规避服务。依前文论述，为在设置间接规避例外的同时平衡版权人利益，需要从“提供规避服务的主体特定”和“服务提供的对象特定”两个方面对间接规避的影响进行管控。因此，在“服务提供主体特定”后，要求提供服务的用户需要向专业平台申请，由专业平台对该申请进行审查并决定是否为该公众提供规避服务，以此将服务提供的对象特定化。具体的流程如下。

申请材料与审核方式：正如《澳大利亚数字议程法案》所言，前置申请程序的目的是辨明规避服务申请人的规避目的是否属于例外情形，并由第三方提供规避服务的专门机构对此做出是否提供规避服务的决定。正因如此，可以借鉴澳大利亚的立法规定，要求申请规避的材料中标明规避申请者的基本信息、规避的目的——基于哪一种例外情形申请间接规避和相应的证据材料，以便版权人辨明其规避是否有侵权风险。① 对于申请材料的审核，则随着技术进步得以更加便利，甚至可以在技术措施设计中就融入例外情形。因为“相比于复杂的行政程序及其不确定的执行效果，直接要求版权人履行其义务，不得禁止终端用户基于版权例外实施的作品使用行为，会是更加直接有效的做法”②。通过对人工智能和机器学习技术的运用，可以“要求版权人将一些相对容易自动化的用户合理使用事项，以计算机可读的编程语言在技术措施中进行编写”③。以合理使用为例，美国 UGC 原则曾尝试通过数字版权管理技术对融合技术与合理使用进行尝试④，意图通过采用样本对比的方式，利用人工智能和机器学习来实现对合理使用的初步判断。以合理使用中

---

① *Australia Copyright Act* (2001), Section 116 (A) (8).

② The Information Society Directive (UK Implementation), the End of Educational and Research Use of Digital Works [EB/OL]. [2022－03－09]. https://www.docin.com/p－1778078091.html.

③ ELKIN－K N. Fair Use by Design [J]. UCLA Law Review, 2017, 64 (05): 1084－1100.

④ SAWYER M. Filters, Fair Use & Feedback: User-Generated Content Principles and the DMCA [J]. Berkeleye Technology Law Journal, 2009, 24 (01): 363－404.

的“为学校课堂教学或者科学研究，翻译或者少量复制已经发表的作品，供教学或者科研人员使用”为例，可以事先将需要比对的模板（比如相关教师资格或者研究资格证明等）存入技术措施程序中，再由申请人提供相应的申请材料进行比对，实现对合理使用的初步判断。

引入国家公共机构：引入国家公共机构作为中立第三方参与申请制度能够更好地平衡版权人与公众的利益。我国版权局或其他公共机构可以起到与法国高级公署相似的作用，对技术措施的设置进行监管和协调，同时对技术措施争议进行处理。具体而言，当专业平台拒绝提供规避服务或者版权人对规避服务的提供存在异议时，公共机构可以依规避服务申请用户或者版权人申请对其规避行为是否属于例外情形进行审查，在一定期限内做出答复并通知争议申请人，在更大限度帮助公众实现合理使用或者在其他例外情形时保留对版权人利益的保护。

明确间接规避中各主体法律义务：除承担中立角色的公共机构外，间接规避申请流程中涉及三个重要主体，分别是著作权集体管理组织、服务提供机构和规避服务申请人。三者都属于规避行为的利益相关方，立足于不同的立场，分别承担不同的法律责任。服务提供机构的责任已经在申请流程部分予以阐述，著作权集体管理组织和规避服务申请人的义务也需要明晰。集体管理组织作为间接规避申请的接收者，应当承担注明义务。正如《法国知识产权法典》L. 331 – 10 之规定，“作品、录像、节目或录音的阅览条件，以及通过保护技术措施的使用，对私人复制的例外可能的限制，需告知使用者”。集体管理组织在界定技术措施时为保证他人规避申请的需要，应当注明其可能的限制、版权人的联系方式、申请所需材料等基本信息。同时如果对规避后的作品使用方式设有限制，如限制了复制数量等，也应当一并注明。规避服务的申请人应负有诚信义务，对于其申请材料中所载的事实和申请中提交的证明材料，应当保证其真实性。若规避申请人在完成规避后，没有依照其规避申请中声明的方式使用作品，版权人不仅可以追究相关版权侵权责任，而且同样可以追究其违法规避技术措施的责任。不仅如此，平台基于信赖利益提供规避服务造成的损失，也应当一并由规避申请人承担。

（三）技术措施规避监督制度的构建

1. 接受申请和控告

上文曾指出技术措施监管机构的主要职责包括接受使用人提出的技术措施规避申请，因此我们亦可借鉴法国《信息社会版权及邻接权法案》，根据身份的不同，将有权利进行规避技术措施申请的主体分为软件编辑者、技术系统制造者和服务实施者，权利例外受益人、代表该受益人的法人和公共服务机构，以及基本数据使用人四大类。当申请者需要获取受到技术措施限制的内容或者实现兼容需要的基本信息，或者其本可依法享有的例外权利遭到限制或者可能受到限制时都可以根据法律向专门设置的技术措施监管机构提出相应申请。

当然，由于法国《信息社会版权及邻接权法案》对于技术措施允许规避情形、禁止规避情形以及禁止规避例外情形都有系统明确的规定，因而其申请主体以及申请事由规定得十分具体。而我国目前无论是立法还是实践都未形成如此系统的规定，因此，亦可考虑不对技术措施的规避例外申请按照身份进行分类规定，而是统一规定为："技术措施监管机构接受自然人、法人、非法人组织有关技术措施设置和规避的申请"，而这些主体也包括消费者、二次创作者等在内的技术措施设立者、软件编辑者、合理使用者等各种权利主体类型。另外，该机构也接受对规避技术措施引起的纠纷提出的调解或前置性审查申请。任何人若发现技术措施存在保护了非版权作品、超出版权保护期作品、可能侵犯公众的合法权益这三种情形，可以向技术措施委员会提起控告，并应当提交相应的证据。对未经许可或违反《著作权法》第 51、第 52 条，以避开或者破坏技术措施为目的制造、进口、销售、许诺销售或者向公众提供有关装置或者部件的，技术措施设立者可以向技术措施监管机构提出控告，并提交相应证据。

2. 技术措施审查与公告

设置破坏性审查：技术措施的破坏性在技术措施规避申请中需审查，但是其判断标准与技术措施设置不同。对于技术措施规避申请中技术措施破坏性审查是因为能申请规避的前提是技术措施已经通过设置申请时的审查，其本身具有破坏性但审查时由于种种原因没有被发现而给使用人造成侵害，此时再审查的目的是事后补救，应当持保守态度，避免决定的不稳定性。

公告规避决定：对于技术措施规避申请，技术措施监管机构应当主要对破坏性进行审查，确有破坏效果的可以做出准许规避决定。对这一决定监管机构也应该备案，并在官方网站上发布公告。不仅可以引导其他使用人规范进行规避申请，而不是违法实施规避，而且可以告诫权利人此种情形的规避不适当，以后应当采取受法律保护的技术措施。对于驳回规避申请决定应当备案并在官方网站发布公告。因为驳回规避决定不只是影响使用人私人利益，还涉及其他公众此种情形的规避是否合法，应当保障这一部分使用人的知情权。另外，进行公告有助于监督监管机构合法行使职权。

三、基于区块链的技术措施相关行为监管和争议解决

（一）基于区块链的技术措施相关行为监管

1. 对于技术措施实施主体及相关行为的监督

不受监督的权利容易滥用，也不利于权利的行使。为使技术措施设置更加规范化和体系化，技术措施纠纷的解决更加公正，应当对于技术措施运用情况进行监督。法国 ARMT 承担着监督和提出相关建议的责任，每年要对技术措施的演变及可能产生的影响做专门报告，并接受询问。我国技术措施监督机构也应当在一定的周期内观察相关技术措施的实施情况，其主要内容包括：①技术措施实施者对保护下的知识产权拥有的权利是否在保护期内；②技术措施的实施者是否具备主体资格，其技术措施是否具备有效性和合法性，有无垄断市场等破坏市场规则行为，并对不符合规定的技术措施实施提出整改建议；③对监督机构提出的整改建议其在规定的周期内是否改正；④技术措施的规避申请收费是否在合理的区间内；⑤技术措施实施者提供的规避手段能否满足申请规避者的规避要求等。

2. 对于技术措施规避主体及相关行为的管控

对于规避措施的监督，首先判断申请规避的主体是否符合要求。监管的对象主要包括实施障碍者、基于个人使用的专家学者等技术措施规避申请者。

其主要内容包括：①技术措施规避申请者的身份是否符合法律规定的规避例外；②规避申请者是否在法律允许的范围内使用版权内容；③对超过使用范围或时间等违规规避技术措施的申请者予以适当惩戒；④给版权人提供违规规避技术措施的申请者的相关资料与使用证据等。

对于规避措施间接监控，监管机构需监控相关机构在提供技术与服务过程中的收费行为或者不正当收费行为，其提供的规避工具有无被滥用，在其他地方是否存在“点对点”没有控制的传播，其提供规避服务的对象是否符合技术措施规避例外的主体资格。以上均为后期监控的关注点。同时将监督与信用管理结合，建设版权领域信用体系，积极开展信用评价，对失信者进行惩戒，对守信者进行激励。若监督工作中有关部门或工作人员违反规定处理公务，应当依法追究相关责任。

（二）基于区块链的技术措施相关行为争议解决

1. 相关的调解程序

法国 ARMT 极为重视调解的作用，当受理技术措施纠纷后，会先进入两个月的调解阶段，调解成功后，拟备一份具有约束力的调解报告，并将该报告送交初审法院书记官处备案。调解协议可供执行，也可作为惯例被以后实践援引。这与我国民事诉讼中法院出具的调解协议有异曲同工之妙，也可间接看出法国 ARMT 在处理技术措施纠纷时扮演了法院的角色，具有准司法性质的烙印。同时，可供执行的调解协议也有利于高效解决使用人和权利人双方矛盾。

对于技术措施设置申请，由于是由权利人单方提出，不涉及具体的使用人，无法调解。对于技术措施规避申请，以及其他涉及双方技术措施的纠纷，具有调解的必要性和可行性。对于后者，我国技术措施监管机构也应在尊重当事人权利基础上主动调解。无论申请人是认为权利人的技术措施过于严格或可能侵犯公众的合法权益，要求技术措施委员会取消或降低权利人的技术措施，抑或是权利人认为使用者规避技术措施不符合法定情形或者不符合申请标准，侵犯权利人著作权及著作权有关的权利的，技术措施监管机构都应先行调解。这样，可以及时化解矛盾，减少双方当事人讼累与法院案件审理压力。

2. 调解不成的决定

当事人无法在规定期限达成调解协议时，法国 ARMT 会做出驳回或者发布命令的决定。对于驳回决定，当事人可以提起诉讼，诉讼可以终止决定的效力。而发布命令决定内容与申请人身份及申请具体要求相对应，如对于权利例外规则的受益人，命令内容会载明保证权利实施的具体措施。我国也应当对决定内容进行分类细化，以更具有执行力。对于技术措施设置申请由于无法调解，直接做出驳回或者批准设置的决定。

对于技术措施规避申请，如果权利人提出反对意见，应当启动行政审查程序，双方皆可通过书面或口头的形式发表意见，由主管机构做出是否允许使用的决定。如果申请者的要求符合立法明确规定的合理使用或合理规避的情形，监管机构应当准予使用。如申请者提出的要求不属于常见的合理使用类型，技术措施委员会难以判断其是否合法，可以将该案件转交法院裁判。如果主管机构做出支持技术措施规避申请人的裁决，应当责令作品权利人在法定期限内为申请人提供必要的便利，包括提供作品复制件、技术密钥，或者修改相应的技术措施。如果存在“第三方托管技术密钥”的机制，主管部门也可以责令保存密钥的第三方机构向申请人提供便利。若作品权利人不履行决定，技术措施委员会有权对权利人按日处以罚金以督促其履行。

对于技术措施实施其他纠纷，监管机构在法定期限内调解不能的，应当立即对权利人的技术措施或使用者的规避行为进行审查。在一定期限内对技术措施设立者做出变更或取消技术措施的决定，或者针对使用者做出支付补偿金或罚金并在一定期限内禁止规避的决定。决定内容在遵从保密原则前提下应向当事人及时送达，当事人不服该决定的，可以向人民法院起诉。若双方皆未在规定期限起诉，则决定生效。

3. 不服从决定的处罚

对于违法技术措施处罚，法国没有对处罚对象进行分类，而是统一规定：当事人在不执行强制措施或不遵守 ARTM 所接受的保证时，应当受到处罚。处罚措施只规定了财产性处罚，处罚情形和处罚措施都比较单一，不符合处罚必要性原则。我国技术措施控制机构应当谨慎使用处罚，在比例原则的指导下根据对象不同设置不同的处罚内容。对技术措施设立者，技术措施的申报应当满足有效性标准，但是不能过于严苛，以防打击申请者积极性。当技术措施设立者申报的技术措施未达到有效性标准或者具有破坏性，可能侵犯公众的合法权益的，应当不予批准设置技术措施，同时给予一定期限予以调整。经过使用者的申请，审查发现技术措施设立者的技术措施过于严格或可能侵犯公众合法权益的，应当要求设立者在法定期限内（如一个月）予以调整。建议调整以两次为限，当技术措施设立者两次调整都未达要求时，可以予以处罚并对其技术措施的规避行为不予限制。对技术措施规避的申请人而言，技术措施规避应当符合可以规避的范围和标准并保障权利人合法权益不受侵害。使用者不符合申请标准或者超出申请范围对技术措施进行规避的，侵犯权利人著作权及著作权有关的权利的，应当根据侵权的方式和范围进行财产或其他补偿，并禁止其一定期限内的规避申请。

结　语

二十一世纪是一个信息技术普遍应用并不断呈现指数级发展的时代。当前人类的生产与生活已经离不开带有数字化软件的设备和用于沟通交流的互联网媒介，涉及著作权作品的保护的问题也越来越多地与数字化的技术保护措施密切相关。根据国家互联网信息办公室公布的共15批境内区块链信息服务备案清单，区块链企业中有近三分之一直接或间接从事版权相关服务。虽然专业从事版权全链条区块链服务的企业不算多，但是借助区块链等先进的技术为版权保护保驾护航是一个趋势，而区块链作为一种技术措施及其他技术措施的赋强性技术依托在版权保护领域的运用将明显提升著作权法的保护水平。由于区块链技术的应用方兴未艾，现阶段直接相关的司法判例较少，但是2021年以来，NFT基于区块链技术产生的加密数字通证热度节节攀升，在加密技术和数字收藏领域广受追捧，其在区块链系统本有的不可伪造、公开透明、全程留痕和可溯源等特性上新增加了独一无二、不可分割、可交易可编程等特性，为版权保护提供了新的思路与方案，在数字艺术、收藏品、游戏等对独创性具有较高要求的领域大有所为，这种新的产业趋势让我们不得不再次重视区块链技术对版权产业发展带来的巨大影响。在NFT中依然需要采取一定的技术措施对相应的数字藏品进行唯一性、安全性等属性的保障，然而，这类被采用的技术措施在很多情况下其实并不涉及版权保护，可以看出区块链技术的应用在助力版权保护的同时可能也将引发版权权利扩张等问题。

区块链技术迅速发展的当下，其去中心化、双重加密等技术优势成为设置和防止规避版权技术措施的得力助手，原本链、版全家、艺链、至信链等区块链技术服务平台为数字版权的“登记—认证—资产交易—侵权追踪”提供全链条产业化的一站式服务。区块链为数字版权保护提供了基于过程的溯源机制、智能集成的管理机制和自动化的维权机制，将对法律、管理、产业和出版形态带来重大影响。基于区块链技术的智能合约可以提高交易效率和降低确权成本，自动地规范当事人行使权利，并且区块链中共识机制可以方便作者在统一平台上管理所有的细分版权授权情况，详细记录用户的每一次付费、阅读及观赏行为，平台方将用户支付的相关费用支付给版权人，极大程度地降低交易成本。虽然，区块链技术可以对数字版权进行全方位保护，但是技术本身却未给用户规避技术措施使用作品设置相应的渠道，版权平台也没有为合理使用留出相应的空间，区块链的强加密和强保护使得技术措施保护被规避的可能性被无限降低，对版权权利人的高强度保护致使技术措施保护与合理使用的冲突更加明显。

《2018 年中国区块链产业白皮书》把区块链定位为“颠覆性”的前沿技术，明确提出区块链在我国应用于版权保护、身份认证、产品溯源等领域，《2019—2020 中国数字出版产业年度报告》也认可区块链作为一种新技术应用对于版权人的确权保护的重要价值。区块链属于互联网科技发展的创新技术，但是与保护版权的技术措施具有明显不同，两者的算法设计和功能具有很大区别。区块链不是单纯的计算机程序、数据库、记账系统、数字技术等工具，是对特定计算机程序、各类数据库、分式记账模式、哈希算法等技术的综合应用。当然，区块链技术类似于技术措施，但其内容与涵义又广于技术措施。① 区块链技术措施通过控制对作品的访问或对作品的各种使用（包括复制、分发、表演、展示）来实现对版权的强保护。无论数字化内容是否享有版权，区块链技术都可以协助并强化实施技术措施或运行“虚拟围栏”。区块链技术措施是在数字环境中权利人对其作品的个人审查机制，因此，区块链作为审查机制的建立者能否在设置技术措施时足够克制，答案并非显而易见，得到区块链技术加持的技术措施的前置性有导致权利人滥用权利的可能。另外，技术措施的设置对使用场景、使用期间和使用目的在所不同，然

① 李伟民．《民法典》视域中区块链的法律性质与规制［J］．上海师范大学学报（哲学社会科学版），2020，49（05）．

而，作品使用者的利益却可能因具体的使用场景而不同，要求版权人为其利益的让步程度也会随之不同，这无疑会激发技术措施保护与合理使用等版权限制制度之间的矛盾。著作权限制规则制定的目的在于维护公众利益。为明确公众利益的权利主体，将抽象的公众利益具象为终端用户，他们才是合理使用制度更应关注的相关公众，需要为相关公众合理使用留出空间。前述主体可包括作品的最终使用者、最终消费者、最终受益者，且该主体不局限于自然人。明确终端用户的概念可以在数字时代恢复网络文化生态环境的利益平衡，激发参与式文化下的创作热情，满足潜在作者知识共享的需求，形成公正公平的激励体系。

不论区块链技术如何发展，大数据和算法能力如何强大，人始终处于区块链的中心位置，是各种智能合约的缔约者，也是各种智能合约的责任承担者。技术代码不是法律，技术只能辅助法律的实施和执行。但新技术给数字版权保护提供契机的同时也带来了新的挑战。然而，我国作为发展中国家，现行法律采用的版权技术措施保护模式保护水平过高、限制与例外过少，在保护权利人合法利益的同时，也过分制约了公众对作品及相关客体的使用，加剧了版权人与公众利益之间的矛盾。起初技术措施对版权的保护就是在利益平衡机制下实现的，利益平衡的理念又依靠具体化的法律制度设计来落实。禁止规避技术保护措施例外规则又是基于利益可能存在失衡的前提下对技术保护措施禁止规避制度的一个调节性的制度设计，所以对禁止规避技术保护措施例外的研究需要在整个技术保护措施的制度背景下进行。法律对技术保护措施的保护范围比较广，对禁止规避技术保护措施的行为的比较严格，表明立法更倾向于重点保护著作权及相关权利人的权利和利益，此时，为了平衡权利人和使用者、社会公众的权利，保障使用者的利益，使权利人的著作权尽可能地不限制使用者的物权、人权等上位权利，需要制定包含范围较广的禁止规避技术保护措施的例外，使一些涉及使用者和社会公众切身利益的情形列入允许规避技术保护措施的范围，达到权利人和使用者、社会公众等诸多主体之间的利益平衡，促进著作权产业的良性发展。因此，应当在法律层面设置具体的禁止规避技术保护措施的例外，并适当进行原则性规定，以灵活应对著作权产业发展中的不同情况。

综观各国际条约的规定和各个国家的立法、司法经验，主流观点认为应对技术措施的实施行为进行一定的规范，同时也为技术措施禁止规避例外情形做充分的立法和制度保障。而由于我国《著作权法》中技术措施方面的具体实施方案暂未明确建立，一旦遇到涉及是否能够落入规避例外范围的纠纷，鉴于庞大的司法队伍中，法官的审判能力和业务能力并不相同，在缺乏前期案例指引的前提下，相似的规避行为可能出现不同的裁判结果。司法适用的频繁的不一致状况，或将使相关主体的权利处于不稳定的状态，权利人无法准确预测自己行为可能引发的法律后果，这将不利于作品的优化升级，不利于著作权及相关产业的发展，不利于著作权法立法目的的实现，也不利于我国版权产业与国际接轨，也将使有效地实现“文化软实力输出”战略目标缺乏制度上的保障。因此，在《著作权法实施细则》或其他部门规章、工作办法或者指导意见中明确规范技术措施的实施和规避行为，构建技术措施实施的登记备案制度和合法规避的申请、监管体系刻不容缓。保护技术措施的概括性规定必须细化，才能让我国著作权法律制度构建更加完善。这是知识产权强国进程中不可或缺的一环，也是当代社会主义法治进程中不可缺少的一环。

知识产权日益勃兴，《著作权法》照搬往年《信网条例》和《软件条例》中单薄的例外规定，显然并不能满足时代需求。每一次重大科技变革，都会影响人们对版权制度的思考与探索，社会主义科学和文化产业的进步离不开版权制度。有必要时，可以借鉴外国成果和经验，对技术措施的例外情形做细致分化，让法条更具适用性和有效性。同时，对于合理规避而言，我们要做的始终都是维持利益平衡。既要对技术措施滥用行为坚决抵制，满足广大公众、消费者对技术措施正当性规避的需求；同样也要照顾版权人利益，对于恶意规避他人技术措施获取不合理利益甚至非法利益的行为坚决唾弃。法律具有稳定性，所以不免出现滞后于现实需求的窘境。当技术措施滥用行为侵扰个人隐私，干扰社会竞争秩序，威胁公众合理使用的正当性权利时，立法必须进行规制。立法不是一蹴而就的，而是要综合考虑各类因素，听取民众意见，专业人士反复论证质证，结合司法实践需要才能确立。制度的完善还要注意以下方面：首先，要降低技术措施的保护水平。技术措施保护水平过高，不适合我国产业发展现状。其次，效仿国外立法机制，增加禁止规避例外情形，保证信息的流通和公众合理使用的空间。再次，构建权利人和使用者的行为规范和协商机制，促进版权人和社会公众的合理实施、使用，并尽量化解纠纷。最后，关注和加强对于技术措施的技术及其规避技术的研发和提供，如果能够利用区块链技术设置一个登记和管理机制，或将进一步规范互联网上的版权产业运营和权利保护，既能够缓和版权人作品保护需求与公众合理规避技术措施之间的矛盾，也能为国家网络和信息安全保障提供助力。